检察实务专家指导丛书

总 主 编 陈辐宽
副总主编 谢佑平 周永年

2

检察实务中的
刑事程序问题解析

JIANCHA SHIWUZHONG DE XINGSHI CHENGXU WENTI JIEXI

主　编◎谢佑平
副主编◎梁凤娣　王永杰
撰稿人◎谢佑平　王永杰　梁凤娣　顾文虎
陈莹莹　燕星宇　杜思危　钱　蘅
叶琼宇　龚莹莹

中国检察出版社

学术顾问

《检察实务专家指导丛书》总序

陈　旭*

《检察实务专家指导丛书》是一套将上海市检察院、分院、基层院在司法实践方面的优势与复旦大学法学院在法学理论研究方面的优势相结合，追求实践为理论提供实证研究对象、理论为实践释疑解惑，实现两者良性互动的丛书。本书通过汇集全国特别是上海检察实务中遇到的重点、疑点和难点问题，结合案例，由法学理论专家和检察实务专家以现行的法律和司法解释为依据，逐个分析解答，论述客观，依据充分，旨在为司法实践提供参考，以厘清认识中的误区，排解实务人员的困惑，促进严格、公正、文明执法。

丛书内容翔实，既包括实体法、程序法专辑，也包括各项检察业务专辑。丛书的作者既有在法学理论领域有较高理论水平的著名专家学者，又有在检察实务领域有较高知名度的检察业务专家或专门人才。丛书坚持开创性、理论性和操作性的有机统一，以生动的案例和理性的思辨，力求走出一条检察理论与司法实践相结合，用科学理论指导检察实践，推进检察机关规范执法的探索之路。该书具有以下特点：

一是突出针对性。丛书针对司法实践中的重点、疑点和难点问题，列举“主案例”，提炼重点，蒸馏疑点，分析难点，在专家作出“指导意见”的基础上，又列举“辅助案

* 上海市人民检察院检察长。

例”进一步论证和诠释，并指明“关联法规”等法律依据，切实解决事实认定和法律适用等方面的争议。

二是把握实践性。丛书以现行法律、解释等各种规范为依据，突出实践性和实用性，坚持为办案服务，为检察工作服务的宗旨，用法学理论来破解实践难题。只有在缺乏法律规定或法律有重大瑕疵时，才提出作者的观点，理论深度中等，其对检察工作第一线的办案人员具有指导意义。

三是注重广泛性。丛书包括实体法、程序法和检察业务三个专辑，既体现了传统丛书对实体问题的重视，又结合案例，对司法实践中经常遇到的刑事、证据、民事行政等程序问题进行了深入探讨。同时，还对刑检、自侦、控申、监所、民行等检察业务进行了研究。

四是紧跟时代性。丛书不事先确定每册书籍的内容，而是根据司法实践中迫切需要解决的实体、程序和检察业务中的问题，以“之一、之二、之三”等形式，连续、滚动出版。因此，丛书是一个只有“起点”没有“终点”的开放体系，与时俱进，与检察实务同步，充分展现时代性。

五是立足可读性。丛书援引了发生在司法实践中的大量典型案例，融会了真实性、理论性和趣味性的统一。丛书摒弃空洞的理论和晦涩的文字，以朴实无华的语言，体现出通俗和专业的结合，使其既适用于“内行”，又有益于“外行”，凸显了工具书和教科书的双重价值。

丛书追求作为静态法学和作为灵动法学的统一与和谐，以达致充满活力、开放性和创造性，其对于干部培训工作也具有重要参考作用。最高人民检察院根据中央颁布的《干部教育培训工作条例》和《关于进一步加强人民法院、人民检察院工作的决定》，制定了《检察官培训条例》和《“十一五”期间全国检察干部教育培训规划》，明确了检察队伍建设的指导思想，确定了以提高广大干警的素质和能力为重点，加强针对性和实效性的职业培训要求。最近，上海检察机关也制定了《关于全面开展岗位练兵岗位成才活动的指导意见》，围绕“一个素质、四个能力”，即检察官综合素质和出庭公诉能力、法律文书写作能力、侦查突破能力和证据分析运用能力，突出检察实务技能和执法办案规范化“两个重点”，推进岗位练兵、岗位成才活动。中国检察出版社组织策划的《检察实务专家指导丛书》，以提高执法办案能力、服务一线干警为宗旨，对落实中央和最高人民检察院的干部培训部署具有重要的实践意义。

二〇〇九年三月

序 言

随着社会主义市场经济的发展和依法治国进程的深入，在全社会实现公平正义已成为时代发展的必然要求，也是构建社会主义和谐社会的基本保障和重要标志。检察机关作为国家的法律监督机关，在维护社会公平、促进社会正义、服务保障民生方面担负着重要职责。只有坚持实体公正与程序公正并重、法律效果和社会效果并举，才能更好地维护社会的和谐与稳定。

在以程序公正确保实体公正的现代司法理念引领下，检察机关始终将程序公正作为树立司法权威的根本基础。但与此同时，由于我国《刑事诉讼法》在某些问题上的规定过于原则和笼统，刑事司法实践中有关程序性疑难问题大量涌现，各地检察机关对程序疑难问题的处理莫衷一是。为了指导检察人员在办理刑事案件中更好地遵守《刑事诉讼法》的规定，正确理解刑事诉讼程序的价值与精神，本书立足于检察办案实践，突出实用性、权威性，通过对诉讼程序问题的解析，从理论的高度提供专家指导意见，从实践的角度提供解决一类问题的法律途径，既为执法、办案工作提供指导，也为制定司法解释提供实践和理论依据。

本书坚持理论与实践相结合，具有以下特点：

一是体系严谨，结构具有合理性。通过“司法实例—争议焦点—关联法规—专家指导—辅助案例”的体例模式，既注意全面反映案件的客观情况，又罗列了司法实践部门的不同争议观点，侧重于对法律适用问题的解析，举一反三，学以致用。

二是实务性强，内容具有典型性。本书选取的基本上是在检察办案过程中涉及诉讼程序存在较大争议的案例，有相当一部分是当前检察实践中的热点、难点问题，如网络犯罪案件的管辖问题、证据效力问题等，在对这些问题的各种观点进行充分展示的基础上，以专家指导的方式从刑事诉讼法学理论和原理的层面上展开研究，以点带面，触类旁通。

三是理论性强，观点具有指导性。本书综合了检察机关具有丰富办案经验和理论造诣的资深检察官以及刑事诉讼法理论研究领域专家、学者的实践经验和研究成果，对现有检察实务中的诉讼程序问题进行了犀利的剖析，并对完善立法与司法提出富有建设性的建议，有利于法律监督能力的增强和检察实践的发展。

本书是《检察实务专家指导丛书》之二，请读者继续予以关注和支持。

谢佑平

二〇〇九年三月

目 录 Catalogue

三、侦查与证据

四、审查起诉与公诉

五、审判与执行监督

一、管辖与回避

1. 网络犯罪案件的管辖如何确定

［案情简介］金某等盗窃案

2006年5月22日，深圳腾讯公司到南山公安分局高新派出所报案，称该公司陆续接到数以万计的用户投诉，称自己的QQ号以及QQ号里的Q币被盗。接报后，深圳市公安局迅速展开侦查。

侦查人员先后到长春、沈阳、鞍山、海城等地进行调查，最终摸清该盗窃团伙的运作内幕：该团伙以嫌疑人金某、衣某为首，在辽宁海城通过招聘方式招来30多名工人，并把这些人分散在三个地点工作，每个地点又分别设立管理员进行分管。由金某、衣某提供作案软件工具，攻击各类网站，然后在攻破的网站挂上木马程序。凡访问过挂有木马网站的用户一旦登录QQ账户，其密码便被发到金某、衣某指定的服务器上。衣某将盗来的QQ号卖给吉林长春的嫌疑人于某，于某组织人员把QQ号里的Q币集中在指定账户，后将QQ号和Q币以较低价格进行转卖。该团伙共盗取QQ号码、游戏账号数百万个，涉案金额百万元，非法获利70多万元。7月8日，深圳警方在鞍山、长春两地，将42名犯罪嫌疑人抓获。11月18日，主犯金某被抓获。

［争议焦点］

深圳市公安机关对此案是否具有管辖职权。

［关联法规］

《中华人民共和国刑事诉讼法》第18条、第24条、第25条、第26条。

［专家指导］

国际互联网是一个以 TCP/ IPC（传输控制协议/ 互联协议）通信协议联结各个国家、部门、机构的计算机网络的数据通信网。其资源共享、分散控制，分组交换、单独使用的非中心化的管理机制，彻底改变了人们传统的行为模式。网络犯罪，是指利用网络技术，使计算机网络、无线通信网络等网络系统的功能受到影响、破坏、损害，或者借助于计算机网络、无线通信网络等网络系统实施的严重危害社会的行为。网络空间的全球化、开放性、虚拟化、非中心化等特点，动摇了传统司法管辖的基础，使司法机关对网络犯罪的管辖面临着严峻的挑战。

传统国内刑事诉讼法以属地管辖权为基础，确认管辖有赖于犯罪行为地和结果地的确定，而在网络犯罪中，要确定犯罪地本身就是个难题。① 这是因为，网络犯罪是运用计算机技术借助于网络实施的具有严重社会危害性的智能型犯罪，其表现形式多样，② 具有犯罪手段先进性、犯罪现场的网络性（犯罪行为发生地与犯罪结果发生地相分离）、犯罪过程的隐蔽性、犯罪后果的严重性等特点。然而，我国目前有关网络犯罪的立法还比较分散和概括，不完整、不具体。

不仅如此，网络犯罪还带来了国际法上管辖的新难题。由于网络犯罪具有很强的全球辐射性，③ 这使得原有的法律规范要想适用于网络空间、调整网络犯罪，最严峻的挑战就是各国或享有独立刑事诉讼权的行政区（以下简称

---

① 总的来说，如何确定网络犯罪的犯罪地，是一个争议激烈的问题。2000 年 11 月在海南省海口市召开的“新千年中国刑法问题研讨会”上，无国界犯罪的管辖问题引起了学者们的关注。根据我国刑法理论及刑法典规定，犯罪行为或者犯罪结果有一项发生在我国领域内的，即认为是在中国领域内的犯罪。但对于网络犯罪行为并未发生在中国领域内，而行为在空间上穿越了中国领域的，我国是否有管辖权，法学界存在着诸多争议。

② 主要包括：（1）金融诈骗（如网上信用卡诈骗）；（2）网络病毒；（3）网络黑客；（4）网络泄密；（5）网络欺诈；（6）网络盗窃；（7）网络色情（有的国家规定部分此类行为为合法的）；（8）网上侵犯知识产权；（9）网上侵犯隐私权；（10）网上侵犯名誉权；（11）网络教唆与恐怖活动。

③ 例如，在美国政府诉托马斯夫妇案中，托马斯夫妇在他们的计算机公告牌上登载了许多淫秽资料，并允许他人任意进入广告牌查看这些材料。检察官在托马斯夫妇所居住的加利福尼亚州起诉失败后，将这些淫秽资料下载到规定登载这些资料构成犯罪的州，从而成功地起诉了托马斯夫妇。法院认为，尽管托马斯夫妇的材料是储存在加州自己家的电脑中，由用户个人自由下载的，且不违反加州法律，但是在田纳西州被发现的，违反田纳西州的法律，因而被判有罪。该案引发的争议是：在超地域、超国界的全球信息网络系统中，人们是否必须遵守世界上其他地区相互冲突的法律。

"区域")之间的司法管辖权的冲突。[①] 因此，目前世界各国都面临着网络犯罪的挑战，而且有些网络的犯罪具有国际性，需要国际合作。

一、网络犯罪带来国内法上的管辖新问题

我国现行法律未对网络犯罪的地域管辖作出专门规定，如何确定网络犯罪的地域管辖在理论和实践中存在较大争议。我国传统国内刑法的管辖原则是以属地原则为主，属人原则或保护原则为辅。有学者认为，为了有效打击犯罪，在现有法律框架下确定我国对网络经济犯罪的刑事管辖权，同样应该坚持以属地管辖为基础的管辖原则，但是应当对传统刑法理论的属地管辖原则加以适度扩展，对犯罪行为地和犯罪结果地作出广义的解释，因此，网址，实施网络经济犯罪的行为人所利用的计算机终端、服务器等设备所在地，受到网络经济犯罪的行为人侵害的系统网络、设备终端等设备所在地等都可以成为行使管辖权的联结点。对此，有学者提出了如下管辖基础理论：

第一，网址作为新的管辖根据理论。[②]

该理论认为，行为人在网络中的活动范围处于经常性的变动之中，要确定犯罪地的确很难。但由于每台计算机在网络上都具有唯一的网址，所以每次网络的使用都可以确定留下活动记录的计算机，从而确定在一定时间、空间内使用该计算机的行为人，因此，行为人的网址是一个相对稳定的因素。网址是行为人在网络空间的虚拟地址，而非在法院管辖区域的地理地址，因而需要找出与网址相关联的地理地址，才能由此决定管辖该地理地址的法院。之所以说这个地理地址需要服务器位置，是因为这是网址存在的静态事实就能决定的关联，而且是充分的关联，正像居所和住所地的关联一样。[③]

引申言之，一般认定犯罪行为地必须通过一定的计算机设备进行，应当以

---

① 在传统犯罪中，也存在犯罪的跨地域性问题，犯罪行为实施地、犯罪结果发生地和被告人住所地往往在不同的区域。其行为地和结果地分属不同的区域导致这两个区域均对其享有司法管辖权，均有权对其提起控诉并适用本区域法律。

② 邵旻：《如何确定全球化网络犯罪的刑事管辖权》，载《法制日报》2002 年 11 月 26 日。

③ 2001 年 6 月 26 日，最高人民法院审判委员会通过的《关于审理涉及计算机网络域名民事纠纷案件适用法律若干问题的解释》就是将服务器位置所在地作为确定侵权行为地的依据。但大多数学者认为，网址不应作为管辖权的基础，但可以作为认定侵权行为地的一种辅助手段。因为网址尽管满足了具有相对稳定性的要求，但并不表示网址可以构成管辖权的根据，网址只是一种载体，尽管易于捕捉，但法院若用它作为管辖权的依据，容易忽视案件与管辖地的真实联系。

行为人为中心，以实施犯罪行为的设备为线索。行为人实施犯罪的计算机终端、服务器等设备是相对固定的，因此，行为人实施网络犯罪的服务器、计算机终端等设备所在地可以视为犯罪行为地。如通过网络侮辱、诽谤、教唆、传播淫秽物品犯罪等。如果网址可以成为管辖权的基础，那么网址所对应的网络服务器所在地就可作为确定犯罪行为地的依据。对此，《布鲁塞尔公约》第5条第3款规定："有关侵权行为或准侵权行为案件，在一个缔约国有住所的人得在侵权发生地的法院被诉。"

此外，由于网络传输的全球性，对于任何上网的行为，受其危害影响的地点都会不计其数，若以此作为管辖权的基础，必然会造成管辖法院的泛滥。但网上侵犯商业秘密间谍犯罪、网络入侵，散布破坏性病毒、逻辑炸弹、放置后门程序、偷窥、复制、更改或者删除计算机信息等犯罪有一个共性，就是必须侵入他人的计算机信息网络才能作案。因此，所侵入的系统局域网、计算机终端等设备所在地为犯罪行为地。

第二，行为人的目的说理论。

尽管网络行为所针对的地区与对象未必具有确定性，但网络行为的目的性往往是确定的。因此，行为的目的可以作为确定管辖的联结点。如果行为人使网络上的特定人得到信息数据，并希望他人访问该网页，或者有意向特定的目标发送信息、数据，那么这种积极的、主动的接触目的与目标所在地构成直接故意的关联，据此可以推定为行为人的意思表示是接受被指向地的法律，构成被指向地法院管辖的基础，这无疑对行为人起到了良好的保护作用。这样，行为人在网络这个特殊的领域内完全可以按照自己的意志选择法律管辖的适用，排除了陷入无法选择的诉讼中的危险；同时也兼顾了对于国家的保护，国家对于积极的指向本国的行为，可以依据其目的的直接故意性而获得管辖权。

第三，有关解决网络犯罪管辖难题的建议。

综上所述，为解决网络犯罪管辖难题，有的地区司法机关对网络犯罪管辖进行了探讨并达成共识，认为："利用互联网实施犯罪的案件，服务器所在地、服务器注册地、经营管理地、上网行为所在地等，均可视为犯罪地。"应该说，这些研讨为保障刑事案件的正确及时处理，为解决网络犯罪案件的管辖进行了一定的有益探索。但仍有几个问题值得商榷：

一是这一共识与刑事诉讼法的规定相冲突。按照《刑事诉讼法》的规定，刑事案件由犯罪地的人民法院管辖。如果由被告人居住地的人民法院审判更为适宜的，可以由被告人居住地的人民法院管辖。上网行为所在地虽可视为犯罪行为实施地，但是服务器所在地、服务器注册地、经营管理地等都不是犯罪行为实施地。

二是这一共识仍比较原则，有待进一步补充和细化。如网上作案及侵入的终端设备所在地、信息的越境地能否认为是犯罪地？我们认为，网上作案及侵入的终端设备所在地、信息的越境地都属于犯罪行为实施地，同样也应可作为犯罪地。

三是尽管这一共识与刑事诉讼法的规定相冲突，但鉴于网络犯罪的特殊性，网络犯罪行为须通过一定的计算机设备进行，犯罪行为地的确定应当“以行为人为中心”，“以实施犯罪行为的设备为线索”来认定其犯罪行为地。行为人实施犯罪的计算机终端、服务器等设备是相对固定的，因此行为人实施网络犯罪的服务器所在地、服务器注册地、计算机终端等设备所在地可以视为犯罪行为地。至于经营管理地，与犯罪行为关系不大，不宜作为网络犯罪的管辖地。

因此，将来法律修改时，建议对于网络犯罪应单独设一条款，规定其特别地域管辖：“网络犯罪的服务器所在地、服务器注册地、上网行为所在地、计算机终端等设备所在地公安司法机关有权管辖。”

二、网络犯罪带来国际法上的管辖新问题[①]

刑事司法管辖权是指国家拥有对犯罪起诉和惩罚的权能。就国际法的意义而言，则是一国与他国划分某些具有国际因素的刑事案件处理权的根据。[②] 对于国际犯罪的刑事管辖，现代国际法已确认的管辖权有四个原则，即属地管辖原则、属人管辖原则、保护管辖原则和普遍管辖原则，其中，前三个原则是各国国内法中普遍坚持的原则，而后一个原则是国际刑法所特有的原则。网络犯罪还带来了国际法上管辖的新难题，主要体现如下：

按照属地原则，[③] 在计算机网络犯罪中，犯罪地的确定是决定一个国家是否具有刑事司法管辖权的基础。但网络犯罪的行为和结果，往往涉及一个以上的国家，如果有关国家以属地管辖为由主张对同一犯罪行使管辖权，可能会导

① 主要参阅石英：《计算机网络犯罪与刑事司法管辖权》，载《法制与社会发展》2001 年第 4 期。

② 赵永琛：《国际刑法与司法协助》，法律出版社 1994 年版，第 116 页。

③ 也称领土原则。该原则从维护国家领土主权出发，主张以地域为标准，凡在本国领域内犯罪，不论犯罪人是本国人或外国人，都适用本国刑法。属地原则在具体内容上又分为主观的领土管辖原则（即行为地主义）、客观的领土管辖原则（即结果地主义）和行为结果择一原则。

致刑事司法管辖权的冲突。按照属人原则（也称国籍原则），[①] 由于与属人原则相关的犯罪常常发生在特定国家或地区之外，因而，特定国家或地区在主张域外刑事管辖权时往往会与犯罪人所处的国家或地区所主张的属地原则相冲突，导致双重处罚问题。所以，这一原则只应适用于严重的犯罪。[②] 按照保护原则，[③] 国家有权对于侵犯本国利益的犯罪采取必要的惩罚措施。[④] 但由于对网络犯罪适用保护原则，存在许多障碍，[⑤] 因此，不能仅仅依据保护原则对有关网络犯罪行使管辖权。按照普遍管辖原则，[⑥] 由于普遍管辖原则涉及的犯罪行为与结果一般发生在一国领域之外，其在本质上行使的是域外刑事管辖权。对于网络犯罪是否行使普遍管辖原则主要基于网络犯罪的性质及严重程度。[⑦] 对网络犯罪行使普遍管辖权，必须以存在国际条约的明确规定为前提。[⑧] 所以，一国在运用这些原则时应掌握分寸，以便于国际合作并避免产生较大的司法冲突。

由于国际法上允许各国依不同的刑事司法管辖原则对网络犯罪行使管辖权，因此，便不可避免地产生了在网络犯罪刑事司法管辖权问题上的冲突。解

---

① 该原则主张以行为人的国籍为标准，凡是本国公民，无论是在本国领域内或领域外犯罪，都适用本国刑法。而外国人即使在本国领域内犯罪，也不适用本国刑法。从本质上讲，刑事司法管辖权中设立属人原则，是为了充分保护本国或本地区公民的合法权利，防止本国或本地区公民在他国或他地区受到不公正的司法审判。

② 目前，采取这一原则管辖的网络犯罪主要有网络传播色情及其他非法信息。

③ 指凡侵害本国国家利益或本国国民利益的犯罪，不论犯罪人是本国人还是外国人或无国籍人，也不论犯罪发生在本国领域之内还是本国领域之外，都适用本国刑法。但事实上，保护原则主要是针对外国人或无国籍人在外国实施的危害本国国家利益的犯罪，本国有权起诉或审判。参见张智辉：《国际刑法通论》，中国政法大学出版社1999年版，第79页。

④ 但保护原则在实际适用中应受到一定的限制，即按照保护原则对外国人在本国领域外实施的犯罪行使刑事管辖权时，必须尊重犯罪地国的法律。对于犯罪地国的法律不认为是犯罪的行为，任何国家不得以保护本国国家或国民利益为由，按照保护原则对有关行为人行使刑事管辖权。

⑤ 首先，网络犯罪行为带来的危害后果往往涉及许多国家，如果被侵害的国家都行使刑事司法管辖权，势必造成刑事管辖的混战局面。其次，如果一国所规定的网络犯罪在其他国家不认为是犯罪，该国行使刑事司法管辖权是不合理的。

⑥ 该原则主张不论犯罪人的国籍如何，不论犯罪地点在哪个国家内，也不论犯罪行为侵害了哪一个国家及公民的利益，只要有犯罪行为发生，任何国家都有刑事司法管辖权。

⑦ 如果在网络上存在战争罪、海盗罪、恐怖主义等罪行，普遍管辖原则便可以适用。

⑧ ［法］安德列·伯萨尔德：《国际犯罪》，黄晓珍译，商务印书馆1997年版，第111页。

决此问题可考虑以下途径：一是制定国际刑法规范。要确认网络上的行为是犯罪行为，必须有相应的法律规范并处以刑罚。① 尽管我国刑事法律对国际刑事法律的确认非常简单，亟须完善，② 但是，我国现行刑法毕竟也包含了一些国际刑法规范，③ 并且我国也加入了若干国际公约，④ 因此，我国承担着惩治国际犯罪和跨国犯罪的义务。二是加强国际司法协助。⑤ 但这些举措尚未深入网

---

① 关于网络犯罪的国际公约会使国际视点集中在同一时期涉及各个国家的网络犯罪的危害行为方面。国际公约要求参加公约的国家对其列举或定义的犯罪行为在国内刑法中规定一种刑罚。认可或加入这些公约的国家必须将网络犯罪行为写入它们的刑法中，此后如不脱离公约便不能废除这些条文。这些公约要规范的犯罪行为于是被多个国家同时看做刑事犯罪，此即“国家共管之下的犯罪”，这些犯罪都被国际刑法法典考虑在内。参见陈兴实：《计算机、计算机犯罪、计算机犯罪的对策》，中国检察出版社1998年版，第54页。

② 首先，我国刑法对所有的国际犯罪和国际公约规定的跨国犯罪并未全部涉及；其次，我国刑事诉讼法没有规定涉外刑事诉讼程序。因此，作为联合国五个常任理事国之一，我国应当将有关国际刑法规范充实到国内刑法中，这样有利于更好地履行我国政府承诺的国际义务。

③ 主要体现在：其一，在刑法适用范围上，《刑法》第6条规定：凡在中华人民共和国领域内犯罪的，除法律有特别规定的以外，都适用本法。犯罪的行为或者结果有一项发生在中华人民共和国领域内的，就认为是在中华人民共和国领域内犯罪。《刑法》第7条、第8条分别规定了本国人在域外和外国人侵害我国法益犯罪的处罚原则。其二，规定了一些国际犯罪和跨国犯罪，如组织、领导和参加恐怖活动组织罪，劫持航空器罪，有关毒品犯罪，走私罪，拐卖妇女、儿童罪，刑讯逼供罪，有关制作、贩卖、传播淫秽物品方面的犯罪，金融诈骗方面的犯罪，等等。

④ 我国除1952年7月13日承认了1925年《关于禁用毒气或类似毒品及细菌方法作战议定书》和1949年的4个日内瓦公约外，自1978年11月14日加入《关于在航空器内的犯罪和其他某些行为的公约》以来，先后加入了《关于制止非法劫持航空器的公约》、《消除一切形式种族歧视国际公约》、《万国邮政公约》、《联合国海洋法公约》、《防止及惩治危害种族罪公约》、《禁止并惩治种族隔离罪行国际公约》、修正的《1961年麻醉品单一公约》、《关于防止和惩处应受国际保护人员包括外交代表的罪行的公约》、《禁止酷刑和其他残忍、不人道或有辱人格的待遇或处罚公约》，等等。同时于1984年9月5日加入了国际刑事警察组织。

⑤ 如1997年3月，经济合作和发展组织的29个成员国在巴黎开会，批准了允许执法机构监控国际互联网的计划，该计划为成员国政府的立法提供参考，也为这些国家之间的合作创造了一定条件。同年11月26日，欧盟委员会在布鲁塞尔通过一项旨在维护互联网使用安全的行动计划，要求各国加强对互联网的管理，抵制在网上实施有害或非法行为，推动网络产业的健康发展。欧盟要求成员国采取措施，设立欧洲网络热线，制定互联网行为准则，建立内容筛选与定级制度，加强互联网的安全防范等。该计划已经于1998年开始实施。

络犯罪的追查和惩治，对跨国性网络犯罪更是无能为力。如果出现法律冲突，或者一方拒绝打击犯罪的合作，一些网络犯罪就可能逃脱制裁。

目前，国际间合作处理计算机犯罪主要涉及以下方面：一是引渡。但目前，引渡网络犯罪会遇到被请求国不合作的情况。[①] 二是调查取证。各国间惩处网络犯罪的司法协作的主要形式之一便是立案追诉国要求相关国家提供从数据库或数据载体上提取的存储和传输的犯罪证据。三是刑事诉讼移转。它是指一国将本应由其管辖的刑事案件委托他国进行刑事管辖的程序。[②] 针对无国界的网络犯罪极有可能引起刑事司法管辖权的冲突，刑事诉讼移转显然提供了较好的妥协办法。四是对外国刑事判决的承认与执行。承认外国法院刑事判决是执行外国刑事判决的前提。总之，各国应尽快达成有关网络犯罪国际刑事司法管辖权协议。

就本案而言，根据我国《刑事诉讼法》第84条规定，“任何单位和个人发现有犯罪事实或者犯罪嫌疑人，有权利也有义务向公安机关、人民检察院或者人民法院报案或者举报。被害人对侵犯其人身、财产权利的犯罪事实或者犯罪嫌疑人，有权向公安机关、人民检察院或者人民法院报案或者控告。公安机关、人民检察院或者人民法院对于报案、控告、举报，都应当接受。对于不属于自己管辖的，应当移送主管机关处理，并且通知报案人、控告人、举报人；对于不属于自己管辖而又必须采取紧急措施的，应当先采取紧急措施，然后移送主管机关”。本案是由于广东省深圳市腾讯公司到深圳市南山公安分局高新派出所报案才引发立案的。接到报案后，深圳市公安局迅速受理并立案侦查。

---

① 其一，非法访问计算机等行为，常常被认为是轻微的犯罪，其处罚尺度达不到可引渡罪犯的最轻标准。其二，请求国要求被请求国提供引渡罪犯的帮助时，被请求国可能以被要求的行为在被请求国领域内并不构成犯罪为由拒绝提供合作。其三，被请求国拒绝提供合作的最后一个理由是与被请求国的国家利益相关的问题。犯罪行为涉及与国家秘密有关的数据，包括经济、军事、国防、医药等信息，对于一个国家来说都是相当敏感的问题，被请求国拒绝合作是极其可能的。

② 适用诉讼移转的情况主要有：甲国公民在乙国犯罪后逃回本国，乙国要求甲国引渡此人而遭拒绝的；甲国公民在本国犯罪后逃到乙国，因其罪行较轻而愿意委托乙国给予起诉和审判的；甲国公民在乙国损害甲国利益而构成犯罪，因其主要证据和证人多在乙国，甲国出于诉讼上的便利而委托乙国管辖的；甲国公民在乙国损害第三国，第三国要求引渡，但依乙国法律禁止引渡，第三国委托乙国管辖该案件的，等等。刑事诉讼移转必须符合下列情况之一才能适用：第一，嫌疑人通常居住在被请求国；第二，嫌疑人是被请求国的公民或是其国籍国；第三，嫌疑人在被请求国正在接受或将要接受剥夺自由的判决；第四，被请求国正在对嫌疑人就同一犯罪或其他犯罪提起诉讼；第五，诉讼移转有利于查清案情或有利于使嫌疑人重返社会或有利于确保嫌疑人出庭或判决得以执行。

网络犯罪在侦查上存在犯罪后果隐蔽、行为与结果分离等特性，导致取证难、抓捕难、管辖难。就本案而言，一是案情复杂，一时难以查清真相。二是本案被害单位在深圳，被害人遍及全国各地，犯罪嫌疑人很可能在外地，事后证明分别来自辽宁省海城市，且都是同一黑网吧业主。三是作案手法复杂，分别以辽宁、吉林长春为基地，采取大量入侵商业及政府网站，通过在网站放置木马病毒的方法，大量非法盗取QQ号和网络游戏账号、游戏道具等；得手后，通过在长春的犯罪嫌疑人于某等人，将所盗的QQ号码、Q币在“淘宝网”打包销售，或通过网上购物等方式消费。四是数额特别巨大，该团伙已盗取了QQ号码、游戏账号数百万个，涉案金额百万元，非法获利70多万元。

我国地域管辖划分原则实质是从便于诉讼和有利于查明案件的角度出发的。因此，在实践中，对于一些特殊案件的地域管辖，我们要在充分理解立法精神的基础上，按照原则性和灵活性相结合的原则，从有利于诉讼的角度出发，作出正确判断。目前，实践中的做法是，根据职能管辖的不同，对于网络案件的侦查，首先判断案件性质，然后由不同的机关负责侦查。由于网络案件多为跨越不同行政区域的，目前各国解决网络管辖的最基本的方法是扩大属地原则的适用。在国内的管辖上我国则没有具体的管辖限制，大多数任由侦查机关自己决定是否立案。先侦破案件、抓获犯罪嫌疑人的侦查机关，通常可以移交审查起诉。当双方或多方对于案件管辖有争议时，先立案的获得管辖权。对于通过网络实施的犯罪行为，可以由对方居住地，或者操作计算机犯罪地的公安机关管辖，也可由被害人在当地的公安机关报案，由其他地区的公安机关协助案件侦破。如果机械按照目前的规定，本案中深圳市公安机关显似乎不便管辖。但是，鉴于目前的规定比较原则，还可以进一步补充和细化。如果按照前文分析的理论，本案网上作案行为目的地、信息的越境地等都属于犯罪行为实施地，同样也应可作为犯罪地。由于本案网上作案行为目的地、信息的越境地包括被害人和被害单位所在地是深圳，因此，从维护被害单位合法权益、维护全国各地的被害人合法权益、便于调查等因素出发，深圳公安机关可以行使该案件管辖权。

[辅助案例1] 吴某盗窃案

犯罪嫌疑人吴某从2003开始迷上了网络“黑客”技术，在网络上学习相关知识，下载“木马程序”，编制恶意网页和代码。当用户点击该网页时，如果用户的本机没有设置安全防火墙，就会陷入他设置的“木马程序”骗局之中，进而点击用户的网上银行账号和相关资料就会通过网络发给吴某。而后，吴某就利用盗窃来的账号密码，随意支取卡内钱款，在网上购买网络游戏点卡，再折价出售游戏点卡，最终套取现金，这也被称为网络洗钱。同时，他还利用网上银行公布中奖信息，自己猜测密码的办法实施盗窃。

案发后，吴某所在的某省A市公安机关对吴某家中的两台上网电脑进行了检查，并当场收缴了建行、工行、农行、中行等银行的信用卡10余张，7.8万元存单和现金7000余元。吴某供认，这些都是他网上盗窃所得。吴某先后作案120余起，盗窃网上银行金额20余万元，涉及全国各省、市众多网上银行用户。

专家点评：

本案中犯罪嫌疑人吴某先后作案多起，涉及全国各省、市众多网上银行用户，因此，本案犯罪发生地包括吴某所在地。此外，按照前文分析的理论，本案网上作案行为目的地、信息的越境地等都属于犯罪行为实施地，同样也应可作为犯罪地。但由于本案案发在吴某所在地，且此地便于侦查，故由该地侦查机关立案侦查较为便利。

［辅助案例2］王某盗窃案

犯罪嫌疑人王某为某大学计算机系本科生，从事网络维护工作。王某窃取了某直辖市A区网络公司游戏中心的用户名和密码，非法进入该数据库系统，窃取“金币”，然后自己建立账号，将金币放在自己的账号内在网络中进行叫卖，并通过网络游戏与他人成交。至2008年10月案发，王某牟利近4万元人民币用于购买手机、衣物等。犯罪嫌疑人王某已被A区公安分局立案侦查并被刑事拘留。

专家点评：

本案中犯罪嫌疑人王某以窃取某直辖市A区网络公司游戏中心的用户名和密码等手段，非法进入该数据库系统，窃取“金币”，然后自己建立账号，将金币放在自己的账号内在网络中进行叫卖，并通过网络游戏与他人成交。上述犯罪行为发生地、犯罪嫌疑人王某所在地均为A区，故由该区侦查机关进行立案管辖。

（谢佑平　王永杰）

2. 检察机关应否批准公安机关超越管辖范围提请批准逮捕的案件

[案情简介] 王某故意伤害案

2007 年 9 月，某铁路施工队在某省 A 县鱼澳村施工时，因临时封闭该村与外村之间的涵洞通道需支付赔偿款发生纠纷，该村村支书王某带领村民将施工队多人打伤，后经鉴定构成轻伤，但被害人考虑到还要继续在当地施工，故没有报案。根据刑事诉讼法规定，本案应由案发地 A 县公安机关受理管辖。2007 年 10 月 28 日，邻近的 B 县公安机关为了完成立案指标，保住“先进”的牌子，广泛动员干警“发掘案件资源”。B 县的某派出所所长张某通过线人听说此事后，便决定将此案立案侦查，并将村支书王某引诱到辖区后，将其刑事拘留，并将该案移送 B 县检察机关，提请批准逮捕王某。为配合 B 县公安机关完成立案指标，B 县检察机关决定批准逮捕王某，随后将此案移送 A 县公安机关。A 县公安机关立即将此案移送起诉至 A 县检察机关。但 A 县检察机关认为本案被害人没有报案，且社会危害不大，可以协商解决，故没有提起公诉。后在 A 县公安机关协调下，被害人与王某达成赔偿协议，不再追究其刑事责任。

[争议焦点]

针对公安机关超越管辖范围立案侦查（即对犯罪行为、犯罪嫌疑人、犯罪结果等均不在本地、与本地毫无关系的案件进行立案）并提请批准逮捕的案件，检察机关应如何处理。

[关联法规]

《中华人民共和国刑事诉讼法》第68条;《人民检察院刑事诉讼规则》第98条。

[专家指导]

司法实践中，对于公安机关超越管辖范围提请批准逮捕的案件，检察机关如何处理，主要有以下四种观点：

第一种观点认为，检察机关只能根据逮捕的条件对案件作出批准逮捕或不批准逮捕的决定。《刑事诉讼法》第68条规定：“人民检察院对于公安机关提请批准逮捕的案件进行审查后，应当根据情况分别作出批准逮捕或者不批准逮捕的决定。”即使公安机关超越管辖范围提请批准逮捕，只要刑事案件符合逮捕的条件，检察机关就应该批准逮捕。根据《刑事诉讼法》和相关法律的规定，审查管辖范围的问题，应该在公安机关侦查活动结束后，由检察机关的审查起诉部门来审查。

第二种观点认为，检察机关对符合逮捕条件的，先批准逮捕，之后再建议公安机关将案件移送给有管辖权的机关继续侦查。根据《刑事诉讼法》及其他相关法律的规定，人民检察院对于公安机关提请批准逮捕的案件进行审查后，应当根据情况分别作出批准逮捕或不批准逮捕的决定。但同时检察机关也应当审查公安机关立案侦查的案件是否符合管辖的规定，因为对公安机关进行立案监督是人民检察院侦查监督部门的职责之一，如果公安机关的管辖确实不符合法律的规定，那么应当建议其将该案件移送给有管辖权的机关。

第三种观点认为，检察机关应以公安机关超越管辖范围为由不批准逮捕。理由是：公安机关立案侦查的基本要求就是案件符合法律关于管辖的规定。公安机关超越管辖范围提请批准逮捕，说明该案件本身就不属于该公安机关管辖，更不属于被提请批准逮捕的检察机关的管辖范围，因此应该不批准逮捕。

第四种观点认为，检察机关应当建议公安机关将该案撤回，并移送有管辖权的机关处理;如公安机关拒不接受的，可以采取口头或书面形式提出纠正违法意见。理由之一，《人民检察院审查逮捕质量标准(试行)》第17条规定：“办理审查逮捕案件，应当严格审查案件的管辖是否符合有关规定。对于不符合管辖规定的案件，应当建议侦查机关向有管辖权的机关移送。”理由之二，该《标准》还规定，对不符合管辖规定的案件作出批准逮捕决定的，属于办案程序有瑕疵，应当在公安机关提请批准逮捕的时候直接建议其移送，而不应在批准逮捕以后再建议其移送。理由之三，对公安机关的侦查活动实行监督，是法律赋予检察机关的一项职责。案件是否符合管辖的规定属于侦查监督的范围。

刑事案件一般由犯罪地的公安机关管辖，公安机关必须在自己的管辖范围内受理刑事案件，这是办理刑事案件的基本原则。但在司法实践中，不时会发生公安机关超越管辖范围立案侦查，即对犯罪行为、犯罪嫌疑人、犯罪结果等均不在本地、与本地毫无关系的案件进行立案的情况。针对这一情况，检察机关应全面正确理解刑事诉讼中有关立案的规定，加强监督。

一、全面正确理解刑事诉讼中的立案

刑事诉讼中的立案，是指公安、司法机关对于报案、控告、举报、自首等材料，依照管辖范围进行审查，判明有无犯罪事实发生和应否追究刑事责任，并决定是否作为刑事案件进行侦查或审理的诉讼活动。刑事立案权是国家法律赋予公安司法机关的一项重要职权。因此，公安司法机关行使刑事立案权，必须严格遵守立案的法定程序，严格把握立案的条件和标准，以保证国家法律的统一实施，做到既准确、及时打击犯罪、惩罚犯罪，又充分保护公民的合法权益不受侵犯。

立案的程序作为我国刑事诉讼启动程序，其重要的法律意义，在于为全部刑事诉讼活动提供一种合法授权的依据，表明所有这些诉讼活动都是国家行为。其对于人权的保障作用，在于不能滥用司法调查追诉权。

虽然我国刑事诉讼法和有关司法解释关于立案管辖的规定，明确划分了公安机关、人民检察院、人民法院各自直接受理刑事案件的职权范围，但是在实际执行过程中，有时仍然可能会出现因管辖不明或者其他原因而发生争议的现象；同时，也不能要求所有的单位和个人、被害人的报案、控告和举报以及犯罪人的自首，只能向有管辖权的机关提出。所以，司法机关在解决管辖问题时，必须从有利于同各种刑事犯罪作斗争出发，根据《刑事诉讼法》第 84 条的规定，对报案、控告、举报和犯罪人的自首，都应当接受。对于不属于自己管辖的，应当移送主管机关处理，并且通知报案人、控告人、举报人和自首的犯罪人；对于不属于自己管辖而又必须采取紧急措施的，应当先采取紧急措施，然后再移送主管机关。

人民检察院对刑事诉讼实行法律监督，这是我国刑事诉讼的一项基本原则。由于立案是刑事诉讼程序中的独立阶段，因而对立案活动实行监督就是检察院法律监督的重要内容。根据《刑事诉讼法》第 86 条之规定："人民法院、人民检察院或者公安机关对于报案、控告、举报和自首材料，应当按照管辖范围，迅速进行审查。"并根据案情作出立案或不立案的决定。因此，对于报案、控告、举报和自首材料，除需采取紧急措施以外，人民法院、人民检察院或者公安机关应当依照《刑事诉讼法》第 3 条和最高人民法院、最高人民检察院、公安部、国家安全部、司法部、全国人大常委会法制工作委员会《关于刑事诉讼法实施中若干问题的规定》第1条规定的案件管辖分工办理。

二、认真研究司法实践中的立案问题

司法实践中，由于受考核等因素的影响，立案过程中还存在一些不容忽视的问题，表现之一是一些司法机关为了片面追求破案率从而出现“先破后立”、“不破不立”的情况，无法反映社会治安的真实情况；表现之二是不该立案的立案，主要表现在对一些经济纠纷以诈骗等罪名立案侦查，用刑事手段解决民事纠纷；表现之三是一些司法机关不按案件管辖范围立案，有的为了完成立案指标，尤其是对于经济利益较大的案件，地区之间、部门之间互相争夺管辖权。

上述问题的原因之一，是长期以来受立案指标等因素牵制，侦查机关中“先破后立”或“不破不立”的传统观念较深。先破案后立案的做法比较普遍，表现在对立案条件掌握得较严格，只有查明犯罪事实才能立案。一旦立案即可以采取刑事拘留、逮捕等强制措施，有的甚至可以结案。“不破不立”是我国刑事司法中长期存在的一种普遍现象。究其原因，有执法者好大喜功、弄虚作假的原因；也是单纯追求高破案率的惯性使然。① 案件告破后再立案可以使破案率高达90%以上甚至100%。但计算方法的不合理也使相当数量的案件不“破”难“立”。②

上述问题的原因之二，是在司法实践中由于个别办案人员素质不高、依法办案观念淡薄，或出于完成“考核指标”、保住所谓“先进机关”的牌子等原因，出现了滥用刑事立案权问题。有的地方公安机关将立案数作为考核侦查工

---

① 长期以来，我国的公安机关和人民检察院的自侦部门都普遍将立案数作为考核侦查工作好坏的主要标准。受此影响，司法实践中，少数侦查人员通常对于本机关管辖罪名相近的案件进行立案以提高立案数，迎合了某些好大喜功的心理。同时，为了保证上述立案数量，立案后不能作撤案处理，形成撤案即错案的观念。结果一些错案也将错就错，造成有错不纠，不该立案的坚持不撤案，形成对刑事立案权的严重滥用，等等。

② 首先，根据刑事诉讼法的要求，对嫌疑人的情况很可能一无所知，根本无法判断是否应追究刑事责任，直到抓获犯罪嫌疑人才可以确定。而抓获犯罪嫌疑人正是破案的标志，所以，相当多的案件就是在侦查过程中，边破边立，甚至破了才立的，形成不破难立的局面。这是符合侦查的客观规律的。其次，立法上虽对立案程序规定了许多具体内容，而司法实践中大多数案件在接到报案、控告后即马上展开了侦查，侦查机关一般是在侦查的同时进行立案，形成了边“破”边“立”的习惯。再次，现行刑事诉讼法以及公安机关和检察院在相关实施刑事诉讼法的规定或规则中对立案、破案的重视，是促使立案机关追求破案率的重要原因。然而，过分谨慎的结果就是迟疑和对报案人、控告人报案行为的消极的不作为。为了缓和这种矛盾，妥协的做法就是先侦查，有把握破案就正式立案，无把握则“挂”起来再说。

作的主要标准，尤其是对经济犯罪案件存在着立案随意性较大的现象。少数基层侦查人员以刑事立案为名，插手经济纠纷，将本应由法院受理的经济纠纷案件，借助于刑事立案权，将其作为刑事案件来侦查和追赃，最后撤案了事。这些“不应当立案侦查而立案”的情形，严重侵害了当事人的人身权利和合法权益，损害了司法机关公正执法的良好形象。由于立法上的疏漏和缺陷，导致检察机关无法实施有效监督。司法实践中，只能通过不批准逮捕和不起诉等侦查监督手段加以纠正。但这并不等于对立案违法行为的否定和纠正，以不批准逮捕、不起诉等方法纠正立案中的违法行为，事实上混淆了立案监督与侦查监督的界限，不利于及时纠正立案的违法行为，而等到进入诉讼阶段才采取纠正措施，无异于是对违法行为的放任。这既不能从根本上制止和杜绝公安机关乱立案的情况，也不能更好地保护当事人的合法权益。

由于目前我国刑事诉讼立案监督还存在着监督的范围过窄、① 监督的内容不充分、② 监督的时间滞后、③ 监督制度自身存在软弱性④等问题，迫切需要完

---

① 表现之一是监督的对象不完全。我国的刑事诉讼法一直明确人民法院、人民检察院、公安机关是刑事案件的立案机关。人民检察院如何对上述所有机关的立案全面进行法律监督，法律存在空白。在实践中，对许多自诉案件，法院以“证据不足”驳回起诉，不予立案，造成案件的流失。虽然六部委《关于刑事诉讼法实施中若干问题的规定》第4条对于人民法院直接受理的“被害人有证据证明的轻微刑事案件”作出相应规定，即对于其中证据不足、可由公安机关受理的，应当移送公安机关立案侦查。被害人向公安机关控告的，公安机关应当受理。但是在实际工作中，却出现了对此类案件，法院和公安机关之间相互推诿的现象。

② 目前立案监督，只是对公安和检察机关内部侦查部门应当决定立案的程序实行监督，也就是对该立不立的或不报请决定立案的情况进行监督；而对发现和审查阶段无法监督。使不破不立、破而不立、以罚代立、立而不究等几种情况成为法律监督的盲区。实践中，有的案件初查严重违法，有的案件一拖几年不决，使当事人长时间处于被追诉的犯罪嫌疑状态。

③ 现行刑事诉讼法只规定了公安、司法机关将不立案的原因通知控告人的义务，控告人不服的，可以申请复议。这种状况就使得报案人、举报人等对于自己的投诉，公安、司法机关究竟立案与否，何时决定，无法监督。即使有控告人的，刑事诉讼法对通知控告人义务的时限也没有规定。这样，监督机关发现的途径不畅，发现的时间必然带有滞后性，甚至是根本无从发现、无从监督。对于检察机关自侦部门受理的案件，《人民检察院刑事诉讼规则》规定审查逮捕、审查起诉部门可以通过报告检察长决定程序，实施立案监督。但受理不服不立案的申诉、复议申请的管辖权，在控申检察部门或者负责初查的工作部门，审查逮捕、起诉部门报告决定程序必然受到局限。

④ 如《刑事诉讼法》第87条明确了检察机关对公安机关立案监督关系，但如果公安机关对于应当立案而不立案、检察机关如何监督到位没有解决。因此，从监督的手段来看，法律缺少赋予保障检察机关履行立案监督的权力及具体程序的保证，使纠正立案中的违法活动缺乏足够有力的手段，形成了发现问题难、调查问题难、解决问题更难的局面。另外，对于自侦案件，人民检察院从根本上讲是自己监督自己，效果必然有限。

善相关的监督立法，破解监督难题。

三、依法行使立案监督权

近年来，司法队伍的整体素质不断提高、司法能力不断增强，但是，有的司法干警执法不规范、不严格、不公正、不文明、不廉洁的问题仍有发生。剖析这些问题产生的原因，很多都与执法思想不端正、执法观念落后密切相关。除了存在重打击犯罪、轻保护人权，重实体、轻程序，重办案数量、轻案件质量，地方保护主义和部门保护主义，重就案办案、轻运用司法职能维护和谐稳定服务大局等观念以外，还存在着重分工配合、轻监督制约的观念。我国刑事诉讼法规定了一项基本原则，那就是办理刑事案件，公、检、法三机关分工负责、互相配合、互相制约，人民检察院依法对刑事诉讼活动实行法律监督。这是法律对三机关在刑事诉讼中的明确分工。但是在实践中，往往强调配合有余，而相互制约不足：如不愿意接受制约监督、不敢主动监督。那么，完善立案监督的对策有哪些呢？

除了扩大立案监督视野、拓展案源渠道以外，还要在完善立法上寻找办法。这就需要制定统一、明确的司法解释，为强化刑事立案监督提供可操作的法律依据。具体途径有三：一是通过司法解释进一步明确立案监督，不仅包括“应当立案而不立案”的监督，而且包括“不应当立案而立案”的监督，以便对整个立案活动进行全面监督。①二是通过立法授予检察机关对通过立案监督程序对没有立案的案件行使侦查权。即检察机关对立案监督的案件可监督公安机关进行侦查，在公安机关不予侦查的情况下，可自行立案侦查。三是通过立法补充完善刑事诉讼法及司法解释中关于立案监督的保障性规定，增设责任追究条款。通过立法明确《要求说明不立案理由通知书》、《通知立案书》、《纠正违法通知书》的法律效力，赋予检察机关对拒不接受监督的单位和个人有处分建议权。

四、正确使用检察建议书和纠正违法通知书

对于公安机关的侦查活动是否合法实行监督是法律赋予检察机关的一项职

---

① 具体而言，检察机关除了对部分案件拥有审查逮捕权外，还应对公安机关治安处罚、劳动教养等拥有知晓权，公安机关在对尚不构成犯罪的人进行行政处罚的同时应报送检察机关备案。从立法上规定检察机关对公安机关立案之后是否采取了切实可行的措施、进行侦查并及时结案进行同步监督，对公安机关越权办案、插手经济纠纷、不应当立案而立案的以及错误地立案追究的案件进行立案监督，完善、充实立案监督的内容。

责。其监督方式，既有口头，又有书面。书面提出的，即《纠正违法通知书》和《检察建议书》。这两种文书涉及检察工作的各个方面，发挥着不可替代的重要作用。因此，检察机关需要克服"畏难情绪不敢发"、"碍于情面不愿发"、"忽视职责不想发"等心理因素影响，在发出的上述文书措辞固然不能过于严厉、居高临下、盛气凌人，让人感觉到检察机关是在挑毛病、故意刁难，难以接受；但也不能过于温和，如诉家常，使被监督对象认识不到其违法行为的严重性，认为检察机关小题大做。

因此，本案中，对公安机关超越管辖范围提请批准逮捕的案件，应当建议公安机关将该案撤回，并移送给有管辖权的机关；若公安机关仍拒不接受的，可以采取口头甚至书面形式予以纠正。

建议对此类情况分不同情形提出操作意见：如案情重大、情况紧急等的，可参照《刑事诉讼法》第84条中不属于管辖范围的立案程序，即采取逮捕措施，再移送等。

［辅助案例1］王某非法拘禁案

2006年7月19日晚，某省某市五交化公司交电大楼经理王某为了向秦皇岛市某公司索要被骗的50多万元贷款，在深圳市伙同姚某等人，冒充公安人员，将经济合同担保人中电大鹏电子实业有限公司副经理乔某劫持上货车，连夜开往南昌，先后拘禁于青山湖宾馆、钢氨酒家等处。接着，王某几次打电话给中电深圳工贸公司（中电大鹏电子实业有限公司的上级单位）领导，以乔某作为人质要挟还款，遭到对方拒绝。王某达不到目的，便于7月27日把乔某诈骗一案移交南昌市某区公安分局立案（而交电大楼所处地域并不属该公安分局管辖）。某区公安分局随后将此案移送该区人民检察院提请批准逮捕。

专家点评：

本案原本是正常的经济纠纷，即使涉嫌诈骗，也应由诈骗案件发生地公安机关管辖。但由于某省某市五交化公司交电大楼经理王某急于挽回经济损失，故将原经济纠纷中的担保人中电大鹏电子实业有限公司副经理乔某劫持并非法拘禁，以此为人质要求还款，已经涉嫌犯罪。因此，当王某将该案移交南昌市某区公安分局请求立案时，该公安分局本应考虑到交电大楼所处地域并不属本机关管辖，况且本案所谓被害人的"违法维权"的行为已经涉嫌犯罪，故此案根本不应立案侦查，更不应移送该区人民检察院提请批准逮捕。因此，该区人民检察院没有批准逮捕的做法是正确的。事后，该公安机关还因此被上级机关通报批评了该错误行为。

［辅助案例2］吴某等非法集资诈骗案

某省A县公安机关系先进单位，新局长到任都要动员各部门"再接再厉”，虽然促进了当地的稳定，但为了完成甚至“超额完成”立案指标，有时只能迫使办案部门深挖犯罪嫌疑人或是发动线人发掘案源。2007 年 7 月，线人吴某举报其通过朋友听说的犯罪嫌疑人吴某，称其在邻省 B 县诱骗当地农民养殖梅花鹿，号称包收鹿茸实则非法集资诈骗。A 县公安机关遂将吴某诱至辖区立案拘留，并将案件移送至 A 县检察机关请求批准逮捕。考虑到案情重大，影响面大，吴某又是当地“名人”，A 县检察机关建议当地公安机关将此案移送到案发地 B 县公安机关。按照这一建议，在 B 县公安机关的立案、侦查下，吴某等 33 人非法集资诈骗案得以侦破。

专家点评：

本案中犯罪嫌疑人吴某虽然在 B 县涉嫌非法集资诈骗，但与邻省 A 县公安机关并无任何地域管辖的直接关系，故 A 县公安机关也只能是将吴某诱至本辖区立案拘留，并将案件移送至 A 县检察机关请求批准逮捕。这一行为出发点是为了完成立案指标。这一指标未必科学；即便科学，也不能违背基本的法律规定。考虑到多种因素，A 县检察机关建议当地公安机关将此案移送到案发地 B 县公安机关。经 B 县公安机关立案侦查，吴某等 33 人非法集资诈骗案得以侦破，帮助被害人挽回了经济损失，维护了法律权威和秩序。

（谢佑平　王永杰）

3. 职能管辖交叉时能否按照主罪进行管辖

[案情简介] 仇某受贿案

仇某受贿案由某直辖市甲区检察机关侦查终结，认定仇某在6节事实中受贿，涉案金额共达400余万元，并将本案移送该市甲区检察机关审查起诉。公诉部门经审查认为，仇某涉嫌受贿5节，金额共达300余万元；另1节事实中，仇某伙同他人，在某商业场地无实际承租人的情况下，向被害人谎称该市德尚公司欲转租该场地，再由他人化名该公司副总经理李某，以场地转租费为名，骗取被害人支付人民币共计180万元，应认定为诈骗罪。按照刑事案件管辖分工规定，受贿案件应由检察机关侦查，而诈骗案件应由公安机关侦查。后经该市甲区人民检察院检委会讨论认为，争议的第6节犯罪事实应构成受贿罪。由于仇某受贿数额特别巨大，本案被报送该市人民检察院第一分院审查起诉。

[争议焦点]

本案主要涉及犯罪嫌疑人涉及数罪，各罪分别属于公安机关和人民检察院管辖如何协调的问题。

[关联法规]

《中华人民共和国刑事诉讼法》第18条；最高人民法院、最高人民检察院、公安部、国家安全部、司法部、全国人大常委会法制工作委员会（以下简称国家“六部委”）《关于刑事诉讼法实施中若干问题的规定》第6条，《人民检察院刑事诉讼规则》第12条。

［专家指导］

一般情况下，刑事案件的职能管辖是不难确定的，但有时也会出现职能管辖权属不清或者管辖权属交叉，从而导致职能管辖冲突的现象，即所谓的职能管辖冲突。处理这些问题仍是职能管辖所要解决的问题之一。

目前，我国相关刑事案件管辖分工的规定不够统一、明确，缺乏严密的可操作性。我国《刑事诉讼法》第 18 条对公、检、法三机关的案件管辖分别作了规定，其中第 1 款规定："刑事案件的侦查由公安机关进行，法律另有规定的除外。"第 2 款规定："贪污贿赂犯罪，国家工作人员的渎职犯罪，国家机关工作人员利用职权实施的非法拘禁、刑讯逼供、报复陷害、非法搜查的侵犯公民人身权利的犯罪以及侵犯公民民主权利的犯罪，由人民检察院立案侦查。对于国家机关工作人员利用职权实施的其他重大的犯罪案件，需要由人民检察院直接受理的时候，经省级以上人民检察院决定，可以由人民检察院立案侦查。"第 3 款规定："自诉案件，由人民法院直接受理。"最高人民法院、最高人民检察院、公安部、国家安全部、司法部、全国人大常委会法制工作委员会《关于刑事诉讼法实施中若干问题的规定》第 6 条规定：公安机关侦查刑事案件涉及人民检察院管辖的贪污贿赂案件时，应当将贪污贿赂案件移送人民检察院；人民检察院侦查贪污贿赂案件涉及公安机关管辖的刑事案件，应当将公安机关管辖的刑事案件移送公安机关。在上述情况中，如果涉嫌主罪属于公安机关管辖，由公安机关为主侦查，人民检察院予以配合；如果涉嫌主罪属于人民检察院管辖，由人民检察院为主侦查，公安机关予以配合。这一规定表明此种情况下，公安机关与检察机关是一种配合关系。

这里涉及"主罪与次罪"的划分问题。一般认为，所谓"主罪"、"次罪"，要从数罪的性质、情节轻重、危害性的大小和法定刑的轻重以及可能判处刑罚的轻重等方面加以综合衡量。犯罪嫌疑人犯有数罪，各罪分别属于公安机关和人民检察院管辖的情形，可能发生在公安机关或者人民检察院立案之前，也可能发生于立案后的侦查过程中。对此，最高人民法院、最高人民检察院、公安部、国家安全部、司法部、全国人大常委会法制工作委员会《关于刑事诉讼法实施中若干问题的规定》中确定了"次罪随主罪管辖"的原则。

但是，对此规定的执行中产生了如下问题：一是立案前，一般难以区分主罪与次罪，而且随着侦查的深入主罪与次罪随时可能转化；二是在司法实践中公、检机关之间并不容易协商配合好；三是在操作中许多具体问题难以解决。比如两机关之间如何实现证据共享；两机关都立案的，各自的侦查羁押期限如何计算；两个机关如何制作起诉意见书；案件移送审查起诉后，是一案起诉还是分案起诉等。由于没有统一的规定和标准，造成在这一环节上做法不一的局面。对此，可以按照以下两种原则来处理：

1. 次罪随主罪管辖原则。在立案之前，如果能够根据控告、举报、报案或者犯罪嫌疑人的自首等材料，分清主罪和次罪的，应该由对主罪有管辖权的机关统一侦查，对次罪有管辖权的机关积极配合。

2. 优先管辖原则。这主要适用于以下两种情况：一种情况是立案前主罪和次罪难以分清，而又不能通过协商予以解决的，各部分罪行应当统一由最先接到报案、控告、举报、犯罪嫌疑人的自首等立案材料的机关立案侦查，另一个机关积极协助。另一种情况是公安机关或者人民检察院在立案后的侦查过程中，发现犯罪嫌疑人还犯了属于人民检察院或者公安机关管辖的罪行。如果已立案侦查的罪行是主要罪行，则由立案机关为主进行侦查；如果新发现的罪行或者犯罪嫌疑人新犯的罪行是主罪，则可以由对该罪行有管辖权的机关为主进行侦查。

司法实践中，职能管辖交叉主要有四种情形：一是案发时一案涉及数个罪名，检察机关和公安机关都有管辖权；二是案发时嫌疑人犯有数罪，有的罪属于自诉案件的罪行，应当由人民法院管辖，另有的罪属于公诉案件的罪行，应该由公安机关或者检察机关管辖；三是罪名不清案件的管辖原则；四是一些特殊案件的职能管辖冲突问题。下面分别说明。

一、案发时一案涉及数个罪名，检察机关和公安机关都有管辖权的职能管辖冲突

对此，如前所述，检察机关和公安机关应当协商解决，确定由哪一机关行使管辖权。对于数罪中能够分清主罪与次罪的，原则上由对主罪有管辖权的机关进行立案侦查；在一时难以分清主次罪的情况下，可以由接受报案、控告、举报和犯罪人自首的机关立案侦查，也可以由一个机关受理后几个机关联合进行侦查。

二、案发时一人犯有数种不同性质犯罪的职能管辖冲突

对此主要有两种观点：观点一认为对这类管辖冲突问题，应该实行自诉罪行自动转化为公诉案件的方式。两部分罪行统一由对公诉罪行享有管辖权的公安机关或者检察机关一并立案侦查，并且由检察机关一并决定是否提起公诉。这种方式有利于提高诉讼效率和发挥侦查职能的优势，有力地打击犯罪。

观点二认为嫌疑人所犯数罪应分别属于人民法院和公安机关或者检察机关管辖。理由是，观点一违反了刑事诉讼法的基本原则，会严重侵犯甚至在事实上剥夺有关当事人的一系列重要诉讼权利。依据我国刑事诉讼法的有关规定，

在自诉案件中，被害人以及其他依法具有自诉主体资格的人有权提起自诉；自诉人在人民法院宣告判决前，有权自动撤回起诉；被告人在诉讼过程中，可以对自诉人提起反诉；对于告诉才处理的案件和被害人有证据证明的轻微刑事案件，人民法院可以进行调解，双方当事人在判决宣告前也可以自行和解；双方当事人如果不服第一审人民法院的判决，都有权提出上诉。但是，如果按照上述观点，将自诉罪行自动转为公诉案件的一部分，由检察机关一并提起公诉，必将使得除被告人的上诉权以外的当事人的基本诉讼权利在事实上被剥夺殆尽，从而直接违背了刑事诉讼法所规定的保障诉讼参与人诉讼权利的基本原则。

因此，在解决此类案件管辖冲突的问题时，既要考虑到司法机关的诉讼效率和对犯罪的有效打击，又必须切实贯彻保障诉讼参与人诉讼权利等基本原则，注意维护当事人的各项诉讼权利。总的原则是，对两部分罪行一般应该适用公诉罪行和自诉罪行管辖权限的法律规定，分别由有管辖权的机关立案调查，并适用不同的审判程序进行审理，数罪并罚，一并宣判。具体的解决办法有：

第一，在人民法院受理公诉案件以后，自诉人根据《刑事诉讼法》第170条第（三）项的规定提起自诉。这类案件的性质和《刑事诉讼法》第18条第3款、第88条的规定，决定了人民法院不得将自诉人的起诉推给公安机关或者检察机关处理，而应当将两部分罪行分别适用公诉案件和自诉案件的第一审程序进行审理，数罪并罚，一并宣判。

第二，公安机关、人民检察院在立案前的审查或者立案后的侦查中，发现嫌疑人还犯有或者又犯了属于《刑事诉讼法》第170条第1款和第2款所规定的罪行，被害人向侦查机关提出控告的，应当由立案机关将控告材料转给对公诉罪行有管辖权的人民法院，检察机关对公诉罪行提起公诉以后，人民法院对两部分罪行分别适用公诉案件和自诉案件的审理程序，经过审理，一并作出裁判。检察机关没有提起公诉的，人民法院单独对自诉罪行进行审判。对于具有自诉主体资格的人由于受到强制、威胁而无法提起自诉的，则可以由对公诉罪行享有管辖权的公安机关或者检察机关将两部分罪行一并作为公诉案件侦查。

第三，人民法院在对告诉才处理的自诉案件和被害人有证据证明而提起自诉的轻微刑事案件进行审查和审理的过程中，发现被告人以前还犯有或者又犯了属于公诉案件的罪行，应当将该罪行的材料转给有管辖权的公安机关或者检察机关。

三、司法机关按照职能管辖受理案件后，发现犯有不属本机关管辖的新罪的职能管辖冲突

公、检、法三机关按照其职能管辖范围受理案件后，在侦查和审理案件的过程中，又发现犯罪嫌疑人或被告人犯有不属于自己管辖的罪行的，应当分不同的情况分别进行处理：公安机关和检察机关受理的刑事案件，发现被告人有新罪行的，不管该罪行依法属于哪个机关管辖，都由立案侦查的机关合并侦查；人民法院直接受理的自诉案件，发现被告人有新罪行的，应作为另一案件而移送到有管辖权的检察机关或者公安机关，不宜合并管辖。

四、一些特殊案件的职能管辖冲突

1. 公安机关和检察机关在立案之前，由于双方对案件的定性存在重大分歧，也可能导致管辖不明甚至管辖冲突。例如，公安机关认为犯罪嫌疑人的行为属于贪污，应当由检察机关管辖，而检察机关则认为犯罪嫌疑人的行为不构成贪污罪而是盗窃罪，应该由公安机关管辖。遇到此类情况，两个机关首先应当协商解决。通过协商，仍然解决不了的，则应当由最先接到报案、举报、控告、自首等立案材料的机关立案侦查。经过侦查，依据查明的事实、证据和法律的有关规定，正确认定案件性质并作出妥当的处理。

2. 公安机关或者检察机关在侦查过程中发现案件的性质与立案时所认定的性质不一致，可能对案件的职能管辖权问题带来一定的影响。比如，公安机关以盗窃罪立案，在侦查中却发现犯罪嫌疑人的行为构成贪污罪。对这种情形，原则上移送检察机关再行侦查。但如果是检察机关在立案时发现是职务犯罪案件，但在侦查中或移送审查起诉后发现案件并非职务犯罪案件，而为普通刑事案件，这种情况应区别情况进行处理，按照最高人民检察院《关于人民检察院立案侦查的案件改变定性后可否直接提起公诉问题的批复》，人民检察院立案侦查的案件在侦查阶段发现不属于自己管辖或者在审查起诉阶段发现事实不清、证据不足并且不属于自己管辖的，应当及时移送有管辖权的机关办理。人民检察院立案侦查时认为属于自己管辖的案件，到审查起诉阶段发现不属于人民检察院管辖的，如果证据确实、充分，符合起诉条件的，可以直接起诉。

3. 吸收犯案件的管辖权属问题。确定此类案件的管辖权，也是要根据相应案件的实体处理原则。在实体上，对吸收犯案件的处理实行重行为吸收轻行为、主行为吸收从行为的原则，仅仅以吸收行为来定罪处罚。在程序上，一般也应当实行“吸收行为管辖原则”。

综上所述，即使本案第6节事实构成诈骗罪，也不必移交公安机关侦查。因为仇某前面5节事实足以认定他受贿多达300万元，其刑事责任将大大超过第6节诈骗人民币180万元的刑事责任，故依据最高人民法院、最高人民检察院、公安部、国家安全部、司法部、全国人大常委会法制工作委员会《关于刑事诉讼法实施中若干问题的规定》第6条规定，应由原区人民检察院侦查完毕后，鉴于本案重大，将本案报送该市人民检察院第一分院审查起诉。

[辅助案例1] 李某职务侵占案

2000年9月至2001年6月间，犯罪嫌疑人李某利用担任A证券有限责任公司证券投资部副总经理的职务之便，在负责业务过程中，采取收款不入账、虚列开支等手段先后多次从B证券M营业部、C工商信托投资公司N营业部等处收回的返佣金及销户本金中，侵吞公款计人民币62.4万余元。

对这一案件，某直辖市某区检察院反贪局接到举报后，以贪污罪立案侦查，侦查终结移送审查起诉部门后，由于查明的李某的主体身份为非国家工作人员，遂以职务侵占罪向区法院起诉。区法院初步审查并请示上级法院后认为，职务侵占罪不应由检察院立案侦查，遂将案件退回检察院。法院不予受理的理由是：职务侵占案应当由公安机关侦查管辖，现在检察院却予以立案侦查，由于侦查主体不合法，导致本案取得的所有证据无效。

专家点评：

随着程序性辩护观念的深入和实践，实践中包括人民法院、辩护人在内的主体对程序合法性问题的关注逐步得到重视，这是积极的一面。

本案因职能管辖不当，导致侦查取得的证据面临司法审查的否定性评价的风险。

实践中，针对此类情形，应该做到两点：一是尽早查清嫌疑人的主体身份，已经查清不属于自己管辖的，应尽早移送到有管辖权的侦查机关进行管辖；二是移送管辖后，原有证据应至少作为线索，重新进行合法取证，完成证据的合法性转换。否则，其证据合法性就会面临司法审查和辩护人的双重质疑。

当然，本案中人民法院不予受理的行为也是值得商榷的。其完全可以建议指控机关依照上述建议移送到有关公安机关，且人民法院受理案件属于程序问题，不应将属于侵占罪或是贪污罪的实体之争过早提出，这也有助于强化检察机关的责任意识和起诉能力。不过，如果人民法院将案件受理后，由于可以变更起诉罪名，虽然可以判处被告人侵占罪，但必然存在侦查证据合法化的瑕疵甚至是违法性问题而遭到辩护人攻击，囿于国情，显然不能贸然判处该被告人无罪，故该案集中暴露了司法实践的特殊情形兼遇法律规定空白不清的情形，值得认真研究。

[辅助案例2] 赵某职务侵占、强奸案

2003年9月，某铁路施工队，在某县三十里铺村施工时，因临时封闭该村与外村之间的涵洞通道需支付赔偿款，结果该村村支书赵某代表村委会从施工队领取10万元，除部分支出外，赵某非法占有其中的6万元。2004年3月28日，某县检察院以涉嫌贪污罪为由对其立案侦查。在侦查中，发现赵某还涉嫌强奸罪，遂一并移送检察机关提请批准逮捕。检察机关经审查认为，由于强奸罪较之贪污罪为轻罪，遂建议将该案应移送到公安机关受理。2004年9月21日，公安机关以职务侵占罪、强奸罪一并移送检察机关审查起诉。2004年10月31日，赵某被依法判处有期徒刑12年。

专家点评：

本案最初由检察机关对犯罪嫌疑人赵某进行立案侦查，当发现赵某还涉嫌强奸罪时，根据应由重罪管辖机关管辖的原则移交给公安机关，这是正确的。最终公安机关以职务侵占罪和强奸罪一并移送到检察机关进行审查起诉，也是正确的。

（谢佑平　王永杰）

4. 手机短信诈骗犯罪案件的管辖如何确定

[案情简介] 施某等诈骗案

犯罪嫌疑人施某伙同薛某等人经事先谋划，于2005年8月中旬开始，由施某向犯罪嫌疑人叶某及其雇工刘某购买铁通公司重庆地区一号通卡电话号码及充值卡，薛某等人则组织犯罪嫌疑人许某等人通过群发的方式向手机用户发送编辑有关以银行名义提醒用户“信用卡在商场被消费”以及编辑有银行咨询铁通公司重庆地区“一号通卡电话号码”的虚假短信，先诱他人受骗咨询，后由事先组织的人员冒充银行工作人员和公安局民警，以保护信用卡用户的利益和侦查办案需要为由，让受骗人将其银行账号内的资金转入指定的账号内，致使受骗人账号内资金被骗取。

犯罪嫌疑人叶某和刘某在明知施某等人利用其提供的铁通公司重庆地区一号通卡电话号码进行诈骗的情况，仍向施某等人提供该种电话号码及充值卡。其中刘某于2005年9月27日起受雇于叶某，向施某提供铁通公司重庆地区一号通卡电话号码及充值卡；许某于2005年10月12日起为施某和薛某等人发送虚假短信，上述嫌疑人为获取非法利益先后结合实施了以下犯罪行为：犯罪嫌疑人施某将向犯罪嫌疑人叶某购买铁通公司重庆地区一号通卡电话号码5105××××提供给薛某等人，薛某等人组织他人将该号码编入虚假短信于2005年9月12日，通过群发器群发给重庆地区段的手机用户，致使1350××××894的手机用户被骗人民币

79000余元。此外，这些犯罪嫌疑人还用类似手法骗取多名被害人人民币多达10多万元。犯罪嫌疑人金某在施某的授意下，替施某向他人购买用于诈骗的信用卡和向叶某等人购买铁通公司重庆地区一号通卡电话号码及充值卡，以及帮助其转移赃款，并且在施某被抓获后，转移涉案的信用卡、存折及记账簿等证据。

[争议焦点]

如何确定手机短信诈骗案件的管辖。

[关联法规]

《中华人民共和国刑事诉讼法》第24条、第25条；最高人民法院《关于执行〈中华人民共和国刑事诉讼法〉若干问题的解释》第2条。

[专家指导]

一、手机短信诈骗犯罪案件的特点

近年来，随着移动通信的日益普及，一些犯罪分子利用外地手机，通过发送手机短信的方式实施诈骗犯罪案件日益增多。

（一）案件侦破难度加大

传统的诈骗案件犯罪人与受害人都有正面接触，受害人对犯罪人的体貌特征往往有较深的记忆，因此犯罪人的特征暴露比较明显。而手机短信息诈骗案件的犯罪人通过手机、电脑等工具发送短信息作案，由于没有面对面地接触，犯罪人体貌特征等相关信息不明，公安机关极难开展侦查。而且，手机短信息诈骗作案者行踪诡秘，往往是甲地策划、准备，乙地实施，丙地提款。留给警方的线索仅是犯罪人提供给受害人汇款所用的账号、手机号码、汇款地址、姓名等。而单凭这些很难确定作案人的真实身份。同时，这种新型的诈骗模式由于不以取得受害人的信任为前提，只要具备诈骗所需要的工具即可作案，降低了对诈骗犯罪主体的素质要求，诈骗者也无须承受太大的心理压力，没有作案经验的初犯也可实施诈骗，这就加大了公安机关破案的难度。

（二）使用现代通讯工具，作案手法"新颖"

犯罪人在行骗过程中使用"业务手机"。所谓"业务手机"，是指犯罪人专门用以实施诈骗、与受害人联系时使用的手机。这种作案的手机一般使用无须持身份证登记开户的SIM卡，或用假身份证开户的SIM卡。在行骗后，通常立即关闭"业务手机"。具体而言，"业务手机"的作案手法通常如下：

一是使用通讯公司的手机短信息业务，以合法掩护非法，实施"空中诈骗"。

手机短信息诈骗案件与传统诈骗案件最大的区别是改变了以往面对面实施

诈骗的形式，犯罪人利用手机作为作案工具，以发送短信息的方式向广大手机用户传递极具欺骗性的信息，设置诱人的圈套和陷阱，然后坐收渔人之利。

二是利用短信息群发专门知识，以不特定的多人为侵害对象。从当前公安机关掌握的情况来看，利用电脑软件发送短信息是最为普遍的一种作案方式。据查，市场上有一种叫“短信通”的短信群发器，该系统用个人 PC 及 Cable 线可同时将 4 部手机连接到电脑上，自动发送短信息。该系统可以一次预设 200 万个手机号码进行大规模群发，每 2 秒至 5 秒即可发送一条短信息。通过与电脑连接，一部手机每天可发送 4 万条短信息，一台电脑每天可发送 16 万条短信息。

总之，由于短信息诈骗犯罪手法独特，本身具有预谋性、隐蔽性和复杂性等特点，因而公安机关的侦破工作具有相当的难度，以致一些诈骗分子逍遥法外。

（三）手机短信诈骗犯罪案件管辖难度加大

根据现有立案管辖规定，绝大多数的案件由“犯罪行为地”的公安机关管辖。“犯罪行为地”既包括犯罪行为的发生地，也包括犯罪行为的结果地；既包括犯罪行为的预备地，也包括犯罪行为的实施地。在实践中，利用收集短信息行骗涉及的“犯罪地”包括犯罪人手机的开户地、取款存折或信用卡开户地、直接取款地、隐藏地、被害人的居住地和汇款地等。由于案件涉案范围广，按照“犯罪发生地”原则来确定管辖，所有涉案地的公安机关都有管辖权。但由于此类案件报案时所涉金额数目小，而案件又较难侦破，因此很多地方公安机关都不愿管辖、相互推诿，从而形成案件管辖上的漏洞。因此，此类案件作案跨度大，被害人被骗后报案应由何地公安机关受理、立案，已经成为目前急需解决的问题。

实践中，被害人一般选择向其住所地、钱款汇出银行所在地、短信息内容涉及的公司所在地的公安机关报案。但由于被害人分布在不同区域，虚构的单位往往在外地且并不存在，导致案件难以侦破，因此短信息中涉案公司所在地的公安机关往往会拒绝立案。如果受害人向自身所在地公安机关报案，由于手机短信息诈骗个案案值小，而破案难度大，被害人所在地公安机关会认为对这样的小案件，没有必要千里迢迢远赴外地办案，也会拒绝立案，从而发生互相推诿的现象。因此，应当由受理单位立案侦查，并随着案情的逐渐明确，由犯罪行为主要发生地或者犯罪团伙主要活动地的公安机关并案侦查。在案件移送过程中应当采取切实措施，保证犯罪嫌疑人不会脱逃，为案件进一步侦破和扩大战果奠定基础。

二、手机短信诈骗犯罪案件地域管辖的实践及完善

刑事案件由犯罪地的公安机关管辖。但由于利用手机短信进行诈骗涉案范围非常广，实践中涉及的“犯罪地”包括犯罪手机的开户地、取款存折或信用卡开户地、直接取款地、犯罪嫌疑人的隐藏地、被害人的住所地或汇款地等，因此，案件涉及多个有管辖权的部门。为此，有的地区出台了《关于办理利用手机短信实施诈骗犯罪案件管辖权问题的意见》（以下简称《短信管辖意见》），规定具有下列情形之一的，本地公安司法机关具有管辖权：“1. 犯罪嫌疑人在本地发送手机短信实施作案的；2. 犯罪嫌疑人使用的手机系在本地开户的；3．犯罪嫌疑人使用的网络终端在本地的；4. 犯罪嫌疑人提供的银行账户系在本地开户的；5．被害人在本地向犯罪嫌疑人指定的账户转账或存款的。”

应该说，这个规定较好地解决了手机短信诈骗的管辖问题，有利于打击这类比较特殊的犯罪，但是仔细推敲，《短信管辖意见》还有下列问题值得探讨：

第一，该《短信管辖意见》是否合法合理。根据《关于执行刑事诉讼法若干问题的解释》第2条规定，犯罪地是指犯罪行为发生地。以非法占有为目的的财产犯罪，犯罪地包括犯罪行为发生地和犯罪分子实际取得财产的犯罪结果发生地。《短信管辖意见》中第1种情形，“犯罪嫌疑人在本地发送手机短信实施作案的”，这是犯罪行为发生地；第2种情形，“犯罪嫌疑人使用的手机系在本地开户的”，有利于查处犯罪嫌疑人的主体身份等情况，这与刑事诉讼法规定，“如果由被告人居住地的人民法院审判更为适宜的，可以由被告人居住地的人民法院管辖”，有异曲同工之效；第4种情形，“犯罪嫌疑人提供的银行账户系在本地开户的”，这是犯罪分子实际取得财产的犯罪结果发生地。除此之外，第3种情形和第5种情形既不属于犯罪地，也不属于被告人居住地，因此《短信管辖意见》与《刑事诉讼法》及《关于执行〈中华人民共和国刑事诉讼法〉若干问题的解释》的规定存在冲突。

第二，如果严格按照《刑事诉讼法》及《关于执行〈中华人民共和国刑事诉讼法〉若干问题的解释》的规定办理，那么查处手机短信诈骗案件就会发生困难。手机短信诈骗案件一般来说是因被害人报案而案发，如果犯罪嫌疑人的手机系在外地开户，发送手机短信实施作案也是在外地，提供的银行账户也是外地的，该类案件如果严格按照《刑事诉讼法》及《关于执行〈中华人民共和国刑事诉讼法〉若干问题的解释》的规定处理，那么本地无权管辖，被害人要到外地去报案，实为不便。因此从这个意义上说，《短信管辖意见》

确定“被害人在本地向犯罪嫌疑人指定的账户转账或存款的”由本地管辖有其合理之处。

综上所述，我们的具体建议如下：

一是刑事诉讼法将手机短信诈骗案件的管辖单列一条款；

二是规定该类案件的地域管辖为：（1）犯罪嫌疑人发送手机短信地；（2）犯罪嫌疑人使用的手机开户地；（3）犯罪嫌疑人提供的银行账户地；（4）被害人向犯罪嫌疑人指定的账户转账或存款地。至于犯罪嫌疑人使用的网络终端地不应作为手机短信诈骗案件的管辖地。

三是从有利于打击犯罪的角度出发，在对案件还没有进行深入侦查之前，应该由最初受理报案的公安机关先行立案。当然，随着侦查工作的深入，也可以由涉案地的公安机关共同管辖，或者由最有利于打击犯罪的犯罪地公安机关管辖。

就本案而言，根据最高人民法院《关于执行〈中华人民共和国刑事诉讼法〉若干问题的解释》第2条的规定，以非法占有为目的的财产犯罪，犯罪地包括犯罪行为发生地和犯罪分子实际取得财产的犯罪结果发生地。本案中，犯罪嫌疑人从外地向重庆地区手机用户发送虚假短信，诱骗被害人在重庆本地将钱款转账至犯罪嫌疑人指定的银行账户（大部分账户系在重庆开设），后在重庆等地将上述款项取走。犯罪嫌疑人实际取得被害人财产的时间节点为被害人将钱款存入犯罪嫌疑人指定的重庆地区的银行账户时，也即犯罪嫌疑人实际取得财产的犯罪结果发生地系重庆。根据《刑事诉讼法》第24条的规定，本案可以由重庆市的公安机关管辖。

[辅助案例1] 张某等诈骗案

犯罪嫌疑人张某伙同王某、李某、丁某人用虚假的招聘信息多次进行诈骗活动，由张某负责向各大城市的手机用户群发送假的招聘短信息，以五星级大酒店招聘特殊服务员、高额月薪等内容引诱被害人上钩，再由李某、丁某接听应聘电话，用事先编排好的“台词”进一步进行欺骗，并以报名费、培训费、服装费等为由，要求应聘人员将钱汇入指定的银行卡账户内，然后通知王某到重庆等地进行异地取款，并汇入张某的银行账户内。据查，有4名被害人从A市汇款进入指定账号共计人民币26930元，有2名被害人从杭州汇款进入指定账号共计人民币4780元。经A市公安机关立案侦查，上述犯罪嫌疑人落网。

专家点评：

本案中，至少有4名被害人从A市汇款进入指定账号数额巨大，有2名被害人从杭州汇款进入指定账号的人民币也已达到犯罪数额起点。故，张某等人的行为所在地杭州、重庆、A市公安机关均可行使地域管辖权。本案中A市公安机关率先行使地域管辖权，便于侦破，减少了侦查成本，是正确、可行的。

[辅助案例2] 李某诈骗案

四川汶川大地震发生后，李某冒充红十字会诈骗。其信息为："一方有难，八方支援！四川汶川发生7.8级地震，死亡超万，百万人无家可归，请伸出您的援助之手！红十字会设建行募捐账号6227002930200016730李梅冬。"2008年6月8日上午8时至下午1时30分，某市市公安局110报警服务台共接到群众报警102起，反映收到上述诈骗短信。

专家点评：

按照法律规定，该市公安机关可以行使地域管辖权，犯罪嫌疑人实施诈骗地、赃款获取地等也可以行使地域管辖权。该市公安机关收到上述报案信息后，尽管展开了调查，但并无结果。这表明短信息诈骗"与时俱进"，查处难度极大，成本极高；对此，还应增强防范意识，提高防范水平，对于可疑信息要及时多加查询、核对。

（谢佑平　王永杰）

5. 人民检察院处理本院检察长为被害人的案件应否整体回避

[案情简介] 吕某故意杀人案

2000年3月8日，吕某因房产纠纷申请抗诉而和A市人民检察分院检察长朱某发生争执，致朱某受伤。当天，检察机关以吕某严重妨害司法活动为由对其拘留15天。两日后，朱某病情转为“一过性脑缺血昏迷”。吕某因涉嫌“故意杀人罪”被公安机关立案侦查并刑事拘留。4月7日，吕某被批准逮捕，“长期与检察长不和”的该院检察官杨某因涉嫌“挑唆吕某谋杀检察长”亦被逮捕。2000年9月18日，该检察机关以故意杀人罪（未遂）对吕、杨二人提起公诉。检察长朱某主动回避，但二被告人多次申请A检察院整体回避，请求异地审理，均被驳回。一审判决、二审裁定杨、吕二人的基本犯罪事实“是清楚的、正确的”，均作出有罪判决。本案被害人朱某认为“判决是公正的”，因为他已依法作了回避。

[争议焦点]

我国《刑事诉讼法》规定的回避制度是否包括司法机关的整体回避。

[关联法规]

《中华人民共和国刑法》第93条、第385条；《中华人民共和国刑事诉讼法》第28条、第29条、第192条、第206条；《人民检察院刑事诉讼规则》第15条、第16条、第20条、第21条、第23条、第35条。

[专家指导]

刑事诉讼中的回避制度，对保证办理案件的客观公正，消除犯罪嫌疑人、被告人以及其他当事人的思想顾虑和社会不良影响，提高司法机关的威信均有十分重要的意义。如果应当回避而不回避，就会违背《刑事诉讼法》有关回避的规定，是一种违反诉讼程序的违法行为；如果听任应当回避而没有回避的现象存在，极有可能使刑事案件的侦查、检察、审判失去公正性，产生徇私枉法的现象，造成或枉或纵的错案。因此，回避制度不仅关系到充分保障当事人的诉讼权利和合法权益的问题，而且关系到刑事司法活动的公正性和司法机关的形象问题。

目前，在涉及检察机关的刑事诉讼实践中，应当回避而没有回避的现象时有发生。除了比较突出的案件承办人（检察人员、侦查人员以及书记员、翻译人员和鉴定人等）回避问题执行不力以外，检察机关的整体回避问题也成为一个新的问题，值得关注。

一、回避制度的法理基础

回避制度的法理意义就在于通过“作茧自缚”式的时空隔离将恣意、私情等影响或干扰公正决定的可能因素予以最大限度地排除。古罗马法有云：“法律是善良与公正的艺术。”那么，法官作为“法律的帝国”[①] 的王公大臣，也首先应当是善良的。美国著名学者罗尔斯也曾说过，“不正义的行为之一就是法官及其他有权者没有运用恰当的规则或者不能正确地解释规则”。[②]在程序正义的诸多标准中，裁判者的中立性是最为重要的。早在罗马法时代，人们就以“自然正义”法则来衡量司法程序的正当性，而这种法则的首项要求就是“任何人都不得做自己案件的法官”，[③] 即要求任何人不得担任自己的当事人案

① ［美］德沃金：《法律帝国》，李常青译，中国大百科全书出版社 1996 年版。该书就法律的阐释问题和司法审理的问题提出了完整的理论体系。

② ［美］约翰·罗尔斯：《正义论》，何怀宏等译，中国社会科学出版社 1988 年版，第 233 页。

③ 自然公正观包括两个方面的内容：(1) 任何人不能自己审理自己或与自己有利害关系的案件；换言之，法官遇到一个与自己有金钱和法律上利害关系的案件，必须回避。实际上是要求法官在对立的当事人之间必须保持不偏不倚的超然审判者的地位。(2) 任何一方的诉词都要被听取。换言之，法官在诉讼活动中应该平等地通知当事人双方，允许他们准备陈述和答辩，允许被告人为自己辩护，给予当事人同等或对应的诉讼权利，不得有所偏袒。

在美国学者看来，自然公正观已被正当程序观所取代，正当程序观有以下三个特征：(1) 有权向不偏听不偏信的裁判所和正式法院陈述案情；(2) 有权知道被指控的事实和理由；(3) 有权对控告进行辩解。美国学者认为，一个程序只有在满足了正当程序观所要求的要件之后，才被视为是符合程序公正的；而凡是符合程序公正要求的程序都可以称为正当程序。总而言之，英美法系所阐述的程序公正理念，其实质不在于以外在的客观标准来判断法院判决结果是否正当，而是通过充实和重视程序本身来保证判决结果能被当事人所接受。

件的法官，否则就违背了自然公正原则，他所主持进行的诉讼活动不具备法律效力。德国著名法学家拉德布鲁赫则对此作了进一步解释：“如果原告本人就是法官，那么只有上帝才能充当辩护人。”① 因此，回避制度最早出现于司法审判之中。

二、我现有的检察回避制度

目前，我国《刑事诉讼法》第 28 条、第 29 条只规定了“侦查人员、检察人员、审判人员的回避”，对于检察院、法院整体，目前没有要求回避的规定。但是对这个问题曾经有争论，有学者主张这种情况应当改变管辖。

《刑事诉讼法》第 28 条对回避的理由作出了明确的规定，审判人员、检察人员、侦查人员有下列情形之一的，应当自行回避，当事人及其法定代理人也有权要求他们回避：1. 是本案的当事人或者是当事人的近亲属的。近亲属的范围可依据《刑事诉讼法》第 82 条确定，即当事人的“夫、妻、父、母、子、女及同胞兄弟姐妹”。2. 本人或者他的近亲属和本案有利害关系的。3. 担任过本案的证人、鉴定人、辩护人、诉讼代理人的。4. 与本案当事人有其他关系，可能影响公正处理案件的。

《刑事诉讼法》第 29 条还规定：“审判人员、检察人员、侦查人员不得接受当事人及其委托的人的请客送礼，不得违反规定会见当事人及其委托的人。审判人员、检察人员、侦查人员违反前款规定的，应当依法追究法律责任。当事人及其法定代理人有权要求他们回避。”

其他构成审判人员回避理由的情况，《刑事诉讼法》第 192 条、第 206 条作了相关规定，要求人民法院对发回重审的案件和按照审判监督程序重新审判的案件，应当另行组成合议庭进行审判。刑事诉讼法除了规定上述回避理由外，还就回避申请的审查权和决定权作了相应规定。

《刑事诉讼法》中虽然规定了回避制度，但采取的是承办人自行回避和当事人申请回避相结合的方法。由于自行回避完全依靠承办人本人的自觉性，而当事人对案件承办人是否与对方有利害关系的事实缺乏应有的知情保障，因此往往使回避制度形同虚设。更重要的是《刑事诉讼法》中对回避实施的监督方面没有明确的法律规定，缺乏相应的监督制约性条款来保证回避制度的正确有效实施。因此，必须尽快完善对回避实施监督的法律制度。

---

① ［德］拉德布鲁赫：《法学导论》，米健、朱林译，中国大百科全书出版社 1997 年版，第 121 页。

三、应当完整、准确、具体地完善检察机关的回避制度

一般认为，我国法律规定的回避制度是指个人回避，并没有规定司法机关整体回避。表面上看，这种说法并不违背现行法律法规，实际上却是对法律本质的误解。但无论如何，现有立法和司法解释的规定存在瑕疵和漏洞，检察机关整体作为回避主体被忽视，一定程度上影响了司法公信力。

对于检察机关作为主体和嫌疑人有利害关系时，法律上有无回避规定？对这个问题的争论由来已久。

第一，我国人民检察院的整体回避问题规定不够完整、明确。关于司法机关在诉讼中应否回避的问题，在我国三大诉讼法均未完整、明确提及。尽管我国《刑事诉讼法》在"回避"这一章没有明确规定司法机关的整体回避问题，但是在"管辖"这一章予以了规定。《刑事诉讼法》第26条规定："上级人民法院可以指定下级人民法院审判管辖不明的案件，也可以指定下级人民法院将案件移送其他人民法院审判。"这里说的"指定下级人民法院将案件移送其他人民法院审判"，就包括该下级人民院应当整体回避的情形。从这一规定来看，立法者并非没有意识到法院整体回避的情形，只不过，法律将法院整体回避的情形放在"管辖"这一章予以规范。这种立法技术在刑事诉讼法典并非罕见。①

由于检察院作为法人，其意志大多体现为其主要负责人的意志，进而使得其侦查、检察人员的意志很难不受到其主要负责人的意志影响。此外，检察机关在国家机关的现有体系中实行经费独立核算和支配，具有明确的经济和政治方面的利益诉求。因此，这些都决定了司法机关在处理与其自身有利害关系的案件时极易坚持利己的立场。

事实上，检察机关回避的实质是对案件管辖权的转移。按照刑事诉讼法的规定，提出移送的司法机关将案件移送到上级司法机关，上级司法机关进行指定管辖。因此，所谓检察机关的回避，不是主张变更诉讼法中有关管辖的规定，而是呼吁赋予当事人及其法定代理人要求办理案件的检察机关移送对案件

① 例如，《刑事诉讼法》第四编为"执行"，但是在该编的第2条规定的却是强制措施的解除（第一审人民法院判决被告人无罪、免除刑事处罚的，如果被告人在押，在宣判后应当立即释放）。此外，我国《民事诉讼法》第37条、《行政诉讼法》第32条均规定：有管辖权的人民法院由于特殊原因，不能行使管辖权的，由上级人民法院指定管辖。所谓"特殊原因"，可以理解为足以使有管辖权的人民法院不能行使审判权的相关因素均属特殊原因，进一步说，只要有损害公正审判、影响法院声誉的因素存在，法院就应该为司法公正而避嫌。

管辖的申请权利。

第二，应当明确检察机关的整体回避规定。我国《刑事诉讼法》明确规定，如果检察人员与案件有利害关系或者有其他关系可能影响公正处理案件的，“应当自行回避”。根据这一法定原则，《人民检察院刑事诉讼规则》第20条进一步明确规定，检察人员在受理举报和办理案件过程中，发现有前述情形的，“应当自行提出回避；没有自行提出回避的，人民检察院应当按照本规则第23条的规定决定其回避，当事人及其法定代理人有权要求其回避”。

在检察机关应当主动提出请求上级机关指定管辖而未提出时，能否由当事人申请检察机关整体回避？按照法理是可行的。我国《民事诉讼法》第45条、《刑事诉讼法》第28条均明确规定，当审判人员依法应当回避而没有自行回避的，当事人有申请其回避的权利。依此类推，对检察机关没有主动申请指定管辖的，当事人也应有申请指定管辖的权利。具体而言，建立和完善检察机关回避制度如下：

一是扩大现有司法解释中的管辖变更制度的主体适用范围，将管辖变更制度的适用主体扩展到检察机关。规定有管辖权的检察机关因案件有需要回避情形时，不能行使管辖权的，可以请求上一级检察机关管辖；上一级检察机关可以指定与提出请求的检察机关同级的其他检察机关管辖。

二是增加规定当事人及其法定代理人有申请指定管辖的诉讼权利。规定当事人及其法定代理人遇有管辖权检察机关因案件有需要回避情形时，认为其不能行使管辖权的，可以请求上一级检察机关决定变更管辖，上一级检察机关可以自行管辖，也可以指定与被提出回避请求的检察机关同级的检察机关管辖。

三是将有管辖权的检察机关需要回避的情形规定为：检察机关是本案的当事人或者与本案的利害关系或其他关系可能影响案件公正处理的；检察机关主要负责人是本案的当事人或者与本案的利害关系或其他关系可能影响案件公正处理的；检察人员因为履行职务行为而涉讼的。

检察机关回避制度的建立和完善，将是我国诉讼法关于回避主体上的重大突破，这样能更彻底地消除影响司法机关公正办理案件的因素，从而更能体现诉讼中的公正原则。

程序正义是司法公正的题中之义，在某种意义上甚至比实体公正更重要。程序公正具有吸收不满的功能，在充分保障了被告人的诉讼权利的情况下，对于从刑事诉讼过程引申出的实体处理结果，被告人往往容易接受。反之，程序不公则具有制造不满的功能。如果在诉讼程序上违反法律规定，未能充分保障被告人的诉讼权利，即使你的实体处理结果是公正的，被告人仍然会认为是不公正的，对此处理结果不满因而不能接受。本案被告人之所以不服判决一再申诉，对于实体处理结果不满，这固然是重要的原因之一，但对检察机关程序上的违法不满，也是原因之一。

［辅助案例1］倪某受贿案

2004年10月26日，倪某被某省纪检委"双规"。两天后，从倪某因涉嫌贪污罪被某市检察院刑事拘留。给倪某带来牢狱之灾的首桩案件大约发生在15年前。检察机关侦查查明，1992年9月，倪某在为某宾馆认购长岭股票时，因在西安没有熟人，便通过朋友张某认识了时任某报北方办事处主任的刘某。经刘某介绍，并通过某报驻某记者站的赵某、侯某帮忙，为该宾馆认购了80万股长岭股票。后倪某以支付中介费的名义，向该报该记者站账户汇入24万元。在实际支付赵某、侯某中介费16万元后，倪某、张某和刘某三人将其余的8万元钱瓜分。倪某获得3万元。

此外，该市检察院还认定：1999年12月，倪某在为该宾馆所属燕都大酒店拆借2000万元资金时，私自侵吞了单位给"中间人"的5万元感谢费中的2万元。

在侦查过程中，检察机关声称还发现倪某涉嫌重大挪用公款犯罪。具体事实为：1998年，倪某擅自做主将该宾馆两笔款项共70万元借给他人经营皮尔卡丹服饰店，进行经营活动，直到1999年9月底才将本金陆续还清。

2005年2月28日，检察机关再次言称发现倪某另外涉嫌重大受贿案件。该市检察院的起诉意见书载明的倪某涉嫌受贿的犯罪事实尚有另外两起，共有三起。

2005年9月26日，在两次"重新计算羁押期限"、三次"延长羁押期限"后，这起"案情复杂，涉及面广，取证困难，犯罪嫌疑人可能被判处10年以上有期徒刑"的"反腐败大案"终于被移送至该市检察院公诉科。

该市检察院公诉科在经过审查后，于2005年11月14日退回该院反贪局补充侦查。然而，在没有补充到任何新的证据的情况下，倪某案再次被移送到了该市检察院公诉科。公诉科于2006年1月28日再次将案卷退回该院反贪局补充侦查。

倪某后来在看守所中给有关部门的反映材料《关于我遭受刑讯逼供的情况》中写道："……挟挤全身、电击和抽打是最常用的办法。他们至今大约动用过60次至70次这种刑。每一次，我都因疼痛而窒息，死去活来。由于长期的遭受电刑，我的左侧头颅至今疼痛，每天靠药物止痛。"

得知倪某在看守所中的遭遇后，倪某的家人于2006年1月6日愤而向该省人民检察院申请，要求该市检察院在倪某全案的审查起诉以及今后的公诉期间进行回避。倪某的家人在回避申请书中这样写道："在办案过程中严禁刑讯逼供、保障犯罪嫌疑人的合法权益，是我国《宪法》和《刑事诉讼法》的基本原则。可是，该市检察院个别办案人员却无视上述法治原则，违法乱纪，滥用职权，对倪某采取刑讯逼供的手段，以获取他们想要的口供。”而该市检察院和看守所分别出具材料，否认有关办案人员有刑讯逼供行为。

为了保证案件得到依法公正的审理，该省检察院最终同意了倪某家人的回避申请，指定该省另外某市检察院继续办理此案。

专家点评：

本案中倪某的家人向该省人民检察院申请，要求该市人民检察院在倪某全案的审查起诉以及今后的公诉期间进行回避，理由是“该市检察院个别办案人员却无视上述法治原则，违法乱纪，滥用职权，对倪某采取刑讯逼供的手段，以获取他们想要的口供”。我国《刑事诉讼法》显然是反对刑讯逼供的。所以，尽管可能并无直接明显的法律条文，但依据法律精神，上级人民检察院可以作出变更管辖的决定。

另外，该市人民检察院和看守所分别出具材料，否认有关办案人员有刑讯逼供行为。实践中，这种材料既非人证又非物证，不应当具有证据的合法性，其证明效力不应采信。学术界提出对于防范刑讯逼供的一些措施值得重视，例如严格的体检制度、录音录像制度、举证责任倒置、证人出庭质证、改革看守场所现有管理制度等。

［辅助案例 2］陈某等妨害公务案

2002 年 2 月，某省某县某村村民陈某等人以某占地单位实际占用耕地面积与实际的补偿面积不符为由，阻拦施工单位进入耕地。4 月 1 日，村民得知施工单位将于翌日到自己的麦田强行挖麦苗。4 月 2 日清晨，数百村民自发地来到已返青的麦地，向施工单位表示：如不给够补偿金就不让其进入耕地。上午 8 时许，包括县法院的法官、县检察院的检察官在内的县国家机关工作人员和警察、保安人员 400 余人到现场为施工单位维持秩序。在此情势下，施工单位的两台挖掘机进入麦地强行挖青苗，从而引发现场骚乱。陈某等涌向挖掘机，将驾驶室挡风玻璃砸坏，并同上述机关工作人员发生碰撞，造成一名检察机关工作人员在内的 3 人负伤，以及摄像机损坏等财产损失。时隔一年后，该县公安部门以聚众扰乱社会秩序罪逮捕了陈某等数名村民，县检察院对其提起公诉，县法院受理了此案。同时，该检察院出具了加盖公章的证言称，检察院组织 20 多名工作人员到上述施工现场维持秩序并有工作人员被村民打伤，住院治疗 10 天，等等。村民们共同集资来请律师为被捕村民提供法律帮助。

律师提出，该检察机关在行使公诉权的同时又以证人的身份出现，按照刑事诉讼理论，该机关以两种身份同时出现在一个案件中不利于审判权的公正行使。故该检察机关应该回避。

专家点评：

本案中包括县法院的法官、县检察院的检察官在内的县国家机关工作人员和警察、保安人员400余人与本案犯罪嫌疑人发生纠纷，造成一名检察机关工作人员在内的3人负伤。律师认为该检察机关在行使公诉权的同时又以证人的身份出现，该机关以两种身份同时出现在一个案件中不利于审判权的公正行使，故请求该检察机关回避的理由具有一定的合理性。

本案暴露出实践中的很多问题。一是实践中政府机关往往为了所谓“维稳”甚至是“联合执法”，动辄调查司法人员直接与行政相对人等接触，甚至发生摩擦的行为值得反思，亟须控制。因该行为的合法性、危害性均不容小觑。二是机关法人往往出具的所谓“证明”，该材料既非证人证言，又非物证，也不是鉴定结论，其合法性、真实性、关联性均值得怀疑。三是本案中的控方同时担任所谓的“证人”角色，且被害人又与其有明显的职业共同体的密切关系，这些都使得控方很难具备客观、中立、公正的形象，其程序自然不够公正。尽管我国并无所谓机关整体回避的直接条文，但正如前文分析，变更管辖权完全可以变通实现整体回避之目的，更有利于树立依法司法、规范司法、公正司法的良好形象。同理，该案也不应由当地的人民法院审理，上级人民法院也可以进行指定管辖，以依法司法。

（谢佑平　王永杰）

二、强制措施

6. 在非自行侦查案件审查起诉过程中对到案的嫌疑人能否改变原强制措施

[案情简介] 倪某容留卖淫案

2008 年 3 月 26 日，倪某因容留卖淫主动到公安机关投案自首，并交代了其犯罪事实。同日，倪某被取保候审。4 月 24 日，公安机关将此案移送检察机关审查起诉。在检察机关再次讯问中，倪某翻供，否认了全部控罪。公诉部门遂向侦监部门提出逮捕倪某的要求。经书面审查后，决定逮捕倪某。2008 年 6 月 10 日，法院开庭审判倪某容留卖淫一案，以容留卖淫罪判处倪某拘役 6 个月，缓刑 6 个月，并处罚金 5000 元。

[争议焦点]

检察机关对于非自行侦查的案件是否有权决定逮捕，在审查起诉过程中如何履行逮捕程序。

[关联法规]

《中华人民共和国刑事诉讼法》第 59 条、第 60 条、第 73 条；《人民检察院刑事诉讼规则》第 86 条、第 91 条、第 260 条；国家“六部委”《关于刑事诉讼法实施中若干问题的规定》第 26 条；最高人民法院《关于执行〈中华人民共和国刑事诉讼法〉若干问题的解释》第 77 条；《关于对报请逮捕的案件是否侦查问题的批复》。

[专家指导]

逮捕是强制措施中最为严厉的一种，我国《刑事诉讼法》中对检察机关行使逮捕权有明确的规定，其第 59 条规定：“逮捕犯罪嫌疑人、被告人，必须经过人民检察院批准或者人民法院决定，由公安机关执行。”《人民检察院刑事诉讼规则》第 86 条也明确规定：“人民检察院对有证据证明有犯罪事实，可能判处徒刑以上刑罚的犯罪嫌疑人，采取取保候审、监视居住等方法，尚不足以防止发生社会危险性，而有逮捕必要的，应当批准或者决定逮捕。”其中，对非检察机关直接受理的案件，由公安机关、国家安全机关等法定侦查机关侦查并提请检察机关审查逮捕部门批准逮捕，而对检察机关直接受理的案件即自行侦查案件，由检察机关侦查部门侦查并提请检察机关审查逮捕部门批准逮捕，检察机关审查逮捕部门审查后决定逮捕。而在刑事诉讼法中，却没有对检察机关审查起诉部门在审查起诉非自行侦查案件的过程中，发现到案的犯罪嫌疑人未被采取逮捕强制措施如何处理作出规定。

由此，在司法实践中，便出现了三种做法：

1. 将案件退回公安机关，由公安机关按照审查逮捕的程序提请检察机关批准逮捕。

2. 按照审查起诉阶段变更强制措施的办法，由检察机关审查起诉部门承办人提出变更强制措施的要求，经科长、分管副检察长审批后决定逮捕。

3. 参照检察机关自行侦查部门提请批捕的规定，由审查起诉部门提出逮捕要求，审查逮捕部门审查逮捕后决定逮捕。

《刑事诉讼法》第 73 条规定：人民法院、人民检察院和公安机关如果发现对犯罪嫌疑人、被告人采取强制措施不当的，应当及时撤销或者变更。据此，检察机关审查起诉部门在审查起诉过程中，认为对犯罪嫌疑人采取强制措施不当，有权变更强制措施（常见的如对已被逮捕的犯罪嫌疑人改采取取保候审的强制措施），具体程序是由检察机关审查起诉部门承办人提出变更强制措施的要求，经科长、分管副检察长审批后决定变更强制措施。但是根据《人民检察院刑事诉讼规则》第 91 条规定：人民检察院审查批准或者决定逮捕犯罪嫌疑人，由审查逮捕部门办理。据此，检察机关审查起诉部门经审查认为需要逮捕犯罪嫌疑人，必须通过审查逮捕部门的审查。

关于此问题，虽然刑事诉讼法中未有规定，但在《人民检察院刑事诉讼规则》第 260 条中却对此有明确规定：“审查起诉部门经审查认为需要逮捕犯罪嫌疑人的，应当参照本规则第五章第二节的规定移送审查逮捕部门办理。”其中“本规则第五章第二节”即人民检察院办理直接立案侦查的案件审查决定逮捕的规定。因此，按照《人民检察院刑事诉讼规则》的规定，检察机关审查起诉部门经审查认为需要逮捕犯罪嫌疑人，应出具逮捕犯罪嫌疑人意见书，并附相关案卷材料，报送检察机关审查逮捕部门审查，由检察机关审查逮捕部门决定是否逮捕犯罪嫌疑人。

另外，我国关于逮捕措施的立法存在着严重不足。根据《刑事诉讼法》第59条以及《人民检察院刑事诉讼规则》第91条规定，公安机关对其侦查的案件，发现需要逮捕的，应当向人民检察院报请批捕，由人民检察院作出是否批准逮捕的决定；人民检察院在其自行侦查的案件中，发现需要逮捕的，由侦查部门报请审查批捕部门审查决定。"然而，作为公诉机关的人民检察院，其职能在一定程度上与追查机关具有同质性，在此情形下，人民检察院能否本着客观、中立的立场和态度，作出批捕与否的决定，显然令人怀疑。"① 现行刑事诉讼法对于检察机关在侦查各个阶段的权利义务也没有具体细化，最高人民检察院《关于对报请逮捕的案件是否侦查问题的批复》中明确规定："人民检察院审查公安机关提请逮捕的案件，经审查，应当作出批准或者不批准逮捕的决定，对报请逮捕的案件不另行侦查。人民检察院在审查逮捕中如果认为报请批准逮捕的证据存有疑问，可以复核有关证据，讯问犯罪嫌疑人、询问证人，以保证逮捕案件的质量，防止错捕或漏捕。"均没有对在具体操作中产生的一系列衍生问题予以明确：检察机关审查起诉部门在审查起诉时，已经告知了犯罪嫌疑人审查起诉阶段的权利义务，在对该犯罪嫌疑人的审查逮捕过程中，是否要告知其审查逮捕阶段的权利义务；同时，检察机关审查起诉部门在审查起诉时，已经对犯罪嫌疑人进行过讯问，则在对该犯罪嫌疑人的审查逮捕过程中，是否还需要再次进行审查逮捕阶段的讯问；在检察机关审查起诉部门提出逮捕要求，审查逮捕部门是否需要讯问犯罪嫌疑人，还是只进行书面审查即可，等等。

值得注意的是，根据《人民检察院刑事诉讼规则》，此类案件的审查逮捕程序是要参照自行侦查案件的审查逮捕程序执行。因此，检察机关审查逮捕部门的承办人不能因为检察机关审查起诉部门已经审查过案件情况，已经告知过犯罪嫌疑人审查起诉阶段的权利义务，已经讯问过犯罪嫌疑人，就采取书面审查的方式，而必须在书面审查后，由审查逮捕部门讯问犯罪嫌疑人并告知其审查逮捕阶段的权利义务。但是，这种做法存在一个问题，刑事诉讼法未明确规定检察机关对自行侦查案件外的案件有"决定逮捕"的权利，只授予检察机关对此类案件"批准逮捕"的权利。在此前提下，《人民检察院刑事诉讼规则》在作为最高人民检察院出台的一个内部工作机制，是否有权授予检察机关对自行侦查案件外的案件有"决定逮捕"的权利？是否与"国家机关法无

① 陈光中、[德]阿尔布莱希特主编：《中德强制措施国际研讨会论文集》，中国人民公安大学出版社2003年版，第5页。

明文授权不可行”的宪政原则相抵触，以及如何回应检察机关能否站在客观、中立立场决定逮捕的担心？

前文已经指出，根据《人民检察院刑事诉讼规则》，检察机关在审查公安机关侦查案件过程中认为需要逮捕的，按照人民检察院办理直接立案侦查的案件审查决定逮捕。基于分工的不同，各机关的差异性凸显，检察机关有审查起诉、批准逮捕的权利，又是法律监督机关，在审查起诉中认为犯罪嫌疑人应当逮捕的予以逮捕具有现实可行性，而将案件退回到公安机关再由其重新履行提请批准逮捕程序，没有正当依据。批准逮捕权归属人民检察院，在人民检察院内部，权利所有者则是审查批准逮捕部门。据此，我们认为，检察机关在非自行侦查案件审查起诉过程中，对到案的嫌疑人需要改变原强制措施为逮捕，而检察机关审查起诉部门经审查认为需要逮捕犯罪嫌疑人的，应由审查起诉部门出具逮捕犯罪嫌疑人意见书，并附相关案卷材料，报送检察机关审查逮捕部门审查，由检察机关审查逮捕部门决定是否逮捕犯罪嫌疑人。

[辅助案例1] 汤某盗窃案

2008年7月24日汤某因涉嫌盗窃犯罪被公安机关立案侦查。由于其认罪态度较好，被取保候审。7月28日，公安机关将案件移送检察机关审查起诉。8月3日，犯罪嫌疑人汤某未经公安局批准，到外地亲戚家三日未归。检察机关遂作出逮捕汤某的决定。同年10月11日，经法院审理，汤某获刑3年。

专家点评：

本案中，汤某因涉嫌盗窃罪，依照法律规定由公安机关管辖，在侦查过程中公安机关对其采取取保候审的强制措施，而在审查起诉过程中，汤某违反了取保候审的法定义务，未经执行机关批准，离开居住地，检察机关对其作出逮捕决定，这种做法是正确的。

盗窃罪属于公安机关立案管辖范围，由其作出的取保候审措施，在审查起诉阶段，犯罪嫌疑人违反取保候审的法定义务，可以改变强制措施，即符合逮捕条件的，应当予以逮捕，这是法律明确的规定，本案的关键在于逮捕的程序如何进行。

依照《人民检察院刑事诉讼规则》的规定，检察机关审查起诉部门经审查认为需要逮捕犯罪嫌疑人，按照人民检察院办理直接立案侦查的案件审查决定逮捕的规定进行，而检察机关自行侦查案件审查逮捕的程序为：应出具逮捕犯罪嫌疑人意见书，并附相关案卷材料，报送检察机关审查逮捕部门审查，由检察机关审查逮捕部门决定是否逮捕犯罪嫌疑人。因此，本案中检察机关审查起诉部门在审查起诉过程中发现汤某违反取保候审的强制性规定，经审查认为需要逮捕汤某，须出具逮捕汤某意见书，附送相关案卷材料，报送到审查逮捕部门，由审查逮捕部门决定是否逮捕。

［辅助案例2］何某某故意杀人案

2006年5月3日，何某某在A市某旅游区强奸刘某未遂将其杀害，市公安机关立案侦查后，因何某某突发疾病，公安机关批准了其家属的取保候审申请。5月8日，公安机关将案件移送市检察机关审查起诉；在审查起诉过程中，检察机关发现何某某得病乃为取保候审故意为之，审查起诉部门将案件报送审查批准逮捕部门，决定逮捕何某某。同年6月12日，A市人民法院以故意杀人罪依法判处何某某有期徒刑9年。

专家点评：

本案犯罪嫌疑人何某某涉嫌故意杀人罪，不属于检察机关自行侦查案件的范围，如何采取强制措施特别是逮捕措施程序是本案关键的程序问题。

诸如故意杀人罪之类的由公安机关立案管辖的案件，采取逮捕措施一般的程序是公安机关认为需要采取逮捕措施的，提请人民检察院批准逮捕；检察机关自行侦查的案件则由检察机关审查起诉部门报送检察机关审查逮捕部门审查决定是否逮捕。检察机关在审查起诉过程中发现何某某故意制造突发疾病状况只是为了逃避羁押，获得取保候审，而其犯罪行为是有证据证明的可能判处徒刑以上刑罚的行为，且为申请取保候审故意引发疾病，不符合取保候审的法定条件，应当变更取保候审为逮捕。

然而，本案的逮捕措施却不需要遵循公安机关立案管辖案件的逮捕措施由公安机关提请检察机关批准的程序，根据《人民检察院刑事诉讼规则》，检察机关在审查起诉过程中认为应当逮捕的，由审查起诉部门出具犯罪嫌疑人逮捕意见书，与相关案卷材料一并报送给审查逮捕部门，由审查逮捕部门审查是否应当逮捕犯罪嫌疑人。由此分析，本案中检察机关的处理方式是正确的。

（谢佑平　陈莹莹）

7. 违反取保候审法定义务能否作为适用逮捕的实质条件

[案情简介] 韩某合同诈骗案

犯罪嫌疑人韩某合同诈骗案，因事实不清、证据不足，检察机关对其作出了不予批准逮捕的决定，公安机关随即对其取保候审。取保候审期间，经公安机关两次依法传讯，韩某均未到案。公安机关遂依据《刑事诉讼法》第56条的规定，以犯罪嫌疑人韩某在取保候审期间违反规定再次提请检察机关批准逮捕。从案件证据情况看，韩某涉嫌合同诈骗犯罪仍然事实不清、证据不足。检察机关以事实不清、证据不足，再次对犯罪嫌疑人韩某作出了不予批准逮捕的决定。

[争议焦点]

如何准确理解逮捕的法定条件；犯罪嫌疑人在取保候审期间不能及时到案，妨碍诉讼顺利进行的，侦查机关能否提请检察机关批准逮捕，检察机关如何办理。

[关联法规]

《中华人民共和国刑事诉讼法》第56条、第57条、第60条；最高人民法院《关于执行〈中华人民共和国刑事诉讼法〉若干问题的解释》第77条；《公安机关办理刑事案件程序规定》第78条；《人民检察院刑事诉讼规则》第532条、第86条、第88条、第89条；《关于适用刑事强制措施有关问题的规定》第9条；国家“六部委”《关于刑事诉讼法实施中若干问题的规定》第26条。

[专家指导]

根据法律规定，取保候审由公安机关执行。在取保候审期间，如果犯罪嫌疑人、被告人有正当理由需要离开居住的市、县，由公安机关决定是否批准；犯罪嫌疑人、被告人违反了取保候审期间应当遵守的规定，也由公安机关处理，如果取保候审的决定机关是人民法院或者人民检察院，公安机关应通知决定机关并且征求决定机关的意见。执行中，公安机关发现取保候审人有违反《刑事诉讼法》第56条规定的情形，如果以保证金形式担保的，应没收保证金，并通知决定机关，决定机关根据具体情况责令犯罪嫌疑人、被告人具结悔过，重新交纳保证金、提出保证人或者监视居住、予以逮捕。[①] 由此衍生了一系列问题：违反取保候审的规定是否应该予以逮捕，逮捕是以违反取保候审的规定为独立条件还是受逮捕三个要件的制约？目前，理论界关于该问题的讨论建立在一般逮捕条件与违反取保候审而逮捕的有条件逮捕法条之间的关系基础上，形成两种对立的观点：

一种观点认为：《刑事诉讼法》第56条关于逮捕的规定是对第60条逮捕条件的补充，逮捕的条件也因此有所放宽。对于违反《刑事诉讼法》第56条的规定的犯罪嫌疑人、被告人，可以突破"可能判处徒刑以上刑罚"的规定，予以逮捕。《刑事诉讼法》适当放宽了逮捕的条件，这不仅体现在一般的逮捕条件上，而且体现在逮捕与取保候审的关系上，把可能适用逮捕强制措施作为被取保候审人严格遵守法定义务的保障措施。《刑事诉讼法》第56条强调的只是违反规定的情节如何处理，并不与犯罪事实和可能判处徒刑以上刑罚本身相联系。所以，《刑事诉讼法》第56条突破了一般条件中"可能判处徒刑以上刑罚"的限制。同时，对于《刑事诉讼法》第56条之所以是对第60条规定的逮捕条件的补充，提出三点论据：

1. 有条件逮捕在法律中有明确规定。依据我国《刑事诉讼法》第56条及《公安机关办理刑事案件程序规定》第78条的规定，被取保候审的犯罪嫌疑人、被告人在取保候审期间违反有关规定，可予以逮捕。最高人民检察院、公安部《关于依法适用逮捕措施有关问题的规定》第1条规定，依法适用逮捕措施的有：被取保候审的犯罪嫌疑人"两次未经批准，擅自离开所居住的市、县的"，"经两次传讯不到案的"，被监视居住的犯罪嫌疑人"两次未经批准，擅自离开住处或指定的居所的"，"两次未经批准，擅自会见他人的"，"经两次传讯不到案"且属于"情节严重"的。《人民检察院刑事诉讼规则》第53

① 王新清主编：《刑事诉讼法篇（新版以案说法）》，中国人民大学出版社2006年版，第99页。

条明确规定了违反取保候审以下法定义务的应当被逮捕："对下列违反取保候审规定的犯罪嫌疑人，应当予以逮捕：（一）企图自杀、逃跑，逃避侦查、审查起诉的；（二）实施毁灭、伪造证据或者串供、干扰证人作证行为，足以影响侦查、审查起诉工作正常进行的；（三）未经批准，擅自离开所居住的市、县，造成严重后果，或者两次未经批准，擅自离开所居住的市、县的；（四）经传讯不到案，造成严重后果，或者两次经传讯不到案的。"因此，在取保候审期间经传唤未及时到案，违反了刑事诉讼法取保候审期间遵守的义务规定，公安机关可以再次提请批准逮捕。

2. 规定有条件逮捕是废除收容审查后，完善强制措施体系，惩罚犯罪的需要。强制性是强制措施的重要法律特征，如果被采取取保候审、监视居住的犯罪嫌疑人、被告人违反了法定义务，而不对其采取相应的措施，则刑事诉讼就难以顺利进行，犯罪分子就难免会被放纵。

3. 规定有条件逮捕有助于减少逮捕强制措施的适用。规定有条件逮捕，不仅对已经违反法定义务者是一种惩戒，而且对尚未违反法定义务者是一种威慑，有助于扩大取保候审、监视居住的适用，减少逮捕的适用。同时规定两种逮捕条件，并不意味着可以相互割裂，各行其是。对于取保候审的，一般情况下应当尽量采取具结悔过、重新交纳保证金等方式。少数予以逮捕的，应限于以下几种情形：已符合一般逮捕条件的；严重犯罪的重大犯罪嫌疑人，不捕时有放纵犯罪之虑的，有犯罪重大嫌疑的，且可能发生新的社会危险性或严重妨碍刑事诉讼的。[①]

另一种观点认为：逮捕的条件是唯一的，因此，适用逮捕的依据也是唯一的。《刑事诉讼法》第60条规定的逮捕条件是适用逮捕的唯一法定条件。逮捕是最严厉的强制措施，只能对具有较大社会危险性的行为人才能适用。如果扩大到可能判处管制、拘役或者独立适用附加刑的案件，就会扩大逮捕的适用范围，并且逮捕的羁押时间也无法折抵，有失刑罚的公正性。因此，犯罪嫌疑人、被告人违反取保候审、监视居住的有关规定，同时还要具备可能被判处徒刑以上刑罚的条件，才能予以逮捕。

按照《刑事诉讼法》第60条的规定，有证据证明有犯罪事实，可能判处徒刑以上刑罚的犯罪嫌疑人、被告人，采取取保候审、监视居住等方法，尚不足以防止发生社会危险性，而有逮捕必要的，应即依法逮捕。该规定是对逮捕实质要件的规定，即逮捕的前提条件之一是有证据证明有犯罪事实。《人民检

① 参见孙谦、刘立宪主编：《检察理论研究综述：1989—1999》，中国检察出版社2000年版，第163页。

察院刑事诉讼规则》第86条规定，“人民检察院对有证据证明有犯罪事实，可能判处徒刑以上刑罚的犯罪嫌疑人，采取取保候审、监视居住等方法，尚不足以防止发生社会危险性，而有逮捕必要的，应当批准或者决定逮捕。‘有证据证明有犯罪事实’是指同时具备下列情形：（一）有证据证明发生了犯罪事实；（二）有证据证明该犯罪事实是犯罪嫌疑人实施的；（三）证明犯罪嫌疑人实施犯罪行为的证据已有查证属实的。‘犯罪事实’既可以是单一犯罪行为的事实，也可以是数个犯罪行为中任何一个犯罪行为的事实”。对于违反取保候审程序要件的犯罪嫌疑人，在案件事实不清、证据不足的情况下，仍不宜批准逮捕。

我们同意后一种观点。根据我国《刑事诉讼法》第60条规定，对于可能判处徒刑以上刑罚的犯罪嫌疑人，被告人可以采取逮捕措施。也就是说，逮捕只能适用于可能判处徒刑以上刑罚的犯罪嫌疑人、被告人。刑事诉讼法的上述规定符合强制措施限制适用的理念和适度原则，该理念和原则已经成为现代刑事诉讼程序的基本理念之一，无论是强制正当程序的英美法系，抑或是强调程序法制的大陆法系，在采取性处分时均在遵循着该理念和原则。同时按照《刑事诉讼法》第60条，逮捕适用的条件是：（1）有证据证明有犯罪事实；（2）可能判处徒刑以上刑罚的；（3）采取取保候审、监视居住等方法，尚不足以防止发生社会危险性，而有逮捕必要的。从刑事诉讼法本身的规定来看，在考虑对犯罪嫌疑人、被告人是否适用逮捕的时候，应注意三大因素：一是证据因素。我们认为只要有证据证明逮捕的犯罪嫌疑人实施了某种犯罪行为即可，并不要求案件在整体上证据充分、确凿；二是实体法因素。即犯罪行为可能判处徒刑以上的刑罚；三是犯罪嫌疑人的人身危险性的程度因素。

对于“有证据证明有犯罪事实”，即逮捕的证据标准问题，理论界和实务界存在争议，“主要有以下几种观点：一是只要有证据即可，一个或两个证据均是‘有证据’；二是‘有证据’是指要有确实、充分的证据，即有证据证明犯罪行为确实犯罪嫌疑人所为，且有足够的证据证明这一犯罪事实，或者说犯罪嫌疑人的行为已构成犯罪；三是‘有证据’是指有基本确实、充分的证据；四是‘有证据’的基本含义是证据确实、充足”。[①] “有犯罪事实”主要有两个要素：一是有犯罪行为发生，从犯罪构成理论上，它基本是指犯罪的客观方面，即犯罪行为的本身；二是该犯罪行为是犯罪嫌疑人实施的，因为逮捕是对特定的人实施的，所以犯罪行为的实施主体必须固定。在刑事诉讼中，不同的诉讼阶段解决不同的问题，因而对犯罪事实的要求也不尽相同。在侦查阶段考

① 刘建柱主编：《检察实务疑难问题研究》，中国检察出版社2004年版，第94页。

虑是否采取逮捕措施时，所要解决的问题与如何定罪和量刑无关，只是考虑是否应当采取措施以保障刑事诉讼的顺利进行。当然，犯罪事实既不需要是主要犯罪事实，也不需要是全部犯罪事实；既可以是单一犯罪行为的事实，也可以是数个犯罪行为中任何一个犯罪行为的事实。只要有证据证明实施数罪中的一罪的，实施多次犯罪行为中的一次犯罪行为的，或共同犯罪中已有犯罪事实的犯罪嫌疑人，即符合逮捕条件。① 最高人民法院、最高人民检察院、公安部、国家安全部、司法部、全国人大常委会法制工作委员会《关于刑事诉讼法实施中若干问题的规定》第26条和最高人民法院《关于执行〈中华人民共和国刑事诉讼法〉若干问题的解释》第77条、《人民检察院刑事诉讼规则》第86条以及《公安机关办理刑事案件程序规定》第115条、第116条对“有证据证明有犯罪事实”，作了明确的司法解释，即适用逮捕的证据条件，还必须同时具备下列情形：（1）有证据证明有犯罪事实；（2）有证据证明犯罪行为是犯罪嫌疑人实施的；（3）证明犯罪嫌疑人实施犯罪行为的证据已经查证属实的。上述的犯罪事实可以是犯罪嫌疑人实施的数个犯罪行为中的一个。因此，“有证据证明有犯罪事实”其实质在于确保逮捕的犯罪嫌疑人达到应被追究刑事责任的起点要求，而不在于追究的程度。

在刑法中，对犯罪行为人的定罪量刑要遵循罪刑相适应的原则，而在刑事诉讼中，是否采取强制措施及采取何种强制措施要遵循比例性原则，即强制措施要同犯罪的轻重程度和行为人的人身危险性相适应。根据刑事诉讼法的要求，适用逮捕的嫌疑人必须涉嫌犯有较为重大的罪行。如果嫌疑人可能判处有期徒刑以下（不含有期徒刑）的刑罚，一般不得适用逮捕。即使可能被判处有期徒刑以上刑罚，还必须有“逮捕的必要”，并尽可能适用监视居住、取保候审等非羁押性强制措施。② 因此，采取逮捕这种最为严厉的强制措施，必须以“罪重”为条件，即只有罪行可能判处徒刑以上的才能采取逮捕措施。从各国关于逮捕的规定来看，也都将可能判处徒刑以上刑罚作为逮捕的一个条件。

采取逮捕措施，除了要满足法定的让明标准以外，还必须以嫌疑人具有社会危险性为条件。“社会危险性”，在理论上一般是指隐匿、毁灭证据，串供、逃跑等妨碍侦查、起诉和审判的行为以及继续实施新的犯罪的可能性。在我国刑事诉讼法中，以“采取取保候审、监视居住等方法，尚不足以防止发生社

---

① 刘建柱主编：《检察实务疑难问题研究》，中国检察出版社2004年版，第95—96页。

② 陈瑞华主编：《未决羁押制度实证的研究》，北京大学出版社2004年版，第11页。

会危险性，而有逮捕必要的”这一间接表述对社会危险性作了界定。根据刑事诉讼法的要求，社会危险性主要包括两方面内容：一是妨碍刑事诉讼顺利进行的危险，如逃跑、串供、毁灭罪证等；二是继续犯罪，危害社会的危险。社会危险性的大小，制约着逮捕的必要性。只有在取保候审、监视居住等方法不足以防止发生社会危险性，有必要采取逮捕措施的，方可适用逮捕。即使犯罪嫌疑人已经具备“有证据证明犯罪事实”、“可能判处有期徒刑以上刑罚”这两个要件，仍然要考虑采取取保候审、监视居住等方法是否足以防止发生社会危险性，可以保证诉讼的顺利进行。如果认为采取取保候审、监视居住等方法，足以防止发生社会危险性，则无逮捕必要。据有关学者的调查，实践中，检察机关对批捕条件中的“是否有证据证明可能判处有期徒刑以上的刑罚”即实体法因素掌握得很严，主要是因为错捕需要承担国家赔偿责任的限制，但其对批捕条件中的“采取取保候审、监视居住措施不足以防止发生社会危险性”即社会危险性的审查不严，甚至不作审查。检察机关在审查批捕的过程中，提审犯罪嫌疑人，对相关证据进行审查，然后作出相应处理。之所以侦查机关申请批准逮捕的案件表面看来大多数都得到批准，一方面是由于公安机关在办理刑事案件过程中，一般是先用尽盘问权、行政拘留权后，再实施刑事拘留，因此他们实际上有很长的时间取证，只有证据相对比较扎实的案件，才向检察机关申请批准逮捕。①

近来，人们对逮捕的这一条件提出了质疑，认为这一条件太高，尤其是在侦查之初，提出过高的要求不利于及时有效地开展侦查，现行刑事诉讼法规定的这一逮捕条件是否过高，确需重新检讨。特别是在司法实践中，逮捕措施的适用范围被人为扩大，对于某些机关和人员而言，只要有证据证明犯罪嫌疑人、被告人实施了犯罪，无论罪行轻重、社会危险性大小，均尽量适用逮捕。我们认为逮捕条件的高低是比较的结果，无比较则无鉴别。而这种比较也只能同有关国家关于逮捕的规定来比较。即在同种类的强制措施中比较。日本刑事诉讼法将逮捕与羁押相分离，逮捕的条件之一是“有充分理由足以怀疑被疑人曾经犯过罪”，羁押的条件之一是“有相当理由足以怀疑被疑人有犯罪行为”。从汉语的习惯来理解“充分理由”要比“相当理由”要求得高。而按日本立法的本意并非如此。因为逮捕的时间通常只有48小时，而羁押的时间则长得多，一般为2个月，而且可以延长。所以我们认为“充分理由”是从证据的量上来说的，而“相当理由”是从证据的量和质两方面来说的，是两者

① 陈瑞华主编：《未决羁押制度实证的研究》，北京大学出版社2004年版，第209页。

的统一。"相当理由"所证明的是主要犯罪事实，还是全部犯罪事实，并未明确，但从措辞来看，只是要求证明被疑人"曾经犯过罪"、"有犯罪行为"。可以说相当于我们证明主要犯罪事实。①

综上所述，我们认为"有证据证明犯罪事实（重大嫌疑）"、"可能判处有期徒刑以上刑罚（罪重）"、"采取取保候审、监视居住等方法，尚不足以防止发生社会危险性，而有逮捕必要的（社会危险性）"，这三个逮捕适用要件是有机联系的统一体，不可偏废其中任何一个。只有同时具备这三个要件，才能决定适用逮捕。

有学者将逮捕的条件分为一般逮捕条件和有条件逮捕，一般条件即前文所阐释的三要件的有机体。对于有条件逮捕，主要是根据我国《刑事诉讼法》第56条的规定，对于违反法定义务，情节严重的被取保候审的犯罪嫌疑人、被告人也能够予以逮捕。因此，实际上适用逮捕时可以不考虑"可能判处徒刑以上刑罚"的"罪重"要件。而且，由于违反采取取保候审、监视居住法定义务情节严重，即意味着《刑事诉讼法》第60条所谓"采取取保候审、监视居住等方法，尚不足以防止发生社会危险性，而有逮捕必要"的"社会危险性"要件的成立。②然而，在适用取保候审的对象中，既包括可能判处有期徒刑以上刑罚的犯罪嫌疑人、被告人，也包括可能判处管制、拘役或者独立适用附加刑的犯罪嫌疑人、被告人。对于前者，在其违反法律规定的义务时，对其采取逮捕措施，符合逮捕的刑罚要件；而对后者适用逮捕措施，则突破了适用逮捕的刑罚要件，同时过分强调了必要性要件。退一步分析，即使《刑事诉讼法》第56条、第57条规定的有条件逮捕，表明不需要符合第60条规定的一般逮捕条件，但这种"不需要符合"不能取代各国统一的逮捕要件之一——犯罪行为可能判处有期徒刑以上刑罚，"罪重"。

人民检察院、公安部《关于依法适用逮捕措施有关问题的规定》第1条的规定适用于所有被取保候审的行为人未必妥当。因为，根据刑事诉讼法的规定，取保候审的对象是可能被判处拘役、管制或者独立适用附加刑的犯罪嫌疑人，只因在被取保候审过程中，或两次未请假外出，或两次传唤未到案。但是，既未造成严重后果，更未实施新的犯罪，对其不加分析地予以逮捕，显然不妥。一方面与可能适用的刑罚不相适应，有违适合性原则和相称性原则；另一方面也可以预见，该决定不会得到应有的社会效果。因此，对于可能判处徒

---

① 李忠诚：《刑事强制措施制度研究》，中国人民公安大学出版社1995年版，第248页。

② 刘建柱主编：《检察实务疑难问题研究》，中国检察出版社2004年版，第99页。

刑以下刑罚特别是可能独立适用附加刑的被取保候审人，因违反法定义务，在决定对其是否适用逮捕时，应当持特别审慎的态度（一般不予逮捕）。另外，还要审视以其他原因被适用取保候审或者监视居住的人，均因违反上述法定义务而予以逮捕是否可行。根据《刑事诉讼法》第65条的规定，公安机关对于已被拘留的“需要逮捕而证据不充足的”犯罪嫌疑人取保候审或者监视居住的，这种对象本身就不具备证据条件，即使他们原来所涉犯罪严重，甚至是杀人、强奸、抢劫等犯罪，也不能因为他们在被取保候审或监视居住期间违反了上述规定，就对其实行逮捕。换句话讲，对于需要逮捕但证据不足而被取保候审的，如果在有罪证据收集方面无进展，或虽有进展但仍达不到《关于刑事诉讼法实施中若干问题的规定》第26条规定的适用逮捕的“罪重”要件标准，即使犯罪嫌疑人违反取保候审、监视居住的法定义务且情节严重，仍不能采取逮捕措施。道理很简单：对照逮捕的一般性条件，犯罪行为是否是犯罪嫌疑人所实施尚不确定，如果变更为逮捕，是明显的错误逮捕。因此，对于因“证据不足”或因“法定期限内不能办结”而变更为取保候审的人，即使其实施了违反法定义务的行为，甚至满足了予以逮捕的严重情节要求，在无确凿证据证明其应当逮捕或者又犯新罪的情况下，都不能将其逮捕。[①]

从理论上讲，由于逮捕完全剥夺了公民的人身自由，是最严厉的强制措施，因而有必要在程序上严格加以控制，应当受《刑事诉讼法》第60条以及相关规定的逮捕条件制约，满足有证据证明发生了犯罪事实，犯罪嫌疑人的行为可能判处有期徒刑以上刑罚而采取取保候审、监视居住措施不足以防止社会危险性的条件，予以逮捕。最高人民检察院、公安部《关于适用刑事强制措施有关问题的规定》第9条规定：“公安机关决定对犯罪嫌疑人取保候审的案件，犯罪嫌疑人违反应当遵守的规定，情节严重的，公安机关应当依法提请批准逮捕。人民检察院应当根据刑事诉讼法第56条的规定审查批准逮捕。”事实上抛开了三个逮捕条件，将违反取保候审的规定作为独立的逮捕条件。这样在实践中产生的后果是公安司法机关可以随意适用取保候审，以违反取保候审的规定提出逮捕被取保候审的人，进而导致取保候审的不正确适用。还会在制度层面产生一系列问题：（1）如果是因为超期羁押而变更为取保候审后被逮捕的，羁押期限是否重新开始计算，如果不重新开始计算，则导致新的超期羁押。如果法律确实将违反取保候审作为再逮捕的依据，就应当明确重新开始计算羁押期限问题。（2）如果原案是错案，取保候审是错的，因违反取保候审而

① 参见陈光中、［德］阿尔布莱希特主编：《中德强制措施国际研讨会论文集》，中国人民公安大学出版社2003年版，第35—36页。

被逮捕的赔偿问题如何解决？违反取保候审的事实存在，但取保候审适用本身是错误的，所以应当赔偿。[①]

因此，我们必须以保障人权为出发点，依照法定的权利，准确把握逮捕的条件，严格遵守逮捕的程序，最大限度地防止错押，切实保障公民的宪法权利不受侵犯。对于虽经公安机关补充侦查，但仍事实不清，证据不足的案件，我们不能简单地以犯罪嫌疑人在取保候审期间违反程序规定，而对其批准逮捕。首先，不能对于所有的可能判处管制、拘役或独立适用附加刑的犯罪嫌疑人、被告人在严重违反法定义务时均适用逮捕措施，尤其是对于可能独立适用附加刑的犯罪嫌疑人、被告人更不宜逮捕；其次，只有在具备充分的必要性要件时，才可能考虑适用逮捕措施；最后，即使是已具备充分的必要性，还应考虑公权力的行使与基本权利的保障之间的平衡关系，即强制性措施的严厉程度与可能适用的刑罚轻重相适应。归结一句话：对被取保候审的犯罪嫌疑人违反法定义务的，应依法区分情形，尽量采取具结悔过、重新缴纳保证金、提出保证人、监视居住等措施，少数不仅违反取保候审法定的义务也有证据证明可能判处有期徒刑以上刑罚的犯罪事实是犯罪嫌疑人所为且采取取保候审、监视居住不足以防止社会危害性而必须“予以逮捕”的，可以依法采取逮捕措施。

[辅助案例 1] 王某故意杀人案

王某因涉嫌故意杀人罪被 B 区公安机关刑事拘留。检察机关在审查逮捕过程中，发现王某有一刚满 6 个月的婴儿需要哺乳，遂作出不批准逮捕的决定。公安机关对王某取保候审并责令其交纳 2000 元保证金。取保候审期间，王某自行给婴儿断奶，还多次企图掐死婴儿后自杀，公安机关以王某未遵守取保候审的相关规定为由，作出没收保证金决定，并再次向人民检察院提请批准逮捕。检察机关经审查作出批准逮捕决定。

专家点评：

本案的焦点是犯罪嫌疑人违反取保候审的法定义务是否属于逮捕的实质性条件。根据《刑事诉讼法》第 60 条的规定，应当予以逮捕的犯罪嫌疑人、被告人，正在哺乳自己婴儿的妇女可以采用取保候审的办法，但被取保候审人违反《刑事诉讼法》第 56 条规定义务的后果之一是予以逮捕。逮捕是强制措施中最为严重的一种，是直接剥夺人身自由的措施，因此，逮捕措施的采取必须执行严格的程序。由于法律规定违反取保候审法定义务的后果之一是予以逮捕，实践中可能认为只要违反了取保候审的法定义务就予以逮捕，将违反义务作为一个独立的实质性的逮捕条件。然而，《刑事诉讼法》第 56 条规定的是

① 参见李忠诚：《论取保候审的完善》，载《中国刑事法杂志》2003 年第 6 期。

违反义务要区别情形采取不同的处罚，本文认为应尽量采取具结悔过、重新缴纳保证金、提出保证人、监视居住等措施，少数不仅违反取保候审法定的义务也有证据证明可能判处有期徒刑以上刑罚的犯罪事实是犯罪嫌疑人所为，且采取取保候审、监视居住不足以防止社会危害性而必须“予以逮捕”的，可以依法采取逮捕措施。本案王某犯罪行为符合逮捕条件因哺乳婴儿取保候审，而取保候审“不足以防止社会危险性”，因此，检察机关应当予以逮捕。

[辅助案例2] 梁某合同诈骗案

A市公安局以梁某涉嫌合同诈骗罪提请A市人民检察院逮捕，A市人民检察院审查后以“事实不清，证据不足”为由作出不批准逮捕的决定。A市公安局对梁某采取监视居住的措施；2000年4月18日，A市公安局以梁某在监视居住期间经两次传讯未到案为由再次提请A市人民检察院批准逮捕，经审查证据，A市人民检察院仍以“事实不清，证据不足”对梁某不予批准逮捕。

专家点评：

本案检察机关不予批准逮捕犯罪嫌疑人梁某是正确的。从逮捕的性质上来讲，由于逮捕完全剥夺了公民的人身自由，是最严厉的强制措施，因而有必要在程序上严格加以控制，应当受《刑事诉讼法》第60条以及相关规定的逮捕条件制约，满足有证据证明发生了犯罪事实，犯罪嫌疑人的行为可能判处有期徒刑以上刑罚而采取取保候审、监视居住措施不足以防止社会危险性的条件，予以逮捕。简而言之，不能仅仅因为违反了监视居住的法定义务就予以逮捕，《刑事诉讼法》第57条也明确了只有被监视居住的犯罪嫌疑人、被告人违反规定，“情节严重”的才予以逮捕。适用强制措施状况的好与坏是衡量人权保障程度的标准之一，我们必须以保障人权为出发点，依照法定的权利，准确把握逮捕的条件，严格遵守逮捕的程序，最大限度地防止错押，切实保障公民的宪法权利不受侵犯。对于虽经公安机关补充侦查，但仍事实不清，证据不足的案件，我们不能简单地以犯罪嫌疑人在取保候审期间违反程序规定，而对其批准逮捕。

（梁凤娣　陈莹莹）

8. 服刑期间发现漏罪应否采取逮捕措施

［案情简介］王某受贿、滥用职权案

王某系国家机关工作人员，2006年1月3日因涉嫌受贿罪被A区检察院立案侦查并刑事拘留，同年6月3日因受贿罪被A区法院判处有期徒刑4年。判决生效后王某在某监狱服刑。刑罚执行期间，A区检察院发现王某另有滥用职权的犯罪嫌疑，遂于2007年5月3日对王某以涉嫌滥用职权罪立案侦查。A区检察院未对其办理逮捕手续。

［争议焦点］

在被告人服刑期间发现犯有其他罪没有受到追诉，如何立案侦查。是以其人身自由已经受到限制、剥夺而直接办理，还是需要重新办理逮捕手续，采取强制措施。

［关联法规］

《中华人民共和国刑事诉讼法》第221条；最高人民法院、最高人民检察院、公安部《关于办理罪犯在服刑期间又犯罪案件过程中，遇到被告刑期届满如何处理问题的批复》；最高人民法院、最高人民检察院、公安部、司法部《关于罪犯在服刑期间又犯罪是否需要办理逮捕手续问题的批复》；《中华人民共和国监狱法》第47条、第48条、第49条、第57条。

［专家指导］

在服刑期间，司法机关发现被告人还有其他罪没有受到追诉是司法实践中不可避免的现象。我国《刑事诉讼法》

第221条规定“罪犯在服刑期间又犯罪的，或者发现了判决的时候所没有发现的罪行，由执行机关移送人民检察院处理”。但人民检察院如何处理，是否可以直接立案侦查；如果达到有必要采取逮捕措施的情况时，对在押犯人是否需要重新办理逮捕手续等一系列程序性问题都没有作出规定，在理论界和实务界形成了不同的观点：

一种观点认为：根据1982年最高人民法院、最高人民检察院、公安部《关于办理罪犯在服刑期间又犯罪案件过程中，遇到被告刑期届满如何处理问题的批复》以及1983年最高人民法院、最高人民检察院、公安部、司法部《关于罪犯在服刑期间又犯罪是否需要办理逮捕手续问题的批复》的内容，犯新罪都不需要逮捕，发现漏罪就更没有必要了。再者，犯罪嫌疑人的人身自由已经受到最高限制，不符合逮捕的六个条件。服刑期间发现漏罪，不需要采取逮捕强制措施。如果刑罚届满的，根据办案需要，可以办理逮捕手续。对于漏罪立案侦查后，存在移送管辖、级别管辖、路途遥远、办案成本较高等问题的，可以改变羁押场所。

另一种观点认为：在服刑期间发现漏罪的，不论在漏罪诉讼期间原判刑罚是否届满，有必要采取羁押性强制措施的，应当办理逮捕手续。虽然有期徒刑的服刑犯人身自由受到较大的限制，但其权利义务与犯罪嫌疑人不尽相同；同时我国办案期限具有不确定性，为保障侦查活动，采取逮捕措施，办理逮捕手续，法定的侦查羁押期限就有了实际意义。

从目前的司法实践来看，上述两个批复均有效，大多数司法机关按照第一种观点操作，但从宪政角度出发，我们同意后一种观点。

倘若仅仅从法律后果上作一比较，“作为强制措施的逮捕与作为刑罚措施的监禁刑，在剥夺人的基本自由上面，几乎没有多少实质性的差异。况且，逮捕所针对的都是那些法律上被推定为无罪的嫌疑人、被告人，而监禁刑所限制的则是那些已经在法律上被宣告为罪犯的人”。[①] 即服刑与逮捕均能够限制人身自由，但处于服刑状态与逮捕措施下的主体具有不同的权利。《监狱法》第47条规定：“罪犯在服刑期间可以与他人通信，但是来往信件应当经过监狱检查。监狱发现有碍罪犯改造内容的信件，可以扣留。罪犯写给监狱的上级机关和司法机关的信件，不受检查。”第48条规定：“罪犯在监狱服刑期间，按照规定，可以会见亲属、监护人。”第49条规定“罪犯收受物品和钱款，应当经监狱批准、检查”，罪犯在服刑期间可以与他人通信，可以会见亲属、监护人，收受物品和钱款。第57条规定：“被判处有期徒刑的罪犯有前款所列情

① 陈瑞华主编：《未决羁押制度的实证研究》，北京大学出版社2004年版，第33页。

形之一，执行原判刑期二分之一以上，在服刑期间一贯表现好，离开监狱不致再危害社会的，监狱可以根据情况准其离监探亲。”而《公安机关办理刑事案件程序规定》第125条规定，在同案的犯罪嫌疑人可能逃跑、隐匿、毁灭或者伪造证据的情况下，犯罪嫌疑人被逮捕后可以不通知家属。最高人民法院《关于执行〈中华人民共和国刑事诉讼法〉若干问题的解释》第41条规定“辩护律师可以同在押的被告人会见和通信，其他辩护人经人民法院准许，也可以同在押的被告人会见和通信”，而没有赋予在押犯罪嫌疑人同亲友会见和通信的权利。服刑期间的罪犯还有劳动休息权、接受教育权等，对于被采取逮捕强制措施的犯罪嫌疑人来说，其通信、会见权受到更为严格的限制。因此，服刑状态不能完全涵盖逮捕措施下人身控制的强度要求，同为剥夺人身自由的手段，监狱服刑和强制措施的执行差异很大，服刑犯相对犯罪嫌疑人具有更多的权利。服刑期间发现漏罪进行侦查，不能以服刑状态为依据直接认为不符合逮捕的必要性条件。服刑犯行使相关罪犯权利可能导致出现毁灭证据、干扰证人、串供、自杀等妨碍诉讼行为的，仍有必要采取逮捕措施。

刑事案件应根据案件的具体情况确定侦查机关的管辖，如犯罪地点、被告人住所、证据收集场所、证人所在地等，因此法律未对侦查机关的管辖作硬性规定，就是为了保证案件管辖上的灵活性。同时根据《公安机关办理刑事案件程序规定》第15—17条的规定，侦查机关的确定主要根据诉讼便利原则，以犯罪地为一般原则，当居住地更为适宜时也可以由犯罪嫌疑人的居住地管辖，监狱可以看做是广义的居住地。因此立案管辖的确定，应根据案件的具体情况，选择对侦查活动更为便利、适宜侦查的那个侦查机关，如果犯罪嫌疑人居住地更为适宜的，也可由监狱所在地的公安机关管辖。[①]

前文已论述，被告人与犯罪嫌疑人的权利和人身限制程度不同，强制措施本身的功能与刑罚的功能因程序法与实体法的性质而不同，刑罚是惩罚性质的手段，而强制措施是为了保证诉讼过程的顺利进行，不带有惩罚性质。因此，不能以人身自由已经受到限制为由，用执行刑罚来替代强制措施。服刑期间发现漏罪，应该重新采取强制措施，被告人的身份转换为犯罪嫌疑人，根据案件情况以及侦查机关的需要采取强制措施。对于不需要转移羁押场所的，由居住地即监狱所在地公安机关管辖，因为管辖地和服刑地为同一地，没有必要转移犯罪嫌疑人的羁押场所。对于需要转移羁押场所的，由于漏罪案件的管辖地与监狱所在地不是同一地，为了保证诉讼效率和诉讼的便利，根据案情需要将犯

① 张琪：《服刑期间发现漏罪后的程序性问题思考》，载《广西政法管理干部学院学报》2008年第5期。

罪嫌疑人转移到管辖地且漏罪达到逮捕的条件，应该重新办理逮捕手续，对其采取逮捕措施。

服刑期间发现漏罪后采取逮捕措施，开始计算侦查羁押期限，超过侦查羁押期限且无法侦查终结的，可以取保候审或者监视居住。非羁押性强制措施期限届满的，侦查机关应当及时予以解除，羁押期限可以折抵漏罪刑期。

通过上述比较可知，采取逮捕强制措施后，漏罪侦查期限即被纳入了刑事诉讼法规定的侦查羁押法定期限之中。在此期间进行的各种刑事诉讼活动都有了明确的标准和依据，可以避免因未采取强制措施而带来的漏罪的侦查羁押期限的不确定状态，使侦查羁押期限的中止和延长等都有法可依。采取逮捕强制措施并进而遵循相应的侦查羁押期限，更有利于切实保障犯罪嫌疑人及时接受诉讼的合法权益，防止犯罪嫌疑人始终处于权利义务悬而未决的状态。

[辅助案例1] 欧某盗窃案

2000年A县人民法院在审理欧某盗窃尸体罪过程中发现，在1999年的一起入室盗窃案件中，欧某是该案件的重大犯罪嫌疑人之一，A县公安局经过侦查，提请A县人民检察院对欧某予以逮捕，A县人民检察院审查后，以“事实不清，证据不足”为由作出不批准逮捕的决定。

专家点评：

本案涉及犯罪嫌疑人、被告人在服刑期间被发现漏罪，在侦查过程中是否采取逮捕等强制措施的问题。《刑事诉讼法》第221条规定：“罪犯在服刑期间又犯罪的，或者发现了判决的时候所没有发现的罪行，由执行机关移送人民检察院处理。”这一条明确了发现漏罪后首先处理的主体——检察机关，但对于检察机关在处理过程中的细节没有予以界定，特别是如果被告人的漏罪符合逮捕实质性条件是否采用逮捕措施的问题是立法的空白。司法实践者根据被告人在服刑期间又犯新罪处理办理的文件推定出漏罪的处理方法，即不予以逮捕。但从犯罪嫌疑人和被告人的身份角度看，他们人身自由受到的限制是不同的，即使都受到限制，所享有的权利也有极大的差别，服刑犯相对被采取强制措施的犯罪嫌疑人有更多的权利。因此，服刑期间发现漏罪进行侦查，不能以服刑状态为依据直接认为不符合逮捕的必要性条件。服刑犯行使相关罪犯权利可能导致出现毁灭证据、干扰证人、串供、自杀等妨碍诉讼行为的，仍有必要采取逮捕措施。本案中，发现欧某的漏罪符合逮捕的条件可以采取逮捕措施。

[辅助案例2] 桑某某故意杀人案

桑某某因故意杀人被A省B市人民法院判处有期徒刑8年，剥夺政治权利2年；刑罚执行期间，公安机关发现桑某某还涉嫌故意伤害罪，遂对桑某某故意伤害罪立案侦查，并提请人民检察院批准逮捕，B市人民检察院经过审查作出批准逮捕桑某某的决定。

专家点评：

逮捕所针对的是那些法律上被推定为无罪的嫌疑人、被告人，而监禁刑所限制的则是那些已经在法律上被宣告为罪犯的人；服刑犯是已经过法院审理判定有罪的人，而犯罪嫌疑人则是未经正当程序定罪的人，是自然法理念中的无罪之人。

从上述内涵的分析中可以得出结论：犯罪嫌疑人和服刑犯之间的本质差别是享受的权利不同，服刑犯在会见通信、劳动休息等方面的权利多于犯罪嫌疑人，甚至有些权利是犯罪嫌疑人所不能享有的。另外，刑罚是惩罚性质的手段，而强制措施是为了保证诉讼过程的顺利进行，不带有惩罚性质。因此，不能以人身自由已经受到限制为由，用执行刑罚来替代强制措施。

服刑期间发现漏罪，应该重新采取强制措施，被告人的身份转换为犯罪嫌疑人，根据案件情况以及侦查机关的需要采取强制措施。本案中，桑某某在刑罚执行中经过审查有漏罪，该罪应当按照法定程序进行侦查、起诉等，而检察机关经过审查认为逮捕的，作出批准逮捕决定也是符合实践需要的。

（顾文虎　陈莹莹）

9. 寄押期间能否计入侦查羁押期限并折抵刑期

[案情简介] 庞某故意伤害案

2008年7月25日，犯罪嫌疑人庞某因故意伤害案被A省B县公安局抓获，后于当天寄押于该县看守所。B省某区公安分局于2008年8月1日对庞刑事拘留，后延长拘留羁押期限至2008年8月8日，并于2008年8月6日向检察机关提请批准，造成对庞某实际超期羁押5天。

[争议焦点]

异地寄押是现有刑事诉讼法规定的强制措施之外保障诉讼顺利进行的手段，与拘留、逮捕等刑事诉讼中的羁押性强制措施在适用中易被混同，异地被寄押的期限如何来界定，是否可以折抵判决刑期，公安司法机关如何履行通知义务。

争议焦点有三：

1. 犯罪嫌疑人在异地被寄押，是否意味着强制措施的开始执行，寄押与强制措施的区别如何认识。

2. 寄押也是对人身自由的限制，寄押期间是否应当计入侦查羁押期限。

3. 异地寄押犯罪嫌疑人，公安司法机关是否应遵循与拘留、逮捕同样的通知义务。

[关联法规]

《中华人民共和国刑事诉讼法》第62条、第64条；《公安机关办理刑事案件程序规定》第164条、第145条、第146条、第314条、第315条；《中华人民共和国看守所条例》第9条。

［专家指导］

《公安机关办理刑事案件程序规定》第164条第2款规定："查获通缉在案、越狱逃跑的以及执行追捕、押解任务需要临时寄押的，应当持《通缉令》或者其他有关法律文书并经寄押地县级以上公安机关负责人批准。"《刑事诉讼法》第62条规定："公安机关在异地执行拘留、逮捕的时候，应当通知被拘留、逮捕人所在地的公安机关，被拘留、逮捕人所在地的公安机关应当予以配合。"这些条款说明，寄押是公安机关因查获通缉在案、越狱逃跑犯罪嫌疑人或因执行追捕、押解任务而在采取刑事拘留或逮捕等刑事强制措施之前适用的一种临时措施。寄押在剥夺人身自由方面与刑事拘留、逮捕等具有相同性，但按照《公安机关办理刑事案件程序规定》第146条第2款的规定，寄押是为了解决被通缉的罪犯或者罪犯在押解途中的临时羁押问题的一种临时措施，其在适用的条件、对象和程序上与刑事拘留等刑事诉讼中的羁押性强制措施在本质上有所区别，不能混同。

刑事诉讼法规定的羁押性强制措施主要体现在拘留和逮捕两方面。拘留适用的对象是现行犯和重大嫌疑分子，在执行程序上，《刑事诉讼法》第64条规定"公安机关拘留人的时候，必须出示拘留证。拘留后，除有碍侦查或者无法通知的情形以外，应当把拘留的原因和羁押的处所，在24小时以内，通知被拘留人的家属或者他的所在单位"；第65条规定"公安机关对于被拘留的人，应当在拘留后的24小时以内进行讯问。在发现不应当拘留的时候，必须立即释放，发给释放证明"。根据刑事诉讼法及相关规定，对于逮捕的适用条件主要有三点：一是有证据证明有犯罪事实发生；二是刑罚程度在判处徒刑以上；三是社会危险性在采取羁押替代性措施后不足以防止发生。有逮捕必要的才予以逮捕。在逮捕程序上，《刑事诉讼法》第66条规定："公安机关要求逮捕犯罪嫌疑人的时候，应当写出提请批准逮捕书，连同案卷材料、证据，一并移送同级人民检察院审查批准。必要的时候，人民检察院可以派人参加公安机关对于重大案件的讨论。"第67条规定："人民检察院审查批准逮捕犯罪嫌疑人由检察长决定。重大案件应当提交检察委员会讨论决定。"《公安机关办理刑事案件程序规定》第145条规定："对被拘留、逮捕的犯罪嫌疑人、被告人应当立即送看守所羁押。"由此可以看出，寄押与刑事诉讼中的羁押性强制措施除限制人身自由方面有相似性外，在适用的条件、对象和程序上却截然不同。

从《公安机关办理刑事案件程序规定》第146条规定的"看守所应当凭公安机关签发的《拘留证》、《逮捕证》收押被拘留、逮捕的犯罪嫌疑人、被告人"，第314条规定的"异地执行拘留、逮捕的，执行人员应当持《拘留证》、《逮捕证》、办案协作函件和工作证件，与协作地县级以上公安机关联系，协作地公安机关应当派员协助执行”，以及《看守所条例》第 9 条规定的“看守所收押人犯，须凭送押机关持有的县级以上公安机关、国家安全机关签发的逮捕证、刑事拘留证或者县级以上公安机关、国家安全机关、监狱、劳动改造机关，人民法院、人民检察院、押解人犯临时寄押的证明文书。没有上述凭证，或者凭证的记载与实际情况不符的，不予收押”，都可以看出，寄押的证明文件与逮捕证、刑事拘留证属于不同的法律文书。与此相应，其所体现的诉讼行为的性质和法律效力也应当有所区别。

异地寄押是一种限制人身自由的临时性措施，与拘留、逮捕等强制措施应区别对待，但由于寄押在剥夺人身自由方面与刑事拘留、逮捕等具有相同性，导致实践中在进行侦查监督时，对寄押期间是否应计入侦查羁押期限尚有不同认识：

一种观点认为：寄押只是一种为了保障诉讼顺利进行的临时性措施，没有必要将其期间计入侦查羁押期限。如前文所述，按照刑事诉讼法及相关法律法规的规定，寄押在适用的条件、对象和程序上与刑事拘留等刑事诉讼中的羁押性强制措施在本质上有所区别，不能混同。从《看守所条例》第 9 条的表述也可以看出，寄押的证明文件与逮捕证、刑事拘留证属于不同的法律文书。因此，诉讼行为的性质和法律效力也应当有所区别。从应然的角度看，寄押证明文件所载明的日期不能替代刑事拘留证或逮捕证上所载明的日期。根据上述规定，侦查羁押期限应当按犯罪嫌疑人、被告人签字的刑事拘留证或逮捕证上所载明的日期计算，而且有关寄押和押解时间是否计算在拘留期限内的问题，刑事诉讼法及有关司法解释、部门规章没有明确规定，寄押和押解时间是否计入拘留期限，缺乏明确的法律依据。以此为由主张，为保证有较充分的时间进行侦查工作，寄押和押解时间不应计算在侦查羁押期限，但应折抵刑期。

另一种观点认为：寄押虽然与拘留、逮捕有着很大的差异，但本质上仍是一种剥夺人身自由的措施，因此对被告人因本案被判处管制、拘役或有期徒刑的，法院仍依法折抵刑期。司法实践中，相当数量的在逃犯罪嫌疑人是在案发地公安机关采取网上追逃方式后被其居住或流窜地公安机关发现并抓获的，而网上追逃要求案发地公安机关出具并上传刑事拘留的法律文书，在被抓获后执行刑事拘留的方式各地公安机关不统一，有的将案发地公安机关的刑事拘留证作为执行依据并通知案发地公安机关，有的则直接将犯罪嫌疑人进行羁押并通知案发地公安机关，而案发地公安机关对此类问题的认识也不统一，有的计入捕前刑事拘留期限，有的则不计入。侦查监督部门在办理审查逮捕案件过程中，发现由于未将寄押期间计入捕前的刑事拘留期限而超期的，多认定为超期羁押而予以纠正。

另一些网上追逃的犯罪嫌疑人往往在异地到案，但到案时未办理相关的刑事拘留手续，仅由异地公安机关的工作情况加以说明，由于实际承办案件的公安机关办理的刑事拘留手续往往与犯罪嫌疑人实际到案的时间不一致，在审判阶段，造成刑期折抵时不够严肃。从实然的角度看，检察院侦查监督部门对于未将寄押期间计入侦查羁押期限而超期的，认定为超期羁押，肯定了寄押期间应计入侦查羁押期限。由此认为，应当将寄押期间计入捕前的刑事拘留期限，并在判决中依法折抵刑期。

比较两种观点的利弊，从保障人权出发，作为一种在剥夺犯罪嫌疑人人身自由方面和强制措施具有异曲同工之效的异地寄押措施，也应该审慎适用，其期限应该计入侦查羁押期限且折抵刑期。

犯罪嫌疑人异地寄押，家属通知的问题：在办案中发现，犯罪嫌疑人被公安机关上网追逃后，在异地被抓获，异地公安机关根据我区公安机关拘留证传真件或网上下载的拘留证，对犯罪嫌疑人进行关押。这时犯罪嫌疑人已被刑事拘留，根据《刑事诉讼法》第 64 条规定，公安机关拘留人的时候，必须出示拘留证。拘留后，除有碍侦查或者无法通知的情形以外，应当把拘留的原因和羁押的处所，在 24 小时以内，通知被拘留人的家属或他的所在单位，但异地公安机关没有履行通知职责。直到犯罪嫌疑人被押解回后方才通知。造成通知家属的时间远远迟于犯罪嫌疑人被拘留的时间，违反《刑事诉讼法》第 64 条的规定。联合国《囚犯待遇最低限度标准规则》第 37 条规定：“囚犯应在必要监视之下，以通信或会见方式，经常同亲属和有信誉的朋友联络。”第 92 条规定：“在只受司法行政、监狱安全及良好限制和监督之下，未经审讯的应准将他被拘留的事立刻通知亲属，并应给予同亲友通讯相接见亲友的一切合理便利。”很多案件只有家属主动去询问时，侦查机关才出具通知书，事实上侵犯了犯罪嫌疑人的权利。

对此问题，公安承办部门也有实际困难，其不可能要求异地公安机关代行通知家属的职责。且根据法律规定，将“拘留的原因和羁押的处所，在 24 小时以内，通知被拘留人的家属或他的所在单位”，目的让家属及时了解被拘留的原因和场所，而异地寄押，只是临时关押的场所，最终正式被羁押的处所尚未确定，存在难以告知的问题。综上所述，异地寄押案件因法律漏洞的存在以及现实存在的困难而无法达到在采取拘留措施 24 小时内通知其家属或者所属单位的法律要求，但法律的制定是人为性活动的结果，一方面，实务部门可以在不违背法律强制性规定的前提下，互相配合，委托机关代行通知义务；另一方面，公安机关本着负责的态度，在委托机关对犯罪嫌疑人执行拘留措施之后，毫不延迟地到实施拘留地将犯罪嫌疑人押解回，并立即通知其家属和所属单位。

［辅助案例 1］ 肖某非法经营案

犯罪嫌疑人肖某因非法经营罪被 A 区公安分局于 2007 年 7 月 4 日上网追捕，2008 年 4 月 14 日被其原籍福建省某县派出所抓获归案，并羁押于当地看守所，同年 4 月 17 日其被押解回 A 区看守所。但案卷中肖某所签拘留日期为 2008 年 4 月 17 日。

专家点评：

本案中，肖某是网上追捕的犯罪嫌疑人，实际到案日期为 2008 年 4 月 14 日，而公安机关办理拘留手续的日期是 2008 年 4 月 17 日，犯罪嫌疑人人身自由受到限制是从到案开始，以人权保障为出发点，肖某寄押的期间应当计入侦查羁押期限，并在刑罚中折抵刑期。

［辅助案例 2］ 杨某等盗窃案

犯罪嫌疑人杨某、陈某、胡某共同实施盗窃。2008 年 1 月 14 日，犯罪嫌疑人杨某因形迹可疑被某派出所抓获，而陈某、胡某在逃。2008 年 6 月 29 日犯罪嫌疑人胡某在广州被抓获，并于 2008 年 7 月 5 日被 A 市公安局刑事拘留，同年 7 月 22 日被批准逮捕。2008 年 5 月 10 日陈某在广州被抓获，并于 2008 年 5 月 18 日被 A 市公安局刑事拘留，同年 6 月 10 日被批准逮捕。同年 9 月 10 日，法院对二人进行一审判决，但折抵刑期并不是按照刑拘之日算起，而是按照在广州抓获之日起算的。

专家点评：

寄押是公安机关因查获通缉在案、越狱逃跑犯罪嫌疑人或因执行追捕、押解任务而在采取刑事拘留或逮捕等刑事强制措施之前适用的一种临时措施；但这种临时措施，在剥夺人身自由方面与刑事拘留、逮捕等具有相同性，本质上仍是一种剥夺人身自由的措施，这是其一；其二，检察机关侦查监督部门对于未将寄押期间计入侦查羁押期限而超期的，认定为超期羁押，肯定了寄押期间应计入侦查羁押期限。因此，寄押的期间应当计入拘留期限，并与其他寄押性强制措施一样应当折抵刑期。本案中，胡某、陈某畏罪潜逃到广州后被抓获，之后被犯罪地 A 市公安局采取刑事拘留措施，是典型的异地寄押问题。对于期限来讲，存在两个时间，一个是被抓获之日，另一个是办理刑事拘留手续之日。胡某、陈某的人身自由自广州被抓获之日起就受到了限制，均经过几天时间才由犯罪地公安机关采取强制措施，为了保障人权，也是根据相关的法律法规，法院判决中折抵刑期不按照刑事拘留之日算起而按照在广州抓获之日，是正确的。

（梁凤娣　陈莹莹）

10. 释放被逮捕的嫌疑人应否在释放前通知作出原决定的机关

［案情简介］乔某容留他人吸毒案

犯罪嫌疑人乔某因容留他人吸毒于2008年3月7日被A区公安机关刑事拘留。A区检察院以涉嫌容留他人吸毒罪于2008年3月20日对其批准逮捕。因犯罪嫌疑人乔某患肝癌，公安机关于2008年4月10日变更强制措施为取保候审。

［争议焦点］

1. 在刑事诉讼侦查阶段，公安机关和检察院的侦查工作如何衔接。

2. 公安机关释放检察机关作出批准逮捕决定的犯罪嫌疑人是否需要通知作出原决定的检察机关，如果需要通知，时间上如何限制。

［关联法规］

《中华人民共和国刑事诉讼法》第59条、第65条、第73条、第66条、第67条、第68条；最高人民法院《关于执行〈中华人民共和国刑事诉讼法〉若干问题的解释》第83条；《公安机关办理刑事案件程序规定》第124条、第117条、第120条、第121条、第122条。

［专家指导］

刑事诉讼中，公安机关对于一般的刑事案件享有侦查权，但一切权力都需要监督，没有监督制衡的权力都容易被滥用。警察权是一种行政权，国内外对此没有争议。检察权在国外属于行政权，在我国却属于有争议的权力。我国宪法赋予检察机关法律监督的地位，刑事诉讼法将检察机关定义为国家司法机关，且将公、检、法三机关分工合作、互相配合、互相制约作为刑事诉讼的一项原则。孟德斯鸠三权分立学说指出，任何权力具有扩张的本性，权力之间须互相制衡，须有权力制衡机制。行政权的广泛性、张力性等特征注定要有外在的制约机制存在；警察权作为一种行政权，本身有很大的张力，公安机关是诉讼活动侦查阶段的主角，在强制措施的决策方面拥有很大的权限，可以自行决定取保候审、监视居住、拘留等强制措施的采用；是强制措施中最严厉、对人身自由剥夺最严重的逮捕措施的唯一执行机关。公安司法机关对公民人身自由的限制、剥夺比公民之间的互相侵犯要可怕得多，因此，公安机关在刑事诉讼活动中的权力必须受到监督制约。

我国把检察机关引入侦查监督机制，检察机关对公安机关的立案、侦查进行一系列监督。当然，公安机关也可以对检察机关的决定提出异议，体现了两者之间互相配合、互相制约的关系。在逮捕强制措施的采取中，公安机关和检察机关的关系体现得最为透彻。《刑事诉讼法》第 66 条规定：“公安机关要求逮捕犯罪嫌疑人的时候，应当写出提请批准逮捕书，连同案卷材料、证据，一并移送同级人民检察院审查批准。必要的时候，人民检察院可以派人参加公安机关对于重大案件的讨论。”公安机关没有自行决定逮捕的权力，在侦查中，认为犯罪嫌疑人应当逮捕的必须提请检察院审查批准，在这一过程中，公安机关和检察院是申请与批准的关系。《刑事诉讼法》第 59 条规定，逮捕犯罪嫌疑人、被告人，必须经过人民检察院批准或者人民法院决定，由公安机关执行。第 68 条规定：“人民检察院对于公安机关提请批准逮捕的案件进行审查后，应当根据情况分别作出批准逮捕或者不批准逮捕的决定。对于批准逮捕的决定，公安机关应当立即执行，并且将执行情况及时通知人民检察院。对于不批准逮捕的，人民检察院应当说明理由，需要补充侦查的，应当同时通知公安机关。”《公安机关办理刑事案件程序规定》第 122 条规定：“接到人民检察院《批准逮捕决定书》后，应当由县级以上公安机关负责人签发《逮捕证》，立即执行，并将执行回执及时送达作出批准逮捕的人民检察院。如果未能执行，也应当将回执送达人民检察院，并写明未能执行的原因。”这些体现了公安机关与检察院之间是决定与执行的关系。一个机关决策，另一个机关执行，从应然角度讲，是权力的优化配置，防止权力滥用的有效手段；同时，在法律规定的基础上，公安机关对法院、检察院决定、批准的强制措施严格执行，保证了诉讼活动的连续进行。关键问题在于机关之间工作的衔接，对于逮捕措施的采取，检察机关审查批准，公安机关执行，公安机关提请逮捕之后，检察院应当在法律规定的期限内作出是否批准的决定，而检察机关无论作出批准还是不批准决定，公安机关都要立即执行（逮捕或者变更、释放犯罪嫌疑人）。

根据《刑事诉讼法》第73条，“人民法院、人民检察院和公安机关如果发现对犯罪嫌疑人、被告人采取强制措施不当的，应当及时撤销或者变更。公安机关释放被逮捕的人或者变更逮捕措施的，应当通知原批准的人民检察院”，即公安机关提请检察院审查批捕的案件中，如果出现了需要变更逮捕措施或者释放被逮捕的犯罪嫌疑人，公安机关予以执行的，应当将上述情况通知原批准逮捕的人民检察院。通知义务是公安机关必须履行的，这点没有任何争议。但对于决定公安机关变更逮捕措施或者释放被逮捕的人后通知原批准的人民检察院的时间却认识不一：

一种观点认为：公安机关是执行机关，执行的依据是检察院作出的批准或不批准的决定，也就是说只是检察院意志的执行者，执行正确与否，执行开始、终结都由检察机关来监督、决定。所以，应当在释放之前通知检察院，检察院对此予以监督。

另一种观点认为：公安机关作为一个独立的机关，有独立的决策权，强制措施的执行都由公安机关进行，该不该变更、应不应释放，公安机关最清楚，且依据《公安机关办理刑事案件程序规定》第124条规定“对被逮捕的人，必须在逮捕后的24小时内进行讯问，发现不应当逮捕的，经县级以上公安机关负责人批准，签发《释放通知书》。看守所凭《释放通知书》发给被逮捕人《释放证明书》，将其立即释放，并将释放理由书面通知原批准逮捕的人民检察院”。因此，释放被逮捕的犯罪嫌疑人后通知原批准的人民检察院即可。

我们同意第二种观点：首先，《刑事诉讼法》第73条没有明确公安机关将释放被逮捕犯罪嫌疑人事项通知检察机关的具体时间，公安机关内部规定则指出释放通知是在释放之后提交给检察机关；从法律等级分析，上位法优先，应该按照刑事诉讼法的规定，也体现了检察机关对侦查活动的监督作用；然而在其没有相关规定的情况下，公安机关的规定可以作为行为的依据，以期实现实践的有法可依。其次，法律的生命在于实践，法律为司法实践提供依据。在执行释放被逮捕犯罪嫌疑人的过程中，影响释放的因素很多，羁押期限的届满就是其一。人权保障，特别是犯罪嫌疑人、被告人的人权保障是刑事诉讼的目的之一。人身自由在没有正当理由的情况下，任何人不得剥夺，包括公安机关，期限届满应当立即释放；由此，权衡权力与权利，要求公安机关在释放之前通知检察机关，有可能侵犯到被逮捕人的权利，亦与司法实践的现实性相违背。而实践中，公安机关在释放后3天内通知检察机关，比较普遍，也具有可行性。当然，释放前通知是理想状态，为之佐证的论述也不无道理：

首先，释放后通知的依据是公安机关内部的规定，是从本部门利益出发制定出来的，公安机关签发释放通知书，看守所持此通知对犯罪嫌疑人予以释放，释放之后再将释放理由通知原批准逮捕的人民检察院，凸显了公安机关权力的扩张，逮捕是最严厉的强制措施，应该审慎用之。而公安机关本身是行政权的执行机关，没有逮捕的决定权，当然也不能对被逮捕的犯罪嫌疑人自行决定释放。其次，《刑事诉讼法》第73条的规定应该说没有明确到底是释后通知还是释前通知，但是从法律解释学理解，公安机关释放和变更的是人民检察院决定的逮捕措施，既然要通知，一定意义上是为了征求检察院的意见，而不是自行决定之后和检察院“打声招呼”，这样也没有实质意义。最后，从实证角度看，目前的司法实践中，公安机关误读法律的规定，都是释放后通知，导致对强制措施的执法不严肃，检察机关的侦查监督的权威性受到影响，法律规定存在的价值也受到很大的挑战。

总之，从实际需要出发，公安机关释放被逮捕犯罪嫌疑人后三天内通知检察机关是常态，具有较强的可行性；但就法律理念讲，释放前通知是发展方向。

[辅助案例1] 邓某、陈某故意杀人案

2003年3月15日A区公安机关将涉嫌故意杀人的邓某及陈某提请人民检察院批准逮捕，人民检察院审查案件之后，于20日作出批准逮捕决定，并交付公安机关执行；后因其他证据证明陈某故意杀人罪名的事实不清，证据不足，公安机关遂将陈某取保候审。4月3日人民检察院以邓某故意杀人罪提起公诉，人民法院经过公开审理，2003年5月8日以故意杀人罪判处邓某死刑，缓期二年执行，剥夺政治权利终身。

专家点评：

本案焦点在于公安机关变更由检察机关作出的逮捕措施为强制措施后释放犯罪嫌疑人陈某的通知程序。陈某因涉嫌故意杀人被批准逮捕，并已交给公安机关执行，在发现其故意杀人罪的事实不清、证据不足，没有达到逮捕的条件后，根据法律的规定以及人权保障的司法理念，应当立即将其释放，并在三天内通知A区人民检察院。

[辅助案例2] 程某故意杀人案

2002年2月25日B市公安机关对程某以涉嫌故意杀人罪立案侦查并刑事拘留，并提请本市人民检察院批准逮捕程某；经过审查，3月4日B市人民检察院对程某批准逮捕。后来发现程某患有严重疾病，公安机关遂向批准逮捕的市人民检察院提交书面申请改为监视居住；程某的辩护人再次向公安机关提出申请，公安机关告知需等待市人民检察院的同意。后程某由于没有得到及时治疗死亡。检察机关作出撤销案件的处理。

专家点评：

犯罪嫌疑人强制措施的变更依据相关法律区别情形进行，对于刑事拘留、逮捕这类羁押性强制措施也有明确规定，在特定的情况下可以变更为取保候审、监视居住。本案中程某患有严重疾病符合逮捕后可以取保候审的条件，当然法律没有规定是应当变更，公安机关根据案件的性质以及具体情况也可以不变更。然而，案中的焦点在于公安机关释放通知时间的问题，公安机关履行先得到原批准逮捕的检察机关的同意才予以释放的程序，有一定的道理。从发展的眼光来看，公安机关释放和变更的是人民检察院决定的逮捕措施，既然要通知，一定意义上是为了征求检察院的意见，而不是自行决定之后和检察院“打声招呼”，这样做没有实质意义；另外，目前的司法实践中，公安机关误读法律的规定，都是释放后通知，导致对强制措施的执法不严肃，检察机关的侦查监督的权威性受到影响。但我国目前存在的超期羁押问题令人担忧，强制性的规定公安机关先通知原批准的检察机关，得到同意决定后释放犯罪嫌疑人，将可能成为解决超期羁押问题的一个阻碍性因素。从本案来看，针对这种特殊情形，与其说是遵循了程序法定原则，不如说侵犯了程某的人身自由甚至生命权。

（梁凤娣　陈莹莹）

11. 公安机关对嫌疑人刑事拘留期限如何计算

[案情简介] 姚某爆炸案

2007 年 2 月 5 日，姚某因涉嫌爆炸罪被某县公安局行政拘留 15 天，后又刑事拘留 2 天，然后于 2 月 22 日被监视居住。同年 3 月 12 日，该县公安局再次对姚某刑事拘留，并于 3 月 19 日经县检察院批准逮捕。因此案证据不足，县检察院先后于 2007 年 8 月和 12 月，两次将案卷退回公安局补充侦查。其间，姚某一直被羁押在公安局看守所。2008 年 12 月 1 日，姚某死于县公安局看守所，鉴定结论是姚某系“冠心病猝死”。2008 年 12 月 12 日，法院裁定终止审理。

[争议焦点]

1. 拘留与国际上的强制措施是否同一性质，拘留的适用条件和决定程序如何界定。

2. 采取拘留这一强制措施，犯罪嫌疑人、被告人被羁押期限的最高限度是 14 天还是 37 天。

[关联法规]

《中华人民共和国刑事诉讼法》第 64 条、第 65 条、第 69 条；《人民检察院刑事诉讼规则》第 80 条、第 81 条、第 82 条、第 83 条；《公安机关办理刑事案件程序规定》第 112 条、第 110 条。

[专家指导]

拘留是一种以保障刑事诉讼程序顺利进行为目的的强制措施，由于各国宪政制度的差异，称谓及特点有所区别。大体上看，我国的刑事拘留在某些方面类似于西方国家法律中的紧急逮捕或者暂时逮捕，因为这种拘留通常被视为在紧急情况下暂时限制犯罪嫌疑人人身自由的刑事强制措施。其适用对象主要是现行犯和“重大嫌疑分子”，并由负责侦查的公安机关或检察机关自行加以授权和适用。在我国的刑事司法实践中，刑事拘留是羁押性强制措施中普遍适用的一种。尤其是公安机关在提请检察机关批准逮捕之前，对于需要剥夺人身自由的嫌疑人，首先会考虑适用刑事拘留，以便有效地弥补公安机关在办理刑事案件中可能存在的办案期限不足问题，从而为犯罪证据的收集（尤其是嫌疑人口供的获得）提供羁押上的便利。另一方面，刑事拘留完全由公安机关自行授权，自行实施，在适用条件上又较为宽泛和灵活，也在客观上为公安机关广泛适用这一措施创造了条件。①

德国法典规定的“临时逮捕”相当于我国的拘留措施，《德国刑事诉讼法》第127条第1款规定，任何人（公民或警察）见到他人正在实施犯罪行为或者对实施了犯罪行为的人进行即时追捕时，均可以无须司法命令而拘捕该人员，条件是有理由相信该人员将会逃逸或者其身份无法立即确定，这在一定意义上，授权公民和警察扣留犯罪嫌疑人。根据该法第127条第2款，如果签发逮捕令或审前羁押令的条件具备的话，检察官和警察还有权在“情况紧急”时实施逮捕，“临时逮捕”的唯一目的是在有关应否实行审前（侦查）羁押的司法决定将毫无疑问的情况下，允许（尤其是在正在实施犯罪行为或者即时追捕的情况下）对有关人员实施羁押。在德国各州，警方有权拘留犯罪嫌疑人，以防止社区的危险（与刑事诉讼程序无关）。警方拘留同样也受基本法第104条第2款宪法性限制和法院通常明示强调的合理性原则的约束。警方应在拘留后寻求司法支持其期限的延长。被捕后，被羁押人必须毫不受阻地接受法官预审。警方拘留的期间在各州浮动很大，从48小时到14天不等。总的规则是，这种预防性羁押只有当必须预防一定的危险以及不存在其他的选择手段时才能被适用，不带有惩罚、预防或侦查的目的。而在我国，拘留既有在紧急情况下暂时（临时）限制他人人身自由的功能，同时也有控制犯罪嫌疑人、查清案件基本事实的作用。因此，法律上规定的拘留期限不是以“暂时”（临时）、“限制”人身自由为原则，而是在一段时间内剥夺人身自由。②

刑事拘留属于在紧急情况下暂时限制现行犯和“重大嫌疑分子”的强制

① 参见陈瑞华主编：《未决羁押制度的实证研究》，北京大学出版社2004年版，第7页。

② 参见陈光中、［德］阿尔布莱希特主编：《中德强制措施国际研讨会论文集》，中国人民公安大学出版社2003年版，第182、154、112页。

措施。从我国刑事诉讼法的规定来看，刑事拘留的适用对象可以分为五类：一是现行犯；二是被指认犯罪或者被发现有犯罪证据的嫌疑人；三是正在逃跑或者有逃跑企图，以及有毁灭、伪造证据或者串供可能的嫌疑人；四是身份不明的嫌疑人；五是有“流窜作案”、“多次作案”、“结伙作案”重大嫌疑的人。在上述五大类拘留理由中，所谓“身份不明”、“流窜作案”、“多次作案”、“结伙作案”，是原来公安机关适用收容审查措施的理由。1996年《刑事诉讼法》的修改废除了作为行政处罚措施的收容审查，原来被适用收容审查的嫌疑人被“吸收进强制措施之中”，成为刑事拘留的对象。然而，仅仅因为有跨地域作案、多次作案或者共同犯罪的嫌疑，或者仅仅因为嫌疑人身份不明确，就可以直接采取刑事拘留措施，这种理由从刑事拘留适用角度看，忽略了刑事拘留的正当性和合理性。人为地曲解《刑事诉讼法》第69条第2款关于对于“流窜作案、多次作案、结伙作案”的重大嫌疑分子，提请审查批准的时间可以延长至30天的规定，把该规定扩大适用到本不属于这三种情况的其他案件，侵犯了犯罪嫌疑人的人身自由权。

值得明确的是，刑事拘留的前三类对象大体属于典型的现行犯的情况，对现行犯采取暂时的剥夺人身自由措施，无论从理论上还是从实证上讲，具有一定的正当性。问题的关键在于限制与剥夺人身自由时间的长短，西方国家针对现行犯所采取无证逮捕、紧急逮捕或者现行犯的逮捕，大都只是带来短暂的24小时或者48小时的羁押状态，随后就交给司法官员进行审查和听证。相反，我国的刑事拘留所带来的羁押期限却是14日乃至37日的时间。“甚至在一些例外的情形下，公安机关还有权自行延长刑事拘留的期限，使得这一期限可以长达几个月。同时，这些羁押期限以及羁押期限的延长完全依附于刑事拘留，成为刑事拘留适用后的必然后果。可以说，在刑事拘留的适用程序这一环节上，拘留与拘留后的羁押是完全合而为一的，这种羁押的采取几乎是自动的和当然的。”[①] 那么对于现行犯来说，任意性如此之大的拘留就缺少合理性。

有关拘留的期限，在其他国家，最高的拘留期限平均是3天，在这一期限中，犯罪嫌疑人应该被带去见法官。然而，在我国，拘留期限却是一个复杂的问题。在刑事诉讼法中，羁押在任何一个诉讼阶段都不存在一个相对稳定的“最高羁押期限”，拘留期限亦如此，使得羁押带有“上不封顶”的性质。有学者将公安机关的拘留期限分为一般期限和特殊期限两种：“一般期限是指在符合刑事诉讼规定拘留条件时，对犯罪嫌疑人的拘留期限。这又分为两部分，一是讯问时间，二是提请检察院批准逮捕的时间。特殊期限是指在法律规定的

① 陈瑞华主编：《未决羁押制度的实证研究》，北京大学出版社2004年版，第6页。

特殊情况下拘留后提请批捕的时间可以延长至30日。”[①] 从刑事诉讼法及相关规定来看，对于被拘留的嫌疑人，羁押的期限一般不超过14日。不过，对于这一期限，公安机关可以通过自身掌握的行政性羁押权来变相地加以延长。

对于拘留期限的延长，尽管在法律中有明确的限制，但由于法律中的延长条款对各种期限都规定得极具弹性，甚至是模糊的，法律又没有规定羁押必须遵守的最高期限，这导致司法实践中有些案件的羁押期限被无限制地延长，甚至远远超过被追诉人可能判处的刑期。同时，法律赋予公安机关延长拘留期限的权力，导致公安机关在法律授权的基础上，采用自我授权的手段使羁押期限进一步延长。

首先，刑事诉讼法授权的拘留期限延长，即特殊期限。这种延长主要适用于被羁押者涉嫌“流窜作案”、“多次作案”、“结伙作案”的，公安机关提请审查批准逮捕的时间可以延长到30日，加上检察机关审查批准逮捕的时间，刑事拘留的期限在这类案件中可以达到37日。《刑事诉讼法》作如此规定，主要是满足废除收容审查之后使侦查机关有充分的时间展开调查，从而达到逮捕的证据要求，那些涉嫌犯罪而又可能属于“流窜作案”、“多次作案”或“结伙作案”的嫌疑人，在公安机关无法采取收容审查的情况下，与其他嫌疑人区别对待，尤其在刑事拘留期限上适当加以延长无可厚非。令人堪忧的是，刑事诉讼法没有对这些情况严格限定。《公安机关办理刑事案件程序规定》第110条规定流窜作案，是指跨市、县管辖范围连续作案，或者在居住地作案后逃跑到外市、县继续作案。多次作案，是指三次以上作案。结伙作案，是指二人以上共同作案。“即只要是跨市、县连续作案或者在居住地作案后逃到外市、县继续作案就是流窜作案，只要是三次以上作案就是多次作案，只要是两人以上共同作案就是结伙作案。结果导致这一例外规定的适用范围在司法实践中被严重扩大化，几乎所有犯罪，侦查机关都是在接近30日时才报请检察机关审查批捕。”[②]

其次，侦查机关自行延长。警察在未经司法授权的情况下将嫌疑人的人身自由剥夺达37日，这应当属于享有较大的自由裁量权。这也是我国警察权与国外警察权的一个重要区别。但是，公安部发布的一项法律解释以自我授权的方式，拘留期限继续延长。根据《公安机关办理刑事案件程序规定》第112条规定：“犯罪嫌疑人不讲真实姓名、住址，身份不明的，在30日内不能查

① 王敏远：《刑事司法理论与实践检讨》，中国政法大学出版社1999年版，第242页。

② 陈瑞华主编：《未决羁押制度的实证研究》，北京大学出版社2004年版，第50页。

清提请批准逮捕的，经县级以上公安机关负责人批准，拘留期限自查清其身份之日起计算，但不得停止对其犯罪行为的侦查。”换言之，只要嫌疑人不讲真实姓名、住址，身份不明的，公安机关不仅可以将拘留羁押期间延长至30日，而且经县级以上公安机关负责人批准后，还可以继续将其无限期地加以羁押，直到查清其身份后再计算羁押期限。问题在于，究竟由谁，通过什么程序判断公安机关已经查清了嫌疑人的身份？如果警察发现拘留期限根本不足以保证侦查的需要，从而以不了解嫌疑人的身份为名，将其无限期地加以羁押，那么如何对此加以纠正？这些无论在法律中还是在法律解释里都是极不明确的。①

最后，以行政性羁押替代刑事拘留，“羁押期限的延长带有浓厚的超职权主义或行政化色彩”。② 为了有更多的时间从事侦查活动，以满足逮捕所需要的证明标准，公安机关在刑事拘留已经超过法定期限的情况下，有时会将嫌疑人转为劳动教养、行政拘留等行政性强制手段。更为严重的是，对检察机关不批准逮捕的决定，一些公安机关竟拒绝执行，仍将嫌疑人继续加以羁押，从而造成严重的“超期羁押”问题。我国羁押期限的延长没有司法听审程序，中立的机构、组织也没有介入，审批完全是一种内部的行政性审查。公安机关以侦查困难为借口，申请延长拘留期限，程序上采取的不过是公安机关内部的审查批准，或者公安机关申请、检察机关审批的行政性审查。

公安机关决定的拘留，缺乏司法机关的审查，有多方面的原因存在，综合来看主要是现实原因、历史原因以及职能原因。现实方面的主要原因是由于中国公安机关的侦查手段落后。由于侦查手段的落后，“口供是证据之王”，因此，讯问犯罪嫌疑人这种古老的破案和发现、收集证据的手段的作用，在侦查机关备受青睐。又因这种作用在许多案件中的不可或缺的作用，使得拘留时间过长易于理解。历史原因方面，1979年《刑事诉讼法》制定以前，虽然有逮捕拘留条例对刑事拘留期限作了规定，但公安、司法机关法制观念均淡漠，使这种规定在一段时间内几乎流于形式，因此，修订后的刑事诉讼法规定了严格的拘留期限，本身是一个巨大的进步。同时，这次修订又取消了收容审查这种羁押措施，使公安机关很难很快调整和适应，因此，拘留的期限相对长一些也可以理解。③ 从公安机关的职能看，公安机关既负责治安管理，又负责消防；

① 陈瑞华主编：《未决羁押制度的实证研究》，北京大学出版社2004年版，第14页。

② 参见陈光中、[德] 阿尔布莱希特主编：《中德强制措施国际研讨会论文集》，中国人民公安大学出版社2003年版，第79页。

③ 参见王敏远：《刑事司法理论与实践检讨》，中国政法大学出版社1999年版，第246—247页。

既负责道路交通管理，又负责刑事侦查；既负责收集犯罪证据，又负责对被羁押人的看管，等等。由于公安机关承担的职能范围过于广泛，导致其在刑事侦查方面所能投入的人财物力受到极大的限制。因此，某些案件出现拘留期限过长自然也能理解。

除了上述可以预见的原因，拘留期限与案件的难易程度也密切相关，并在一定程度上决定了期限的长短。有些案件因案情复杂，难于在法定时限内结案；有些案件因犯罪活动线长面广，犯罪手段隐蔽，取证困难；有些团伙案件或因主要犯罪嫌疑人在逃，或因缺少直接证据难以定案。由于治安形势严峻，诉讼期限对于每一个侦查人员来说是十分宝贵的，他们不得不把法律规定的期限用足，使诉讼期限最大化，结果造成不该延长的延长，不应该改变罪名的也说改变了罪名，没有发现新罪也说发现了新罪。

根据《刑事诉讼法》第69条，侦查机关拘留犯罪嫌疑人的时间，一般案件最多7日，特殊情况下针对三种重大嫌疑分子延长至30日。“司法实践中，拘留的一般规定变成了特殊，而特殊规定变成了一般情况，这种羁押最大化的倾向在司法实践中普遍存在。不仅是法律规定不适应司法实践，还是司法实践有意与法律相悖。不管怎么说，现有法律条件下，任何有意规避法律，相对延长被围押人期限的行为同样是违法的。”[①] 因此，对于拘留的期限问题，公安司法机关在司法实践中应当明确，不是每个案件都可拘留至37天，这只是适用少数的几种情况，即流窜作案、多次作案、结伙作案的重大嫌疑分子，对于其他案件，拘留最长期限为14天。至于流窜作案、多次作案、结伙作案不应通过各机关内部的规定进行任意的扩大，要从实际出发，厘清拘留立法本意，这几种情形被列入拘留的对象，不仅是满足收容审查取消之后的实际需要，也在于强调犯罪嫌疑人实施行为的严重性。只有符合法定的流窜作案、多次作案及结伙作案，满足“重大嫌疑”才能予以拘留。因此，严格限定除了具有“重大嫌疑”的拘留期限在必要的审批之后可以延长至37天外，拘留的期限一般是10天，有需要延长的法定情形，拘留的期限最长是14天。这符合立法的意图，也是杜绝司法实践中地方公安机关不区分被拘留的对象一律将提请批准逮捕的时间延长至30天的重要标尺。

[辅助案例1] 李某强奸、杀人案

李某因涉嫌强奸罪、杀人罪被A市公安局刑事拘留。恰在此时，该市又发生了一起重大爆炸案，上级指示尽快破案。公安机关将全部精力放在爆炸案

① 陈瑞华主编：《未决羁押制度的实证研究》，北京大学出版社2004年版，第294—295页。

的侦破上，一时顾不上李某，近一个月时间未对李某进行讯问。后李某的家人向公安机关提出意见，要求立即释放李某。公安机关认为，刑事诉讼法规定的刑事拘留时间最长为37天，对李某的羁押尚未超期，因此不同意释放。

专家点评：

刑事拘留的期限一般是14日，特殊情况下，主要是三类取证较困难的案件可以延长至37日。司法机关内部规定将这三类犯罪界定为：只要是跨县、市连续作案或者在居住地作案后逃到外县、市继续作案就是流窜作案，只要是三次以上作案就是多次作案，只要是两人以上共同作案就是结伙作案。实践中，适用期限延长条件时这一规定被严重扩大化，只要是犯罪行为，拘留期限都能延长至37日。本案即是典型的例证，公安机关认为拘留最长时间是37天，所以将李某拘留一个月时间仍然不予释放，严重侵犯了李某的人身自由权。

[辅助案例2] 熊某某盗窃案

犯罪嫌疑人熊某某在A省B市打工期间因涉嫌盗窃被B市公安局立案，2006年5月9日C县公安局（熊某某居住地）依据B市公安局《拘留证》将其抓获，临时羁押于C县看守所。经审查，熊某某在此之前在居住地也有盗窃嫌疑。依照《刑事诉讼法》第24条的关于地域管辖原则，经协商B市公安局将案件移送C县公安局管辖。C县公安局于5月26日开出《拘留证》重新向其宣布刑事拘留。至6月8日，熊某某实际羁押已达到《刑事诉讼法》对刑事拘留阶段规定的30日期限，但公安机关既未按程序移送检察机关审查批准逮捕，也未对其变更强制措施，认为该案羁押期应从5月26日重新拘留时计算，未超过法定羁押期限。

专家点评：

本案中，C县依据B市公安局《拘留证》将熊某某抓获，实质上是一种在采取强制措施之前的临时性措施。这种异地寄押案件的期限应当计入侦查羁押期限，所以拘留期限应当从被C县公安局采取拘留措施之日起算，而不是从C县公安局重新开出《拘留证》的5月26日开始计算。熊某某的人权不容侵犯，公安机关应当变更为取保候审或者监视居住，或者在法律规定的期限内提请检察机关批准逮捕。

（梁凤娣　陈莹莹）

12. 变逮捕为取保候审后发现不当而再逮捕的，手续应否重新办理

[案情简介] 孙某拒不执行判决案

2008年3月14日某市公安局以涉嫌拒不执行判决罪对嫌疑人孙某提请人民检察院批准逮捕，人民检察院经过审查，以涉嫌拒不执行判决罪作出批准逮捕决定。后公安机关因孙某提出患有严重疾病而对其取保候审，并将取保候审决定报检察机关备案。检察机关审查认为，孙某所犯疾病并非严重疾病，公安机关变更强制措施不当，于是向公安机关提出纠正意见。公安机关接到检察机关的意见后，将已经被取保候审的犯罪嫌疑人再次进行羁押。检察机关认为，公安机关应当重新办理报请批准逮捕手续而没有报批，于是再次向公安机关提出纠正意见。

[争议焦点]

发现犯罪嫌疑人的强制措施从逮捕变更为取保候审有误的，如何处理，是由检察机关通知公安机关重新将犯罪嫌疑人羁押还是应当重新办理批准逮捕手续。

[关联法规]

《中华人民共和国刑事诉讼法》第73条；《人民检察院刑事诉讼规则》第104条第3款、第386条、第387条、第388条；最高人民检察院、公安部《关于适用刑事强制措施有关问题的规定》第32条；最高人民检察院、公安部《关于依法适用逮捕措施有关问题的规定》。

［专家指导］

对于案件中出现的犯罪嫌疑人变更取保候审强制措施不当的应由检察机关通知公安机关重新将其羁押，还是应当重新办理批准逮捕手续，目前争议较大，存在两种不同意见。

第一种意见认为：应通知公安机关直接将犯罪嫌疑人羁押。《人民检察院刑事诉讼规则》第386条规定："人民检察院发现公安机关或者公安人员在侦查或者决定、执行、变更、撤销强制措施等活动中有违法情形的，应当及时提出纠正意见。"即公安机关对犯罪嫌疑人将逮捕变更为取保候审，变更强制措施不当，违反了相关规定，是一种违法活动，检察机关及时提出纠正意见后，应向公安机关发出《纠正违法通知书》，纠正公安机关对犯罪嫌疑人违法变更逮捕为取保候审的行为，公安机关一旦接受，必须撤销对犯罪嫌疑人的取保候审决定，将犯罪嫌疑人予以羁押。

刑事强制措施是司法机关为保证刑事诉讼顺利进行，防止发生逃避侦查或审判的意外情况，依法对犯罪嫌疑人、现行犯或被告人采取的暂时限制或剥夺其人身自由的各种强制方法。在我国，强制措施主要包括拘传、取保候审、监视居住、拘留和逮捕五种。其中，拘留和逮捕属于羁押性强制措施，是为了防止逃跑、自杀、毁灭罪证或继续进行犯罪活动，而将依法逮捕或拘留的现行犯或重大嫌疑人关押在看守所或其他法定场所以暂时剥夺其人身自由的强制措施。《刑事诉讼法》规定：拘传持续的时间最长不得超过12小时；取保候审的时间最长不得超过12个月；监视居住的时间最长不超过6个月；拘留认为需要逮捕的，应当在3日内提请人民检察院批准，特殊情况可以延长1日至4日，对于流窜作案、多次作案、结伙作案的重大嫌疑分子，可以延长至30日；对犯罪嫌疑人逮捕后的侦查羁押期限不得超过2个月；案情复杂，期限届满不能终结的案件，可以经上一级人民检察院批准延长1个月；对刑事诉讼法第126条所规定之案件，在上述期限届满不能侦查终结的，经省、自治区、直辖市人民检察院批准或者决定，可以延长2个月；因特殊原因，在较长时间内不宜交付审判的特别重大复杂的案件，由最高人民检察院报请全国人大常委会批准延期审理。从这些规定可以看出，刑事强制措施是一种持续状态，它有一定的时间跨度。犯罪嫌疑人一经被采取强制措施，即处于一种被限制或剥夺其人身自由的状态。检察机关对犯罪嫌疑人作出批准逮捕决定并由公安机关执行，是一种合法行为，这一合法行为导致的法律后果是犯罪嫌疑人被逮捕，即犯罪嫌疑人处于被依法剥夺人身自由的状态。公安机关对已被依法逮捕的犯罪嫌疑人，在不具备取保候审条件的情况下作出取保候审的决定，是一种违法行为，这种违法行为使犯罪嫌疑人由被逮捕转变为被取保候审，即由剥夺人身自由的状态转变为被限制部分人身自由的状态。违法行为引起的法律后果的存在当然是非法的。违法行为一经发现，必须加以纠正。违法行为一经确认，其引起的法律后果也就成了无本之木、无源之水，失去了存在的合法性。违法行为一经纠正，因其而转变的由合法行为导致的法律后果随之得以恢复。

第二种意见认为：应当由公安机关重新提请检察机关批准逮捕。《人民检察院刑事诉讼规则》第104条第3款规定：“对因撤销原批准逮捕决定而被释放的犯罪嫌疑人或者逮捕后公安机关变更为取保候审、监视居住的犯罪嫌疑人，又发现需要逮捕的，人民检察院应当重新办理逮捕手续。”对犯罪嫌疑人不批准逮捕或撤销原批准逮捕决定而释放了的或者变更为取保候审、监视居住的，如果发现其又满足了逮捕条件需要逮捕的，检察院应当重新办理逮捕手续，而人民检察院在侦查活动中，发现公安机关变更强制措施不当的，以监督者的身份提出纠正意见，公安机关应当重新提请逮捕。

我们同意第二种意见。《刑事诉讼法》第73条规定：“人民法院、人民检察院和公安机关如果发现对犯罪嫌疑人、被告人采取强制措施不当的，应当及时撤销或者变更。公安机关释放被逮捕的人或者变更逮捕措施的，应当通知原批准的人民检察院。”强制措施采用不当，一旦发现，应立即撤销或变更，被逮捕的犯罪嫌疑人应立即被释放或变更为取保候审、监视居住，变更的强制措施意味着原强制措施的失效。《人民检察院刑事诉讼规则》第386条规定：“人民检察院发现公安机关或者公安人员在侦查或者决定、执行、变更、撤销强制措施等活动中有违法情形的，应当及时提出纠正意见。对于情节较轻的违法情形，由检察人员以口头方式向侦查人员或者公安机关负责人提出纠正，并及时向本部门负责人汇报；必要的时候，由部门负责人提出。对于情节较重的违法情形，应当报请检察长批准后，向公安机关发出纠正违法通知书。”第387条规定：“人民检察院发出纠正违法通知书的，应当根据公安机关的回复，监督落实情况；没有回复的，应当督促公安机关回复。”第388条规定：“人民检察院提出的纠正意见不被接受的，应当向上一级人民检察院报告，并抄报上一级公安机关。上级人民检察院认为下级人民检察院意见正确的，应当通知同级公安机关督促下级公安机关纠正；上级人民检察院认为下级人民检察院纠正违法的意见错误的，应当通知下级人民检察院撤销纠正违法通知书，并通知同级公安机关。”最高人民检察院、公安部《关于适用刑事强制措施有关问题的规定》第32条规定：“公安机关立案侦查的案件，对于已经逮捕的犯罪嫌疑人变更为取保候审、监视居住后，又发现需要逮捕该犯罪嫌疑人的，公安机关应当重新提请批准逮捕。”最高人民检察院、公安部《关于依法适用逮捕措施有关问题的规定》中规定：如果公安机关发现逮捕不当的，应当及时予以变更，并将变更的情况及原因在作出变更决定后 3 日内通知原批准逮捕的人民检察院。人民检察院认为变更不当的，应当通知作出变更决定的公安机关纠正。人民检察院在审查批准逮捕工作中，如果发现公安机关的侦查活动有违法情况，应当通知公安机关予以纠正，公安机关应当将纠正情况通知人民检察院。

上述所有的规定主要针对的是犯罪嫌疑人强制措施的变更为取保候审后，又发现新理由需要逮捕的情况，在此暂且不讨论。检察机关在侦查监督过程中认为变更强制措施不当而向公安机关提出了纠正意见，对此情形如何处理才是我们现在讨论的重点，换个角度看，是如何正确理解批准逮捕决定和取保候审决定的效力问题。“公安机关对犯罪嫌疑人采取取保候审措施是对逮捕强制措施的变更，而且取保候审决定一经作出，且向当事人宣布，就发生了法律效力，同时批准逮捕决定即丧失法律效力，不能再执行逮捕措施了，而不管取保候审决定是否正确、合理。如果再依照先前的批捕决定重新关押犯罪嫌疑人，即为非法。”①因此，程序必须明确，不能持一劳永逸之心态对待犯罪嫌疑人；既然犯罪嫌疑人被取保候审了就决定了逮捕措施的失效，如要逮捕此犯罪嫌疑人，就必须履行和“白纸一张”的犯罪嫌疑人一样的程序，即公安机关必须重新向检察院批准逮捕手续，检察院应当重新办理批捕手续。

［辅助案例 1］曾某盗窃案

2006 年 5 月 18 日公安机关对曾某等犯罪嫌疑人以涉嫌盗窃罪立案侦查并刑事拘留。6 月 4 日，经人民检察院审查，对曾某等人作出批准逮捕的决定。6 月 20 日，公安机关因曾某提出患有严重疾病而对其取保候审，检察院在监督过程中发现曾某并没患有法律规定的可以取保候审的严重疾病，向公安机关发出纠正不当取保候审的通知。公安机关接受纠正意见，重新向人民检察院提出逮捕曾某的申请，人民检察院根据提请重新办理了逮捕手续。

专家点评：

本案中，曾某因患有严重疾病被从逮捕变更为取保候审措施，检察机关对公安机关的侦查活动有侦查监督权，发现公安机关侦查过程中的违法行为有权通知公安机关纠正。同时，根据相关法律规定，逮捕措施变更不当的，逮捕手续应当重新办理。公安机关应当提请检察机关批准，检察机关经过审查作出是否逮捕的决定。

［辅助案例 2］韩某故意杀人案

2008 年 2 月，犯罪嫌疑人韩某因故意杀人被某区检察院批准逮捕。羁押

---

① 参见刘广生：《变逮捕为取保候审发现不当如何处理——关键是正确理解逮捕和取保候审决定的效力》，载《检察日报》2006 年 6 月 28 日。

期间，犯罪嫌疑人患了“反应性严重精神病”，多次以头撞墙，撕扯衣服，殴打同羁押室的其他犯罪嫌疑人，同时遭受到其他犯罪嫌疑人的反击，身受重伤。韩某的妻子缴纳2600元保证金，申请取保候审，公安机关遂决定将韩某变更为取保候审措施。人民检察院经过审查发现，韩某的“反应性严重精神病”是其为了逃避羁押，故意为之。检察院向公安机关发出纠正意见书，建议重新提请逮捕韩某。2008年4月20日，韩某被再次批准逮捕。同年6月法院以故意杀人罪判处其有期徒刑5年，并处罚金3000元。

专家点评：

本案程序上的争议点在于逮捕措施变更为取保候审措施后，检察机关发现变更不当，重新逮捕的手续如何办理。根据法律规定，韩某以患有“反应性严重精神病”为由申请取保候审，公安机关可以决定采取取保候审措施。但韩某为逃避羁押制造假象，检察机关可以行使监督权通知公安机关纠正不当的变更，并应当重新办理逮捕手续。

（陈莹莹）

13. 送达时间的起讫点与诉讼期间如何计算

［案情简介］建某聚众打砸抢案

2002 年 9 月 24 日，建某因涉嫌聚众打砸抢被公安机关刑事拘留。9 月 30 日，经公安局领导批准，建某的刑拘时间被延长至 10 月 12 日。10 月 11 日，办案人员将建某一案批捕事宜与检察院交换意见，检察院以事实不清要求公安机关补充侦查。45 天之后的 12 月 2 日，办案人员就建某一案向检察机关提请审查批捕。检察院于 3 日后作出“批准逮捕”决定。经审查起诉后，案件于 2002 年 12 月 28 日移送同级人民法院依法起诉。由于元旦放假，人民法院于 2003 年 1 月 7 日才决定立案受理。案件于 2003 年 1 月 10 日开庭审理，但由于检察机关在庭审中决定补充证据，案件中止审理，并于同年 2 月 9 日重新开庭审理。庭审中，建某的辩护律师提出，本案应从 12 月 28 起计算案件受理日起点，该案属于超期审理、超期羁押。

［争议焦点］

法院对公诉案件的立案审查时间是否应当计入审理期限。

［关联法规］

《中华人民共和国刑事诉讼法》第 79 条；国家“六部委”《关于刑事诉讼法实施中若干问题的规定》第 37 条；最高人民法院《关于执行〈中华人民共和国刑事诉讼法若干问题的解释〉》第 118 条；最高人民法院《关于严格执行

案件审理期限制度的若干规定》第6条、第8条。

［专家指导］

当前，在充分肯定治理超期羁押问题、尤其是明显超期羁押问题的效果，以及学术界对超期羁押问题的关注和产生了大量研究成果的同时，还应该注意如果超期羁押背后的深层次矛盾没有得到解决，超期羁押现象就不可能消失。在某些特定的阶段，还可能出现边治理边反弹的可能。因此，在司法实践中，"隐形超期羁押"问题，由于治理超期羁押可能使矛盾更多地集中到审判环节的超期羁押问题，以及案件流转时间过长等问题，都有必要引起我们的高度重视。

一、法庭审理环节的超期羁押

通过对法院审判环节超期羁押问题的调查，发现超期羁押的原因主要有：

第一，法律上的原因。主要表现有六：一是刑事诉讼法关于刑事案件的审理期限的设置不科学，不能适应所有案件的需要。如《刑事诉讼法》第168条规定，人民法院审理公诉案件，应当在受理后一个月内宣判，至迟不得超过一个半月。但是，这一规定明显不符合刑事案件的特点。二是侦查、检察机关占用时间。侦查机关占用时间，主要指侦查机关补充证据时间。依据刑事诉讼法，针对案件证据尚有欠缺，人民法院只能责成侦查机关补充材料。而在司法实践中，许多案件需要进一步补充、巩固证据，某些案件甚至需要补充重要证据，从而给审判机关在法定期限内结案造成困难。检察机关占用时间，主要指检察机关准备二审时间。刑事案件进入二审之后，审理期限往往还包括检察机关阅卷时间。对于抗诉案件或第二审人民法院决定开庭审理的公诉案件，检察机关需进一步阅卷，以便参加二审审理，而这一行为是在诉讼进入二审计时后进行的，必然影响审理进程。三是延长审理期限的条件过于严格。刑事诉讼法规定，有法律规定的情形，不能在法定期限内审结的，经高级人民法院批准或者决定，可以再延长一个月的审理期限。[①] 实践中报请延长审理期的案件都很多，以致很多地方都对报请条件作了变通处理，从而使得这一规定也失去了应有的意义。四是保障辩护占用时间。主要包括辩护律师阅卷、指定辩护等用

① 据《刑事诉讼法》第126条的规定，可以报请延长审理期的法定情形有四种，即交通十分不便的边远地区的重大复杂案件；重大原犯罪集团案件；流窜作案的重大复杂案件；犯罪涉及面广，取证困难的重大复杂案件。

时。[①]五是将司法鉴定时间计算在法院审理期限之内。《刑事诉讼法》第122条规定只有对犯罪嫌疑人作精神病鉴定的期间可以不计入办案期限。全国人大常委会法工委与最高人民法院、最高人民检察院等六部委联合制定的《关于刑事诉讼法实施中若干问题的规定》不仅没有对这一规定进行任何补救，相反还在第33条对此又作了强调："根据上述规定，犯罪嫌疑人、被告人在押的案件，除对犯罪嫌疑人、被告人的精神病鉴定时间不计入办案期限外，其他鉴定时间都应当计入办案期限。"[②]六是一审至二审移送案件的时间及二审结案至宣判的在途时间没有被扣除。[③]

第二，制度上的原因。主要表现有三：一是审判委员会研究案件不及时。根据有关规定，所有死刑案件、重大、疑难、复杂案件，要经过审判委员会研究决定。[④] 二是汇报、请示、协调环节过多，且缺乏明确的规范制约，造成请示无期限的局面。[⑤] 三是与集中宣判、执行制度有关。[⑥]

第三，观念上的原因。影响超期羁押的观念上的原因主要是不能接受无罪推定原则，墨守有罪推定之成规。此外，侦查和检察机关在办案过程中由于种种原因而指控证据不足，或者所指控的犯罪在法律上把握不准。当检察院将一件证据不充分的案件起诉到法院后，法院一方面基于法律的规定不能胡乱判决被告人有罪，但另一方面也不便轻易宣告无罪，如果遇有地方党政机关的干

① 由于某些地区法律援助机构尚不健全，为维护当事人合法权益，保障司法公正，法官不得不花费一定的时间与精力为被告人依法获得法律援助而努力。

② 此外，由于新的刑事诉讼法对犯罪嫌和被告人作了严格的区分，在提起公诉前称犯罪嫌疑人，而在提起公诉后称被告人。因此，《刑事诉讼法》第122条仅仅规定"对犯罪嫌疑人作精神病鉴定的期间不计入办案期限"，而没有规定"对被告人作精神病鉴定的期间也不计入办案期"，从而使得在法院审理环节连对被告人作精神病鉴定的期间不计入办案期限也失去了法律依据。

③ 有些地方通行不便，被告人分押在各县市区看守所，高院委托中院，中院委托看守所所在地的基层法院，这个委托过程至少十天半月。

④ 实际情况是审委会委员很难召集齐，且多数是院领导，事务性工作多，很难保证评议过的案件能够及时研究。

⑤ 案件请示和协调制度由来已久，但却于法无据，实际上是审判工作行政化的典型表现。案件请示制度是政法部门比较流行和习惯的工作方式，也是解决重大、疑难案件比较有效的办法，但是案件请示制度不仅没有法律依据，相反却明显违反了宪法和刑事诉讼法规定的审判独立原则，严重侵犯了当事人的合法权益，使得二审和申诉程序形同虚设，同时也容易造成案件超期羁押。

⑥ 虽然《刑事诉讼法》第208条规定"判决和裁定在发生法律效力后执行"，最高人民法院也多次下文强调生效判决裁定应当立即执行，但是各地依然我行我素。

预，法院所面临的矛盾就更突出。在证据不充分的情况下，法院对受理的公诉案件只能采取犹豫不决或者反复发回的做法，这就导致超期羁押现象产生。变更强制措施，也面临这样的问题。《刑事诉讼法》第 74 条规定，被告人被羁押的案件不能在法定期限内办结需要继续审理的，对被告人可以取保候审或者监视居住。第 75 条规定，公、检、法机关对于被采取强制措施超过法定期的犯罪嫌疑人、被告人应当予以释放、解除取保候审、监视居住或者依法变更强制措施。《关于刑事诉讼法实施中若干问题的规定》第 33 条规定，对于因鉴定时间较长，办案期限届满仍不能终结的案件，应当对被羁押的被告人变更强制措施，改为取保候审或者监视居住。中央政法委等有关部门关于清理超期羁押问题的决定也多次指出，对于依法不能再延长办案期限的案件，应当立即依法变更强制措施，坚决禁止以押代侦、以押代审；对于因时过境迁，长期取不到必要的证据，已依法不能移送审查起诉、不能提起公诉或者不能判决的案件，应严格按照刑事诉讼法的规定作出撤销案件、不予起诉或者宣告无罪的结论，坚决禁止滥用取保候审、监视居住等强制措施。但是执行情况并不理想。①

二、案件流转时间过长

刑事诉讼一般分为立案、侦查、起诉、审判、执行五个阶段。在审查起诉阶段发现事实不清、证据不足的，还可以将案件退回补充侦查。随着诉讼的不断推进，案件须在侦查机关、检察机关、审判机关之间流转。案件流转时间过长的主要原因有四：

一是相关法律法规及司法解释不够完善。《刑事诉讼法》第 79 条第 3 款规定“法定期间不包括在路途上的时间”，却未对“路途时间”的起讫点作出界定。对此，各司法机关认识不一、标准各异：有的以交邮或交有关职能部门为截止日；有的以单位收到案件或以职能部门收到案件为起始之日；有的还常常将案件在机关内部流转的时间，甚至聘请翻译人员的时间也统统纳入“路途上的时间”，而不计入办案期限，导致“送达期间”远远超过案卷材料邮递的时间。

---

① 原因有三：一是有罪推定的思想在作怪。二是执法环境不理想，尤其是对重刑犯，如果因为超过法定期限而变更强制措施，作出取保候审或者监视居住的决定，就会被认为是放纵犯罪，是打击不力。《关于取保候审若干问题的规定》就指出：“严禁以取保候审变相放纵犯罪。”三是对取保候审的被告人监督不力，有的甚至失去控制，导致案件无法正常进行。

二是少数办案人员执法观念存在偏差。少数办案人员头脑里仍然存在“实体公正是硬指标，程序公正是软任务”的错误思想，单纯追求办案数量，而忽略了犯罪嫌疑人、被告人的合法权益。在法定办案期限届满仍不能办结案件时，不是依法变更强制措施，而是规避法律规定，采用一些合法的方式来变相延长办案时间。有的办案人员总怕承担办错案的责任，认为“放人就意味着办错案，就要追究责任”，不敢独立承担办案责任，不敢对案件提出自己的审查处理意见，而是将矛盾上交领导。案件内部请示逾期了，也不主动提醒，造成案件超审限，而承办人员却认为与己无关，不以为然。

三是办案作风存在拖拉现象。近年来，随着司法改革的不断深入，办案人员的职责和权限界定日趋合理，但办案中责权不明晰、责权比例失衡等弊端尚未根本解决，承办人的主观能动性未能充分调动起来，按部就班的现象经常可见。于是，案件在移送、报送、审批、印发等流转过程中产生拖延。

四是因案件疑难复杂而导致久拖不决。实践中，案件久拖不决、犯罪嫌疑人被较长时间羁押的大多为经济类型犯罪，占长期羁押人员的2/3。此类人员犯罪智能化程度普遍较高。[①] 而且到案人的规避法律和抗审能力强，客观上存在着侦查取证难、事实认定难、审理定性难等情况，导致诉讼办案时间不够，于是少数办案人员就采用一些“合理的”或是法律无明确规定的办法来延长法定办案期限。

三、完善措施

针对上述问题，可以考虑从以下方面来防治超期羁押、案件流转时间过长的问题：

第一，关于修改立法上的缺陷和不足。

一是要修改、完善刑事诉讼法有关案件审理期限的规定，根据案件的不同情况和刑事审判工作的实际，确定原则性与灵活性相结合的审理期限体系，尤其是要对多被告人系列犯罪案件、可能判处死刑的重大案件、涉外犯罪案件等规定有别于一般案件的审理期限。对于死刑案件，为确保死刑案件的审判质量，法律和司法解释并未规定审理复核期限。二是细化有关羁押期限规定。对延期审理，死刑复核期限，管辖争议的解决时限、请示案件及侦查中改变管辖的如何计算期限，结案和送达执行通知书的时间等作出明确规定。对一些模糊的标准和条件也应具体明确。

① 如假借签订经济合同的形式或履行部分“合同”蒙骗对方，以取得信任，最终达到犯罪的目的。

第二，关于改革现行的司法体制，可以从以下方面进行：一是实行侦押分离体制。[①] 二是建立独立的羁押制度和羁押司法审查制度。将羁押从强制措施中独立出来，并与诉讼期限相分离。建立羁押、羁押延期的请求权与审批权相分离制度，审批权由中立司法机构行使，加强制约，防止滥用。三是采取有效的制裁措施，赋予看守所一定权力，对羁押到期经报告、催办，通知办案单位后未接到延长期限法律文书，并报请检察机关同意后有权改变强制措施，释放犯罪嫌疑人和被告人。四是建立预防纠正超期羁押的长效机制。[②]

第三，要健全刑事审判工作管理制度。要改革审判委员会工作制度、减少直至取消案件请示汇报制度和统一集中宣判制度、规范案件协调制度等。

第四，建立和完善超期羁押责任追究机制。在现行法律对超期羁押没有制裁性规定的情况下，建议由上级或本级人大、政法委牵头召集公、检、法三家协调，制定出《超期羁押责任追究办法》及相关的配套措施。要明确超期羁押的责任形式。[③]

四、本案争议

由于我国审限制度在审限的起始方面缺乏具体的确定性规范，如立案时

---

① 目前负责关押犯罪嫌疑人、被告人的看守所，隶属本级公安机关管辖，这种侦押合一的体制，是不科学的，亟待改革这种体制，应将看守所划归司法行政机关领导，由监狱法进行调整。

② 具体如下：其一，建立检察机关内部羁押期限告知制度，强化侦查监督部门、公诉部门的告知责任和义务，形成对超期羁押的监督合力。其二，认真落实换押制度。第一，公、检、法办案机关要使用统一规定的《换押证》，移送单位和受理单位均要在《换押证》上签署时间，并加盖公章，注明法定的办案起止期限。第二，要按时换押、按时将法律文书送达看守所。其三，要及时将依法延长、重新计算羁押期限等新的法定办案起止期限书面通知看守所。其四，监督看守所指定专人负责纠防超期羁押工作，准确掌握各诉讼环节及期限，及时催办案件和报告超期情况。在换押时要严格执行规定，对不符合规定或超过法定期限的，拒绝提讯、提解。其五，建立和完善各项制度。如羁押期限告知制度，羁押期限跟踪制度，羁押期限届满提示、催办制度，向人大、政法委报告制度，发《纠正违法通知书》等。

③ 责任形式可分为行政责任和刑事责任。一要明确超期羁押的具体情形，为具体认定超期羁押提供标准。二要赋予监所检察部门相应的权利。如超期羁押"认定权"和责任追究建议权。出现超期羁押违法情况后，视超期羁押违法情节的轻重和造成的后果，提出具体的责任追究建议。情节轻微，没有造成严重后果的，由办案人员所在单位给予办案人员党纪、政纪处分，并将处理结果告知监所检察部门。情节严重，造成严重后果的，根据案件的具体情况可以"非法拘禁"、"滥用职权"、"玩忽职守"罪追究刑事责任。

间、一审至二审移送案件的时间应否计算在审限之内。因此，在不作任何延长的情况下，法院审理案件的期限除1个半月外，还有立案前审查的7日，即45日+7日=52日。但这又往往造成看守所和监所检察部门对在押人员羁押期限的计算与法院有所出入，进而对是否超期羁押被告人产生了分歧意见。

观点一认为，法院对公诉案件的立案审查时间不应计入审理期限。理由有二：

理由一，最高人民法院《关于严格执行案件审理期限制度的若干规定》第6条规定，第一审人民法院收到起诉书后，经审查认为符合受理条件的应当在7日内立案；第8条则规定，案件的审理期限从立案次日起计算。司法实践中，大多数地方法院受理公诉案件时将立案审查期限不计入审限。

理由二，根据"从新"原则，最高人民法院《关于严格执行案件审理期限制度的若干规定》对所有案件作出了不计入审理期限的规定，晚于《关于刑事诉讼法实施中若干问题的规定》以及最高人民法院《关于执行〈中华人民共和国刑事诉讼法若干问题的解释〉》均规定人民法院对公诉案件进行立案审查的时间应当计入审理期限。因此，应适用《关于严格执行案件审理期限制度的若干规定》，不将这7日时间计入审理期限。

观点二认为，法院对公诉案件的立案审查时间应计入审理期限。理由有四：

理由一，最高人民法院、最高人民检察院、公安部、国家安全部、司法部、全国人大常委会法制工作委员会《关于刑事诉讼法实施中若干问题的规定》第37条规定：人民法院对提起公诉的案件进行审查的期限计入人民法院的审理期限。最高人民法院《关于执行〈中华人民共和国刑事诉讼法若干问题的解释〉》第118条规定，人民法院对于按照普通程序审理的公诉案件，决定是否受理，应当在7日内审查完毕，且审查的时间"计入审理期限"。

理由二，根据"特别规定优先于一般规定"的原则，应当适用《关于严格执行案件审理期限制度的若干规定》和《关于执行〈中华人民共和国刑事诉讼法〉若干问题的解释》的规定，将这7日时间计入公诉案件的审理期限。

理由三，有关立案审查不计入审理期限的规定与《刑事诉讼法》的立法意图相悖。1996年《刑事诉讼法》与1979年《刑事诉讼法》相比，其一大进步即是对司法机关办案时间的规范和控制，亦即对在押人员羁押期限的规范和控制。

理由四，这一规定本身与《关于刑事诉讼法实施中若干问题的规定》和最高人民法院《关于执行〈中华人民共和国刑事诉讼法〉若干问题的解释》的相关规定也是不协调的。对被告人在押的刑事案件，造成监管机关、检察机关、审判机关计算羁押期限的方法不一，对被告人是否被超期羁押产生意见分歧。通常情况下，检察机关提起公诉后，就将换押通知书送达看守所，看守所往往以此开始计算法院的审理期限，而法院实际上还需要进行立案前的审查，审查的时间又不计入审理期限，被告人的羁押期限就在无形中被延长了7日。

综上所述，根据立法原意，所谓“路途上的时间”，是指案件材料在办案机关外流转的时间，移送案件的“路途时间”，应当起自案件材料离开送文机关之时，终于收案机关收到案件材料之日。鉴于直辖市公检法三机关均在同一城市，移送案件的机关自行送达案件材料无须在途中过夜，故直接送达案件材料不应当发生“路途上的时间”。通过机要局送达的，“路途时间”应当起自本机关工作人员将案件材料送达机要局之时，终于机要局将案件材料送达收案机关之日，且以机要局日戳为“路途时间”的起讫标志，并将此据列入案卷之中。

事实上，当前对法院“立案审查”时间应否计入审限规定是自相矛盾的。我们赞同后一种观点，因为，最高人民法院在颁布《关于严格执行案件审理期限制度的若干规定》时，不可能僭越全国人大的立法权而对《刑事诉讼法》作扩张性解释。那么，法官也不能对《关于严格执行案件审理期限制度的若干规定》作扩张性理解。

［辅助案例1］严某某诈骗案

2003年6月21日羁押在某看守所的严某某因涉嫌诈骗罪被刑事拘留，2005年4月28日被某市中级人民法院一审判处有期徒刑15年。严某某不服，提出上诉，省高级人民法院裁定发回重审。2006年6月18日，某市中级人民法院改判有期徒刑14年。严某某不服，又提出上诉，至今1年多，省高级人民法院未裁定。由于换押证和有关案件期限的法律文书没有送达看守所，因此无法确定案件是否超期，实施监督困难。

专家点评：

实践中，司法机关对于重大疑难案件，由于主客观的原因，往往一拖再拖，甚至无法确定案件案件是否超期。客观原因是由于法制不健全导致法律依据不足，请示汇报等消耗时间过长；主观原因是仍然不受重视健全立法规定，忽视当事人的程序性权利，甚至认为“反正是重刑，早判不如晚判合适”，潜在意识里仍然是“疑罪从轻”、“疑罪从拖”等不当观念，而不是“疑罪从无”的正确观念。事实上，这种做法客观上会损害法律权威，更损害了当事人的合法权益。实践中不少类似案件往往经过重要媒体的披露，舆论压力加大之后，或者真相肯定大白，足以证明被告人是冤枉的之后，才被释放。这固然是人民法院在现实中的无奈之举，但不能不引起反思和重视。

［辅助案例2］李某某贪污案

被告人李某某因涉嫌贪污罪于2003年1月28日被刑事拘留，2004年12月30日被某市中级人民法院判处无期徒刑。李某某不服，提出上诉。省高级人民法院2005年5月18日裁定发回重审。某市中级人民法院于2006年1月13日开庭，至今没有判决。

专家点评：

实践中除了重大疑难案件往往一拖再拖之外，其中还有一种现象值得注意，那就是本案中的裁定发回重审现象。二审法院往往囿于人情、考核等压力，不愿、不敢、不能直接在二审中改判上诉人无罪、罪轻，而是在程序上做文章，通常是采用裁定发回重审的办法委婉地“提醒”原审法院作出新的轻罪或无罪判决。尽管原审合议庭可以回避，但囿于同样是人情、考核等压力，新换的合议庭往往同样维持原判，被告人再重新上诉，如此往复，甚至出现原审法院法官轮流出庭，导致最后合议庭凑不够法定人数的情形。后来，司法解释针对这一问题明确规定，裁定发回重审不得超过两次，但有些法院为了回避矛盾，可能采取“拖”的办法，直到被告人筋疲力尽，不再上诉为止。这种做法无疑也是违反法治精神和法律规定的，同样会损害法律权威和当事人的程序性权利，同样不能不引起反思和重视。

（谢佑平　王永杰）

三、侦查与证据

14. 初查的性质及初查措施

[案情简介] 黄某故意杀人案

卢某与丈夫孙某一起到丈夫的好友黄某家索债，黄某说要带孙某去朋友处取钱，而后，二人一起离开黄家，卢某留在黄某家等候。大约三个小时后黄某一人回家，卢某追问孙某下落，黄某说孙某拿过钱后回家了。但卢某回家后不见丈夫孙某，寻遍亲友处仍然不见踪迹，因此向公安局报案其丈夫无故失踪。公安机关研究案情后立即组成多个分队进行初查，确定了继续加强对黄某讯问的审查方向。最终，在强大的攻心战术和证据面前，嫌疑人黄某供认了杀人事实。

原来，黄某和孙某本来是好友，但因债务及其他纠纷两人渐生隔阂。孙某一再上门讨债使黄某对孙某怀恨在心，并产生杀死孙某的念头。孙某与妻子卢某索要欠款自动上门，黄某乘机将孙某带至一处空地上，趁其不备，用事先准备好的木棍猛击孙某头部，并将尸体投入附近的一口井内。案情初步显现，公安机关决定立案。尸体找到后案件成功告破，公安机关迅速申请逮捕嫌疑人黄某，检察院当天作出批准逮捕的决定。经审判，法院以故意杀人罪判处黄某死刑。

[争议焦点]

1. 如何理解初查的性质。
2. 初查与立案程序的关系。
3. 立案程序中能否实施侦查行为。

[关联法规]

《中华人民共和国刑事诉讼法》第86条、第139条、第140条；《人民检察院刑事诉讼规则》第127条、第

128 条。

[专家指导]

关于初查的性质问题，学术界有不同的观点。

一种观点是区分说。在我国《刑事诉讼法》的编排体例中，第二编将立案、侦查和提起公诉并列处理，并且按照立案、侦查、提起公诉的顺序对相关制度作了规定。关于立案和侦查关系的规定为该法第 89 条："公安机关对已经立案的刑事案件，应当进行侦查，收集、调取犯罪嫌疑人有罪或者无罪、罪轻或者罪重的证据材料。对现行犯或者重大嫌疑分子可以依法先行拘留，对符合逮捕条件的犯罪嫌疑人，应当依法逮捕。"（根据该法第 131 条的规定，本条对检察机关同样适用）与上述法律规定相匹配，我国的刑事诉讼法学理论几乎一致地认为：立案是刑事案件的成立，是刑事诉讼开始的标志。从这些规定和理论来看，初查的性质是明确的。首先，立案是刑事诉讼开始的标志，那么立案之前的初查肯定不是刑事诉讼活动。其次，侦查行为是我国刑事诉讼过程中专有的国家专门活动，非刑事诉讼活动中绝对不能使用侦查行为。因此，结论只有一个：初查行为不是侦查行为。

另一种观点是等同说。立案程序包括三个步骤：案件材料的接受、案件材料的审查、作出立案或不立案的决定。因为立案材料的不可信，立案决定的作出必须遵守一定的标准；为了评判是否达至立案标准，进行一系列的审查成为必需。诸如通过勘验现场以判断事件是否为犯罪性质，通过法医学鉴定以判断是否为谋杀，通过拘留现行犯防止犯罪的进一步发生等。侦查行为正好具有满足这种需要的功能，它是查明案件事实最为重要的手段之一。所以说，在初查中采取一定的侦查措施是诉讼进行的本质要求，这是无法避免的。

但是相关的法律法规却未能为初查提供切实可行的手段。《刑事诉讼法》第 86 条只是笼统地规定"迅速进行审查"，关于审查的具体规定并无细化。具有公权力性质的立案管辖机关可能面对这样的限制：法律没有允许的，就是公权力机关不能实施的。为了完成立案调查的任务，寻求充分的调查手段成为必然。《人民检察院刑事诉讼规则》对初查制度作了完善，第 128 条规定："在举报线索的初查过程中，可以进行询问、查询、勘验、鉴定、调取证据材料等不限制被查对象人身、财产权利的措施。不得对被查对象采取强制措施，不得查封、扣押、冻结被查对象的财产。"公安机关则根据自身需要也开始借鉴检察院的经验，在 1998 年 8 月 5 日公安部下发的《关于公安派出所受理刑事案件有关问题的通知》中规定："派出所对受理和发现的犯罪线索，应迅速进行审查，或按照刑侦部门的要求展开初步调查工作。"但在公安系统最具权威的《公安机关办理刑事案件程序规定》中却没有关于初查的任何内容。各省公安厅一般都参照《人民检察院刑事诉讼规则》规定："受案件后，如果难以确定，经办案单位负责人批准后可以先进行初查，经初查认为有犯罪事实、需要追究刑事责任的，依法立案侦查。"公安机关的另一类初查手段则是借助了它的行政职权。我国的公安机关兼具行政和司法性质，当司法目的的实现受阻时，利用自身的行政职能成为最方便的选择。《人民警察法》、《关于公安机关执行人民警察法有关问题的解释》以及《治安管理处罚法》中的措施全部被充分利用，留置盘查，盘问、检查，传唤、强制传唤、询问被传唤人、询问证人取证等措施悉数用于初查。所以实际的初查业务中，突破"非强制性"限制的侦查行为并不罕见，先破后立，不破不立成为"顽疾"。

考察初查的运作，它在主体、手段、内容、后果等方面都表现出侦查的典型特征。[①] 首先，从主体上看，初查由具有管辖权的公安机关或者检察机关来实施，与侦查行为的实施主体相同；其次，从行为方式上看，初查行为包括：询问、查询、勘验、鉴定、调取材料等，这正是侦查行为中的一些具体措施；再次，从调查内容上看，虽然对初查的要求较低，只要"有犯罪事实需要追究刑事责任"即可，但这与侦查内容当中的犯罪构成事实明显有重合；最后，从行为后果上看，初查获取的证据是立案的基础，决定立案也就意味着应当承认立案所依据的证据属于刑事诉讼证据的范畴，这些证据同侦查获得的证据一同构成对犯罪指控的证据。因此，我们很难否认初查行为的侦查性质。

上述两种观点的对立，反映了我们面临的困境：如果说初查行为是一种侦查行为，它却在刑事立案前；如果说初查行为是一般的调查行为，但它却表现出侦查的典型特征。这是一个假象呢，还是真实的逻辑难题？下文将详细分析。

一、如何理解"立案是刑事诉讼开始的标志"

"立案是刑事诉讼开始的标志"当中的"立案"应当如何理解？是指立案决定还是指立案程序？我们认为是指立案程序。首先，刑事诉讼包括五个阶段，立案程序、侦查程序、审查起诉程序、审判程序和执行程序。这五个程序前后衔接，刑事诉讼逐步深入。因为立案程序处在最前端，它的前面再没有其他程序，所以有理由称之为"刑事诉讼开始的标志"。其次，如果以立案决定为刑事诉讼程序开始的标志存在问题。立案决定作为立案程序的最终结论，它之前还有一系列活动，如对案件材料的接受，对案件材料的审查等，立案决定并非刑事案件的最初行为。最后，有些案件经过初查后不符合刑事案件立案标

---

① 孙长永、杨柳：《论刑事立案前的初查》，载《河北法学》2006年第1期。

准，最终不予立案。如果以立案决定作为刑事诉讼程序开始的标志，这一系列活动都不应属于刑事诉讼活动的范畴，因为这些活动当中不可能有立案决定。这种判断显然不恰当。因此，准确的表述应当是“立案程序是刑事诉讼开始的标志”。换言之，立案程序作为一个整体构成刑事诉讼的开端，包含于立案程序当中的初查行为自然属于刑事诉讼活动。从这一点出发，区分说失去了坚实的认识根基，其判断是有问题的；不能以初查是否在刑事诉讼程序中为理由，考察初查行为和侦查措施之间的关系。

二、现行法视角的考证

如果仅从《刑事诉讼法》的条文规定来看，初查行为和侦查措施并非水火不容、性质各异。在我国刑事诉讼法中，立案与侦查的关系有两处体现：

（一）章节编排中的关系

我国《刑事诉讼法》第二编将立案、侦查和提起公诉并列处理，并且按照立案、侦查、提起公诉的顺序对相关制度作了规定。显然这是按照刑事诉讼活动推进的逻辑顺序编排的。一般情况下，刑事案件按照前后五个程序依次推进；特殊案件可能会跨越某些程序，但是这些程序间相对顺序不变。从刑事诉讼法的章节编排中，我们只能推断出侦查程序应当在立案程序之后，但并不能说明侦查措施只能在立案程序之后使用，更不能说明侦查措施只能在侦查程序中使用。①

（二）条文规定中的关系

我国《刑事诉讼法》关于立案的规定共5条。其中，第18条规定立案管辖，第83条规定侦查机关的立案义务，第86条规定立案制度（立案线索，立案标准，立案告知义务），第87条规定立案监督，第89条规定立案后的侦查制度。我们认为，第89条只是规定管辖机关在立案之后有义务进行侦查活动、查明案情，并无意强调侦查行为仅适用于立案之后的侦查阶段。另外，从《刑事诉讼法》关于侦查行为的规定中也可以得出上述结论。第82条第（一）项规定“‘侦查’是指公安机关、人民检察院在办理案件过程中，依照法律进行的专门调查工作和有关的强制性措施”，依然未将侦查行为限定在侦查程序

① 需要强调的是侦查措施和侦查阶段的不同。侦查措施是指刑事诉讼法赋予侦查机关查明案件事实的手段，重在强调这些行为的功能。既然刑事诉讼在提起公诉之前的任务就是查明案件事实，那么有权机关利用侦查措施的查证功能正是法律的本质要求。侦查程序则是一个诉讼阶段，强调的是与立案程序、审查起诉程序、审判程序以及执行程序的不同，关键在于诉讼阶段任务的不同。

中。从本质上来讲，“立案最初阶段措施的采取并不来自那道属于内部程序性质的立案手续，而是一方面来自犯罪事件的发生与查明事件真相措施之间的那种共生共存关联，另一方面来自谁有权决定并由谁负责采取措施的那种裁判、监督、制约的关系形式”。[①] 因此，就像在审查起诉阶段可以使用补充侦查一样，在立案阶段使用侦查措施并未被法律明确禁止。

严格来讲，侦查行为的采用与诉讼阶段无关。如何理解认识手段（侦查、初查）和认识对象（案件事实）的关系影响了我们对侦查行为使用时段的看法。我国诉讼理论中一般采取从侦查措施到案件的进路，而不是由案件到侦查措施的进路。其实，后者有助于我们认清使用侦查行为的决定因素。我们可以通过法国的例子来体味“由案件到侦查措施”的思路。法国严格意义上的刑事诉讼仅包括起诉、预审、法庭审理三个阶段；而广义上的刑事诉讼程序还包括起诉之前的预备性阶段，即检察官在提出控告之前也有一个决定是否提出指控而进行的调查。其中调查分为两种类型：司法警察对非现行犯罪进行的初步调查；司法警察、共和国检察官和预审法官对现行重罪和轻罪进行的调查。对于非现行犯罪案件，司法警察在接受控告后可以采取听取有关人员的陈述、事实查证、勘验等的措施，但原则上不得采取强制措施，类似于我国司法实践中所称的初查。对现行犯罪案件，司法警察得知某一现行犯罪发生时，应立即报告检察官以便其监督；同时启动侦查程序，可以采取搜查、扣押、鉴定、听取证人证言和犯罪嫌疑人陈述的措施，必要时还可以采取拘留，表现出强制性的特征。在这种制度设计中，针对不同类型的案件，规定采取不同的查证措施，当出现现行犯等本质上需要侦查措施的情况时，自然要用到侦查措施。可见，侦查措施的使用取决于它查明事实的功能与案件求证查实需要之间的匹配关系，而与侦查措施在哪个诉讼阶段使用无关。所以，以诉讼阶段来判断是否使用侦查措施的思路不妥。从这一点出发，区分说的分析思路是有问题的。

三、发生学角度的考察

从发生学的角度来考察，初查行为和侦查措施具有同质性。让·皮亚杰认为，认识既不能看做是在主体内部结构中预先决定了的——它们起因于有效的和不断的建构；也不能看做是在客体的预先存在着的特性中已决定了的，因为客体只是通过这些内部结构的终极作用才被认识的，并且这些结构还通过把它

① 韩德明：《刑事立案程序有关问题及其制度完善》，载《山东警察学院学报》2005年第3期。

们结合到更大的范围之中而使它们丰富起来。[1] 对犯罪事实及其法律性质的认识在很大程度上正是这样一种过程。从接到案件线索和案件材料开始，直到案件侦破，我们用“案件”指称那个实际发生、具有潜在刑事法律意义的犯罪事件；但这个“案件”从来不是同一个“案件”，因为它始终处于动态。案件表现的对象及其内容并非一开始便十分明确，其轮廓在一开始并不分明和清晰，并不可能彻底表述犯罪事件的全部要素和完备内容——否则便无须继续开展侦查调查取证活动了。其实，从获得线索材料起，案件便在程序中展开，我们对它认知程度不断地深化，案件逐渐得到明晰。所以说“立案”是一个在程序中展开的历时性过程，由于这种展开的绵延性，要对这一历时性过程的各个阶段作出分明的划定，本身便是一种没有可能的企图。[2] 从这一点出发，不管是初查（或者“立案前的审查”）还是“立案后的侦查”，都是追寻那个实际发生的案件的信息的手段，它们在本质上不应当区分。由于侦查是指刑事诉讼活动中查明案件信息的手段，我们甚至可以认为，立案活动是侦查的开端，是侦查活动的组成部分，立案活动只不过是在诉讼活动初期采取的侦查的具体形态而已。

但是，承认初查和侦查行为的同质性，并不能将两者等同。在接受案件材料之后，为了查明案件情况而使用的措施包括初查和侦查，出于认识阶段和认识要求不同，这些认识手段的方式和强度都有不同。在承认初查和侦查行为同质性的前提下，应当重视它们的这些差别；因为这是刑事诉讼在打击犯罪的基础上，保护人权的内在要求。正如上文所述，刑事案件在初查和侦查程序中逐渐展开，人们对它的认识是一个不断丰富的过程，初查程序正处在这个过程的最前端，对案件的认知水平也最浅陋。然而，侦查措施多是带有高度强制性的认知手段，是和平社会中公民面临的最大的暴力。如果在对案件认识不深的情况下，轻易实施侦查手段，确有损害公民自由的较大风险。就我国而言，由于刑事诉讼侦、控、审职能的“流水作业式”构造以及“侦查中心”的模式，侦查权的行使享有很大的自由空间，众多强制措施都由行使者自身裁量，这更加剧了上述风险。因此，强调初查和侦查行为的同质性，有利于厘清初查、立

---

① [瑞士] 让·皮亚杰:《发生认识论原理》，王宪钿等译，商务印书馆 1996 年版。

② 韩德明:《刑事立案程序有关问题及其制度完善》，载《山东警察学院学报》2005 年第 3 期。

案和侦查之间的关系，[①] 但同时有必要强调初查和侦查行为在适用条件和适用阶段上的差异性，这也是在司法权对侦查权制衡不足的中国，平衡国家权力和公民权利的必要选择。总之，侦查行为不应该在立案程序中适用，《人民检察院刑事诉讼规则》第 128 条规定，在初查中“不得对被查对象采取强制措施，不得查封、扣押、冻结被查对象的财产”。正是上述认识的正确反映。

[辅助案例 1] 刘某等非法持有枪支案

某市值勤交警在检查一辆可疑高级越野车时，发现司机座位下藏有枪支。在控制司机时，另外两名男子逃逸。特警支队接到 110 指示后迅速出警，从车上查获枪支 4 支（其中手枪 3 支、冲锋枪 1 支）、子弹 114 发、大量警用物品及各类银行卡 19 张。司机被采取拘留措施，并对其进行了突审。随后，专案组成立，抽调刑侦支队、特警支队精干力量全力侦破。侦查人员通过现场布控，将逃跑的刘某、周某及其同伙李某、张某、陈某等抓获；同时查获高级轿车一辆和其他作案工具若干。

经过警方初查发现：本案枪支弹药来源于境外；该团伙长期活动在上海、温州、桂林、山西等地。至此，案件事实基本查清，达到了“有犯罪事实发生需要追究刑事责任”的标准，遂正式立案。

专家点评：

本案犯罪嫌疑人非法持有数量较大的枪支、弹药，有很高的人身危险性，也有明显的犯罪嫌疑，非法持有枪支的犯罪行为处于持续当中，因此，属于危险性较高的现行犯。这种情况下，维护社会秩序和公共安全的利益诉求明显大于对嫌疑人人身权利保障的诉求，从法理上讲，有理由对嫌疑人立即采取控制措施。所以，本案中，警方可以对司机进行拘留，并对其进行突审。

但紧扣法律条文，一方面，《刑事诉讼法》第 84 条所说的“紧急措施”是否包括拘留，并不明确；另一方面，《人民检察院刑事诉讼规则》第 128 条明确禁止在初查中采取强制性措施，且没有规定现行犯可以例外。因此，从法律依据上讲，警方的做法欠妥。另外，警方在案件侦破后才立案，这是对立案标准理解错误，是先破后立错误办案思想作祟的表现。

---

① 承认发生学的基本规律，关注人类认识过程的基本原理，我们就会发现，立案过程不可能对案件事实作出全面深入的认识，从而也不应该对立案标准作出过高要求，寄予严格立案标准之上的人权保护诉求也是不合理的。因此，正确的理解应当是：确立相对较低的立案标准，依靠侦查程序深入查明案情、收集证据，通过动态的、实时的司法控制防止侦查权的滥用。这对于解决过高立案标准下先破后立、不破不立等问题，有重要的指导意义。

[辅助案例2] 蔡某受贿案

某市人民检察院接到群众举报。举报称，在本市土地整理工程中，负责人暗箱操作，让A公司承包项目。侦查人员展开初查。通过秘密走访，办案人员了解到，土地房屋局局长蔡某在土地整理工作中独断专行，并且与A公司老总关系密切。土地整理工程的确经过了公开招投标，但每次中标的都是A公司。办案人员决定继续调查，争取从蔡某身上打开突破口。经查，蔡某社会关系比较复杂，社会阅历丰富，在当地可谓“有头有脸”的人物；但是蔡某及家人没有大额银行存款，也没有股票、证券、汽车，住房是其父留下的私房。与此同时，办案人员兵分两路，一路找A公司的负责人谈话，另一路迅速调取A公司的账务以及银行汇款记录。调查发现，在A公司的工作经费中，有一定比例返给了“土房局”的人。面对大量证据，A公司负责人顶不住办案人员的强大攻势，供述了向蔡某行贿的事实。原来，蔡某利用分管土地整理工作的便利，掌握招投标大权；他通过给招标代理公司打招呼，给建筑商出谋划策、透露标底，采取“围标”的方式让A公司中标。背后充满了肮脏的权钱交易。至此，检察院决定对本案正式立案侦查。

专家点评：

本案中，检察机关采取了秘密走访、银行查询、调取资料等一系列初查措施，符合相关法律规定。同时，当A公司负责人供述了向蔡某行贿的事实后，马上立案，而不是等案件破获后才立案。立案标准是“认为有犯罪事实需要追究刑事责任”，而非确切全面的犯罪要件事实。这种理解是科学合理的。

（梁凤娣　燕星宇）

15. 初查中获取的材料如何使用

[案情简介] 梁某受贿案

某市检察院反贪局接到举报电话。举报称，本市食品药品监督局局长梁某徇私枉法，收受巨额贿赂后对许多企业的违法生产大开绿灯。初查工作秘密进行，重点监视梁某的行踪和住处。经过三个月的初查，侦查部门得到的结果并无异常。梁某名下无房无车，也无巨额存款，平时上下班坐地铁，朝九晚五，生活规律。周末也没有应酬，只做一些体育锻炼。

在侦查部门准备制作《不立案决定书》时，侦查人员发现了几个疑点：第一，梁某有个15岁的儿子，但在侦查员3个月的初查中，一次都没有见过。这意味着梁某很可能另有住所。第二，梁某名下虽无巨额存款，但他的工资卡上的钱，近3年来分文未动。这说明梁某一定另有收入。第三，虽然梁某生活规律，但是他的手机通话资料显示，他与一个叫黄某的人关系密切。针对这些疑点，侦查人员改变侦查思路：一、派侦查员全天候监控梁某的妻子杨某；二、调查梁某所有亲属的财产状况；三、调查与梁某关系密切的黄某。

果不其然，梁某在他儿子的学校附近，拥有两处房屋，均以他人名义购买；梁某的妻子在担任一家国有医药公司副总的同时，还是一家私营医药企业的股东，并且这个医药企业股东成分复杂，公司账目上有大量资金系国内一些大型医药企业提供；与梁某关系密切的黄某，曾是梁某在某某药学会的同事，此人素以"能办事、有路子"在医药圈内闻名。

经侦查部门反复分析，最后将案件的突破点锁定在了黄某身上。于是，侦查部门将黄某拘留到案，并对其进行了高强度的讯问。黄某在强大的证据和政策压力下，供述了他利用与梁某的密切关系介绍贿赂的犯事实。侦查部门根据这些线索，进一步查取大量证据。至此，“有犯罪事实发生需要追究刑事责任”的立案条件满足，经检察院主管领导批准后，初查办案人员制作了《立案决定书》，侦查工作正式开始，决定对梁某、杨某实施逮捕。随后，案件告破，公诉部门提起公诉。

庭审过程中，梁某的辩护律师主张：检察院用于指控梁某的主要证据中，许多是依据黄某在初查阶段被拘捕后所作的口供调取的。根据《人民检察院刑事诉讼规则》，初查“不得对被查对象采取强制措施”。因此这些证据应当作为非法证据被排除。法庭最终采纳了该辩护意见，黄某立案前被拘留后所作的供述被当做非法证据依法排除。

[争议焦点]

初查中获取的材料能否用于指控犯罪?

1. 肯定说。从法律依据上看，初查是《刑事诉讼法》中“审查”的手段之一，是《人民检察院刑事诉讼规则》对审查手段的合理具体化，初查的开展具备充分的法律依据。从初查在刑事诉讼程序中的地位来看，初查是立案的基础，而立案是整个诉讼程序的开始。如果诉讼程序是正当的，它立案时依据的初查证据当然也是正当的。因此，只要初查中获取的材料符合客观性、关联性、合法性，那么它当然可以用于犯罪指控。

2. 否定说。从法律依据上看，《刑事诉讼法》没有明确规定立案前的初查制度，故初查缺失法律依据。从诉讼原理上看，立案是刑事诉讼开始的标志，而在初查时尚未立案，自然谈不上刑事诉讼的开始。因此初查中获取的材料并非刑事诉讼中的证据，而是非法证据应当排除，并不能直接用于犯罪指控。若要使用，必须在侦查程序中进行转化，使其具有刑事诉讼证据的性质。

3. 区分说。初查获取的材料中，对物证、书证，可以赋予证据能力，因为它们稳定性强，不管在在哪个阶段收集，其真实性一般不受影响。而证人证言等言词证据不定易变，需在侦查阶段予以转化，并同转化后内容不变的证据一起使用才具有证据能力。

[关联法规]

《中华人民共和国刑事诉讼法》第 86 条；《人民检察院刑事诉讼规则》第 127 条、第 128 条。

[专家指导]

证据是整个诉讼活动的基础和核心，也是实务中最实际的问题，因为证据同诉讼任务的落实紧密地联系在一起，一切诉讼上的主张都必须有合法证据的支撑。我们认为，初查证中获得的材料能否用于犯罪指控取决于它是否具有证据能力，亦即初查中获得的材料在法律上是否具备作为定案依据的资格和条件；如果在初查中获得的一项材料具有证据能力，那么它就可以用于犯罪指控。

一、对否定说的评价

否定说和肯定说争议的焦点之一是我国初查行为是否有法律依据。它们将评判证据能力的标准集中在初查行为的合法依据上。否定说将法律依据仅仅理解为法律，而肯定说则承认作为司法解释的《人民检察院刑事诉讼规则》也是法律依据。

我们认为，法律依据应当包括《人民检察院刑事诉讼规则》。原因有二：一方面，全国人民代表大会常务委员会《关于加强法律解释工作的决议》第2条规定："凡属于检察院检察工作中具体应用法律、法令的问题，由最高人民检察院进行解释。"这一规定赋予了最高人民检察院法律解释权。《最高人民检察院司法解释工作暂行规定》中根据《关于加强法律解释工作的决议》的精神规定："对检察工作中具体应用法律的问题，由最高人民检察院解释，具有法律效力。"从这些规定来看，最高检察院制定《人民检察院刑事诉讼规则》是合法的。另一方面，最高人民检察院关于初查的规定也具有合理性。我国《刑事诉讼法》第86条规定："人民法院、人民检察院或者公安机关对于报案、控告、举报和自首的材料，应当按照管辖范围，迅速进行审查。"这里只是原则性地规定了审查，但是关于它的方式、程序、时限等具体内容并未明确。第86条同时规定："认为有犯罪事实需要追究刑事责任的时候；应当立案；认为没有犯罪事实，或者犯罪事实显著轻微，不需要追究刑事责任的时候，不予立案。"这是关于立案标准的规定。可以看出，立案需要"有犯罪事实需要追究刑事责任"，对这个标准的判定既不能听信案件材料，也不依赖立案机关臆断，而是一个取决于证据证明的任务。其中不仅要查明案件材料本身的真实性，还要查明案件材料反映情况的真实性，所以这也要求审查不仅需要书面审查，也需要案件材料以外的调查，如询问相关证人、勘查案件现场、鉴定专业问题、固定和收集案件证据等。这种案件材料以外的调查就是初查。可以说，审查不可能仅仅依靠书面审查完成，因为报案、检举、控告材料的虚假倾向同刑事诉讼活动的严肃性是激烈冲突的。所以，最高人民检察院规定的初查是审查的天然内容，具有合理性。

否定说的另一个理由是"立案是刑事诉讼开始的标志"，"初查证据并非刑事诉讼中的证据”。其实该观点对这个命题的理解有错误，这里的立案只能理解为立案程序而非立案决定。① 专门机关接到案件材料和案件线索、开始初查的那一刻起，刑事诉讼活动在本质上已经启动，追求案件事实的活动在刑事诉讼程序中绵延展开。初查是立案程序的核心，自然具有刑事诉讼活动的性质，初查阶段的证据当然是刑事诉讼中的证据。

因此，我们认为否定说的理由是不成立的，观点错误。

二、对区分说的评析

这种观点在对待初查中获取的材料的态度上采取了区分的态度，这在一定程度上符合刑事诉讼案件复杂性的特性，具有一定的合理性。但是区分说选择的角度不尽科学。

区分说将证据能力的评判标准寓于材料本身的稳定程度上，这是不科学的。可以说，材料本身的稳定性和法律没有关系，只是材料作为事物的物理属性。例如，言词证据具有难以记录、可变性大、主观性强的特点，这是言词本身具有的特性；不管能否被认定为合法证据，言词的这些性质是不变的。初查中的言词具有这些特点，侦查中的言词也具备这些特点，为了克服初查中言词的不稳定性而要求转化，那么如何保证转化后的言词就能克服这些缺点呢？其实，证据能力的判断是一个法律上的问题，实质是法律对一个事物或现象是否具备成为证据的资格作出的评判。因此，忽视法律要求的证据能力评判标准是不对的。

证据能力以客观性、关联性、可采性为评判标准。从上面的分析来看，否定说和区分说都没有找到正确评判证据能力的标准，因此它们的结论也不可能正确。我们认为，评价证据能力的正确标准应当包括客观性、关联性和可采性三个方面，这是一个有机的整体，只有同时满足这三项要求才能具有诉讼证据的资格。

---

① 原因如下：首先，刑事诉讼包括五个阶段：立案程序、侦查程序、审查起诉程序、审判程序和执行程序。在这五个程序前后衔接，刑事诉讼逐步深入。因为立案程序是最前端的程序，它的前面再没有其他程序，所以称之为刑事诉讼开始的标志。其次，如果以立案决定为刑事诉讼程序开始的标志存在问题。立案决定作为立案程序的最终结论，它之前还有一系列的活动，如对案件材料的受理，对案件材料的审查等，立案决定并非刑事案件的最初行为。最后，有些案件经过初查后不符合刑事案件立案标准，最终不予立案。如果以立案决定作为刑事诉讼程序开始的标志，那么由于这些案中没有立案决定，所以之前的一系列活动都不属于刑事诉讼活动，这种判断显然不恰当。因此，准确的表述应当是“立案程序是刑事诉讼开始的标志”。

（一）客观性

所谓证据的客观性，即是指证据是不以人的意志为转移的客观存在，是已发生的案件事实在人脑中的客观反映。诉讼证据的客观性体现在两个方面：其一，诉讼上的证据反映的内容是客观的，是不以一切诉讼参与人的意志为转移的。一切主观想象、臆断或推测只能是当事人或司法人员分析案件、解决案件的思维形式，其结论并不能作为证据。其二，诉讼上的证据都具有自己的客观形式。如诉讼理论上及实践中将证据的形式分为：物证、书证、证人证言、鉴定结论、视听资料等。这些客观形式是司法人员运用证据分析案件的前提与基础。①

初查是对报案、控告、举报和自首材料进行书面审查后，由于仍旧不能确定是否符合立案条件而采取的调查。初查中获取的材料肯定是侦查机关或侦查部门对有关人员询问、对场所进行访查、了解后收集有关的证据，这些证据材料的客观性是明显的，伪造证据或者臆造证据的问题不是这里关注的焦点。本案中黄某被抓捕后所作的供述，以及依据该供述搜集到的其他证据在客观性上不存在问题。

（二）关联性

关联性也叫相关性，一般包括下面几个方面的内容：其一，证据与待证事实、案件争点间的联系必须是一种自然的、客观的联系。这种联系的判断依据是自然科学的因果关系和社会科学的逻辑关系，而不是个人的主观臆断和猜想。其二，这种关联性强调的是证据与争点之间的实质性、根本性联系，而不是细枝末节的联系。其三，关联性的标志就是证明作用，正如美国证据专家乔恩·R. 华尔兹所言："如果所提出的证据对案件中的某个实质性争议问题有证明性，那它就具有了相关性。"②

初查是为立案服务的，其围绕案件的犯罪事实展开调查，所收集的材料也都用来证明是否有犯罪事实发生、是否为犯罪嫌疑人所为、犯罪行为与犯罪后果是否具有刑法上的因果关系、是否需要追究刑事责任等；另外，既然初查中获取的材料要被用来指控犯罪，一般是对案件具有证明作用的。因此，初查中获取的材料的关联性也是明显的。

（三）可采性

证据的可采性更多地强调证据的诉讼意义与诉讼效果，是在客观性、关联

① 谢佑平：《刑事司法程序的一般理论》，复旦大学出版社 2003 年版，第 276 页。
② 谢佑平：《刑事司法程序的一般理论》，复旦大学出版社 2003 年版，第 278 页。

性基础上的进一步要求。一般要求在以下四个方面符合法律的要求：第一，提供、收集证据的主体资格；第二，提供、收集证据的法定程序；第三，证据的法定形式；第四，没有被证据规则排除。初查中获取的材料在可采性方面最大的问题在法定程序和证据规则两方面。

1. 法定程序

反对者认为，公安系统最具权威的《公安机关办理刑事案件程序规定》中没有关于初查的任何内容，只是在《关于公安派出所受理刑事案件有关问题的通知》和各省公安厅制定的《全省公安机关办理经济犯罪案件暂行规定》中笼统地提到初查，明显具有借用《人民检察院刑事诉讼规则》相关规定之嫌。即使公安机关严格按照初查的规定，没有采取任何强制措施，那么这种行为也不具刑事诉讼法上的意义。因此，在提供、收集证据程序上是违法的。这种看似严守法律条文的观点其实难以掩盖其中的机械性。第一，从根本上说，初查作为立案前审查的手段之一，具有合法性和合理性；如果连初查权都不赋予公安机关，却盼望着公安机关承担打击犯罪、保障人权的功能，这只能是白日做梦。第二，在《关于公安派出所受理案件有关问题的通知》和许多省级公安机关办理经济犯罪案件暂行规定中提到初查，而初查在《人民检察院刑事诉讼规则》中已有具体规定时，我们可以认为这是公安机关对检察机关规定的初查的默认。在一个统一的法律体系中，相同的专业指称难道能指不同的内涵，公安机关的初查还得区别于检察院的初查？所以，无论公安机关抑或检察机关，只要严格遵守《人民检察院刑事诉讼规则》第127条、第128条的规定，那么在法定程序上就是合法的。

现实中的难题也许还不仅于此，还有以下两种情况：

（1）出于搜集证据的必要性和可能性，初查机关对立案标准要求以外的案件事实进行了收集。反对者认为，立案是刑事诉讼开始的标志，立案之前不是刑事诉讼阶段，那么其中的证据自然也就不是刑事诉讼证据。这是极其荒谬的：第一，立案程序作为一个整体构成了刑事诉讼的开始，初查过程当然属于刑事诉讼；第二，初查阶段最主要的任务是查清立案标准事实，但是这不意味着该任务之外的诉讼任务就应当不闻不问。刑事案件是千差万别的，有的案件从接到案件线索和案件材料开始，便以现行、迅速、公开的状态进行。在这些案件中立案强调的保障无辜者的价值大大减损，因为一切都是如此明显，是非黑白分秒可见，立案程序在本质上被跨越。这种情况下，立案程序在理论上应当快速办完，甚至可以事后补全，以抓住最佳时机收集、固定案件证据；如果仍然固守立案的严格程序，那只能被认为是对程序设计的误解。

（2）面对现行犯或重大嫌疑分子，初查机关突破《人民检察院刑事诉讼规则》第127条、第128条的规定，采取了侦查手段进行初查。这些情况下收集到的材料是否符合法定程序？对这个问题的正确理解还得基于刑事案件的差异性，有的案件从一接到案件线索和案件材料开始，便以现行、迅速、公开的状态进行，立案强调的保障无辜者的价值大大减损，立案程序在本质上被跨越。相反，侦查措施的强制功能显得如此必要。其实我国《刑事诉讼法》并非没有考虑到这种情况。《刑事诉讼法》第84条规定："公安机关、人民检察院或者人民法院对于报案、控告、举报，都应当接受。对于不属于自己管辖的，应当移送主管机关处理，并且通知报案人、控告人、举报人；对于不属于自己管辖而又必须采取紧急措施的，应当先采取紧急措施，然后移送主管机关。"既然对于不属于自己管辖而又必须采取紧急措施的应当先采取紧急措施，那么对自己管辖的而又必须采取紧急措施的，更应当先采取紧急措施了。当然，这里的紧急措施怎样理解，是否包含侦查措施，可能还有争论，但是对立案阶段特殊情况的处理，在法律上是有依据的。

我国的立案理论通说一直坚持立案程序独立的权利保障功能，认为侦查措施这种洪水猛兽在初查中绝对不能放开，即使它终究要肆虐，那么也让它到侦查程序中去，因为那里有侦查监督和审查批捕。[①] 受通说的影响，《人民检察院刑事诉讼规则》将强制性措施排除在外。这种情况立法状况下，虽然上位的《刑事诉讼法》中并没有明确禁止初查阶段使用侦查措施，但是《人民检察院刑事诉讼规则》对此作了明确的限制性规定，这是必须遵守的。所以，在目前的法制语境下，初查中的强制措施应当被认为违反了法定程序。

2. 非法证据排除规则

诉讼活动的中心是证明，因此，各国法律均从制度上来保证法官查明、分析、确认案件争议、真相的过程是合法的、有序的，证明活动更应该秉承一定的规则进行。这就要求证明必须拥有一定的规则，即证据规则。我国现在的诉讼构造形式兼具辩论主义和职权主义的特征，这在一定程度上决定了我们不可能像英美法系国家那样制定健全、明晰的证据规则；也不会像传统大陆法系国家那样高度依赖自由心证，而是在现行立法中确立了非完全意义上的证据排除规则。

《刑事诉讼法》第43条规定："审判人员、检察人员、侦查人员必须依照

---

① 其实，在分权制衡匮乏、公检法制约机制不力的前提下，这种设想注定是一种空想，权利受虐情况屡见不鲜；如果控权机制健全，侦查措施的适用本质地取决于它与查明案件的内在需求——而不必顾虑在什么阶段，这种动态的、随时的、全面的权利保护才是理想的状态。

法定程序，收集能够证实犯罪嫌疑人、被告人有罪或者无罪、犯罪情节轻重的各种证据。严禁刑讯逼供和以威胁、引诱、欺骗以及其他非法的方法收集证据。”《关于执行〈中华人民共和国刑事诉讼法〉若干问题的解释》第61条规定：“严禁以非法的方法收集证据。凡经查证确实属于采用刑讯逼供或者威胁、引诱、欺骗等非法的方法取得的证人证言、被害人陈述、被告人供述，不能作为定案的根据。”《人民检察院刑事诉讼规则》第265条也规定：“严禁以非法的方法收集证据。以刑讯逼供或者威胁、引诱、欺骗等非法的方法收集的犯罪嫌疑人供述、被害人陈述、证人证言，不能作为指控犯罪的根据。”从这些规定可以看出，我国现行法中的非法证据排除制度体现出不彻底性：一是，在证据种类上，仅明确禁止非法获取的言词证据，而不包括实物证据；二是，只排除非法言词证据本身，并不排除依言词取得的其他派生证据；三是，在取证手段上，着重禁止刑讯逼供或者威胁、引诱、欺骗等非法手段；四是，缺乏像美国的米兰达警告那样严格的程序步骤，没有明确规定非法取证后的程序制裁措施。

初查中获取的材料是否必然违反我国的非法证据排除制度？显然不是。非法证据排除制度的本质意图在于：以公民的宪法权利为根基，通过程序上的不利后果，实现打击犯罪和保护权利的平衡、维护宪法和法律的尊严。非法证据排除制度虽然成为现代国家最为重要的诉讼制度之一，但由于各国法律文化、诉讼模式、刑事政策的差异，该制度在各国呈现出巨大不同。我国目前的非法证据排除制度在排除范围上采取了相对狭小的选择，重在禁止刑讯逼供、威胁、引诱、欺骗等非法方法的使用。从这一点出发，只要初查措施中不存在这些手段，初查获取的材料就不被该证据规则排除。以此来具体分析前述的两个疑难问题：

（1）出于搜集证据的必要性和可能性，初查机关在初查中对立案标准要求以外的案件事实进行了收集，这些材料是否一定属于非法证据排除的情形？反对者认为，立案是刑事诉讼开始的标志，立案之前不是刑事诉讼阶段，那么其中的证据就是非法证据，应当依法排除。我们认为这是对非法证据排除规则的误解，没有准确掌握非法证据排除规则的本质意图。非法证据排除重在禁止刑讯逼供、威胁、引诱、欺骗等非法方法的使用，因此，不管初查的对象是立案标准事实，还是立案标准事实以外的犯罪事实，只要证据收集中没有使用“刑讯逼供、威胁、引诱、欺骗等”非法方法，那么就不属于非法证据排除的情况。

（2）面对现行犯或重大嫌疑分子，初查机关突破《人民检察院刑事诉讼规则》第127条、第128条的规定，采取了侦查手段进行初查。这些情况下收集到的材料是否一定属于非法证据排除的情形？我们认为，在现行法律体系下，这种情形应该属于非法证据排除的情形。因为《人民检察院刑事诉讼规则》明确禁止强制性措施在初查中的使用，因此这些强制性侦查措施明显具有非法性，在本质上也属于公权力对公民权利的侵犯，所以应当适用非法证据排除规则。但是，根据我国非法证据排除效力的规定，排除效力只限于该非法证据本身，而不及于依据该证据获取的其他证据。

通过对客观性、关联性、可采性三项具体标准的考察，我们认为，抽象地讲，初查中获取的材料具有获得证据能力的可能；具体地讲，一项初查中获取的材料只要满足客观性、关联性和可采性，那么它就具备了刑事诉讼证据的证据力，就可以用来证明刑事诉讼中它所能证明的一切争点。而这一切，都与这些材料是否处在初查阶段无关。

最后，让我们来分一下案例中的具体问题。本案中检察院侦查部门采取了典型的先破后立的做法，在初查过程中对犯罪嫌疑人黄某进行了拘留。从法规规定上看，这明显违反《人民检察院刑事诉讼规则》的禁止性要求；从法理上看，这种做法违反了证据可采性中的程序法定和非法证据排除规则。因此，黄某的证言不具有证据能力，不能用于对梁某的指控；至于依据黄某口供调取的其他证据，则不受非法证据排除规则的影响，符合客观性、关联性、可采性时，仍然可以被用来支持对梁某的指控。

[辅助案例] 王某爆炸案

王某和刘某相恋多年，但刘某后来拒绝王某的追求，并与他人相好。为了报复，王某自制硫磺、银粉、氯酸钾 13 斤，炸毁刘某家房屋屋顶，刘某邻居的住房墙体也被震出裂纹，门窗玻璃被震碎。接到报案后 110 迅速出警，在目击证人的指引下将王某拘留。经过讯问，王某交代了作案经过。随后，公安机关补办了刑事立案手续。由于本案嫌疑人人身危险性大，案件情节恶劣、情势紧急，公安机关在没有立案的情况下，对嫌疑人采取了拘留措施，后来及时补办了立案手续，是符合法律规定的。讯问获得的证据得到了法庭的核实。

专家点评：

主管机关在初查阶段对案件信息掌握较少，如果轻易采取强制性侦查措施会对嫌疑人合法权利造成过度威胁。所以，《人民检察院刑事诉讼规则》第 128 条对初查措施的限制是科学的。然而，对于像本案这种恶性现行犯或者犯罪后即被指认的犯罪，若履行严格的立案程序反而成了打击犯罪、保障人权的障碍。可以说，这条规定忽视了特殊情形，是立法技术上的欠缺。所以，本案法院结合案件具体情况，作出适当裁量是合理的；同时，也可以从《刑事诉讼法》第 84 条中，得到合法性支持。

（燕星宇）

16. 立案条件应当如何把握

［案情简介］李某交通肇事案

某市甲区发生一起严重交通事故，一部出租车与一辆自行车强烈碰撞。骑自行车的黄某被撞出数米远，经抢救后被确诊为挫伤、左锁骨骨折，致创伤失血性休克；后经法医鉴定为重伤七级伤残。同时，该事故造成出租车乘客王某轻伤，出租车车辆受损1100元。

交警赶到事故现场时，张某自称是肇事司机。据张某的解释，该出租车由他和陈某共同承租，每人轮流驾驶一天。但在随后的详细调查中，交警发现张某的回答自相矛盾，并进一步追问出了实情。原来，案发当日本来轮到陈某出车，但陈某因身体不适便让其表弟李某代为营运，李某才是肇事者。李某只开过农用车而未开过轿车，属于无证驾驶，因害怕被重罚在事发后弃车而逃。为了掩盖事情真相，陈某指使张某冒名顶替。张某因为冒名顶替，被处以治安拘留15天。

警方随后立即传讯陈某。陈某交代了真实情况，同张某的说法完全一致。警方随后查找李某的身份材料未果，又两次传唤陈某失败，遂推定陈某为肇事者，认定陈某对该起交通事故负主要责任。后经交警部门调解，由车主一次性赔偿被撞人黄某8.6万元，赔偿乘客王某2000元，此案至此终结。

半年后，某市甲区人大常委会对公安机关执法活动进行检查监督；审查该案时认为，应追究李某刑事责任，要求检察机关对此案进行立案监督。甲区检察院认为，李某交通肇事致人重伤后逃逸已构成交通肇事罪，应追究其刑事责任。

于是甲区检察院就此案向交警部门发出《说明不立案理由通知书》。交警部门在回复中认为：本案中李某下落不明，事实不清，根本达不到“有犯罪事实发生需要追究刑事责任”的刑事案件立案标准；所以应当作为行政案件而非刑事案件立案。

甲区检察院再次仔细核查材料后，确定犯罪嫌疑人李某的行为已触犯刑法和最高人民法院《关于审理交通肇事刑事案件具体应用法律若干问题的解释》的规定，依法应受刑事处罚。于是向公安机关发出《立案通知书》，并敦促警方抓捕犯罪嫌疑人李某。经法庭审判，李某因交通肇事罪被判处有期徒刑4年。

在被责问为何不及时立案、追究李某刑事责任时，本案公安机关负责人说：“刑事诉讼是国家追究犯罪的严肃活动，没有掌握充分准确的犯罪证据，我们不敢轻易立案，这是对嫌疑人人权的尊重。当然，我们系统内部也有对这种诉讼价值的保障机制。轻易立案后如果因错误而撤案，会影响我们的立案数和破案率，这对于业绩考核十分不利。这就要求我们必须在做好充分的调查取证后才能立案。”

[争议焦点]

1. 如何理解立案条件。

2. 立案条件与起诉、审判标准的区别。

[关联法规]

《中华人民共和国刑事诉讼法》第60条、第86条、第129条、第141条、第162条。

[专家指导]

对立案标准的理解从根本上取决于立案程序在刑事诉讼中的地位。在随机性侦查启动模式的国家，立案程序并不独立，它只是包含在侦查程序中的一个简单的登记手续，也没有被赋予过多的权利保障诉求。因此，关于立案标准的讨论不足以引起理论的关注。我国将立案程序独立后，立案被当做诉讼程序开始的标志，立案程序的合法开展成为后续诉讼程序的基石，决定立案成了刑事诉讼开展的前提，因此，立案标准的问题也随之强烈凸显。

一、传统法理对立案程序的定位

根据各国刑事诉讼法对侦查程序的不同规定，侦查发动可分为随机性侦查发动和程序性侦查发动。随机性侦查发动是指开始侦查工作并无专门的程序，当专门机关接到犯罪线索以后可以根据实际情况随时开始侦查。程序性侦查发动是指在开始侦查活动之前还有一个专门的决定刑事案件成立的立案程序，如果没有立案，则不能进行其后的侦查、起诉、审判等活动。因为人身自由和财产安全的宪法保护原则，在立案前的调查活动当然不得使用强制措施。两种模式各有特点，前者有利于追究犯罪的及时迅速，但是控权机制设计不当使得嫌疑人的基本权利面临着侵害威胁；后者虽然及时迅速性稍逊，但借助立案程序可以实现更好的控权功能。

在程序性侦查启动模式当中，立案程序处在刑事诉讼的最前端，发挥着初步排查的功能。它的这种功能体现在两个方面：一是录入功能，即通过立案程序将有犯罪事实发生、需要追究刑事责任的案件纳入刑事追诉的轨道，实现打击犯罪的国家目标。二是排除功能，即将案件线索中的虚假情形以及不需国家追诉的情形排除在外。这既是国家刑事诉讼资源有限的必然要求，也是保障无辜者不受刑事追诉的人权保障要求。

我国的立法采取了程序性侦查启动模式。至于其中的原因，一方面是受到了前苏联立法模式的影响，另一方面是符合了我国文化当中追求结构完整的追求。最为重要的是，它符合了我国法律体系中权力限制和权利保障的需要，满足了我国刑事诉讼通过程序保障人权的诉求。这种诉讼法理上的理由可以具体展开为以下几个方面：

1. 我国侦查权的扩张倾向明显。从权力的宪法地位看，根据公、检、法三机关“分工负责，互相配合，互相制约”的原则，我国侦查机关和侦查权具有很大的独立性，公安机关与检察机关地位平等、互相制约。从权力运行的方式看，我国侦查权的行使模式更具侵略性。例如，大部分侦查秘密进行，多强制措施由侦查机关自行决定适用，逮捕虽然要经检察机关的审查，但仍是控方内部制约，控诉方在收集证据、查明案情方面具有极大优势等。

2. 我国侦查权的扩张空间大。西方国家主要采取司法审查制度限制侦查权。中立的法院有权对强制措施的合法性和合理性进行审查，侦查机关只能依据司法机关颁发的令状才能实施强制措施。我国并没有采取司法审查而是采用了法律监督模式，由作为国家法律监督机关的检察院对侦查行为进行一定的控制。如果说我国的检察机关也是司法机关，那么法律监督模式应当和西方的司法审查模式具有异曲同工之妙；但在实然的权力运行中，由于权力分置传统的缺失和法律机制设计的不足，检察院也承担着提起公诉的职能，与公安机关存在着配合追诉的关系，使得检察机关对公安机关的法律监督效果有所欠缺。

3. 权利对权力的对抗不力。法律赋予犯罪嫌疑人和被告人的防护手段有限，绝大多数犯罪嫌疑人在侦查阶段都被适用了强制措施，人身受到限制，法律援助范围较小，许多犯罪嫌疑人得不到律师帮助，即使有律师帮助也面临着介入迟、会见难、调查阅卷难的重重限制。这些因素使得原本强大的国家追诉机关更显强大，平等武装、平等保护的诉讼构造原理被破坏。

因此，依靠立案程序的分流功能实现打击犯罪和人权保障的价值平衡，成为立案程序独立的法理支点。也就是要通过立案程序，一方面将刑事案件纳入刑事诉讼程序，实现对犯罪分子的严厉打击；另一方面将非刑事案件排除在刑事诉讼之外，保障无辜公民免受其害。这样的话，通过独立的立案程序的设计，既保障了国家揭露、查明、打击犯罪的权力，又有效地防止了在初始阶段对公民进行刑事追究的冒失，可以有效地避免错案发生，能够切实保障公民的合法权益。

二、立案程序独立对立案标准的影响

上述的立法理念不仅要求立案程序独立，同时也要求立案标准的从严规定。

如果立案标准偏低，案件经过简单的审查就能达到立案标准从而立案，随后刑事诉讼正式开始。这种情况下，立案程序独立的价值减损，立案的地位趋同于立案登记。同时，案件可以轻易地进入到诉讼程序当中，立案程序的过滤功能被虚化，寄托在立案程序之上的人权保障诉求落空。显然，这与我国立案程序设计的理念冲突。

偏高的立案标准可以很好地吻合上述的人权保障理念。因为偏高的立案标准有利于强化立案决定的独立性，独立的立案决定又将立案程序和后续程序严格分开。较高的立案标准还决定了案件材料接受、立案前审查的重要性，因为要满足苛刻的立案标准，管辖机关必然重视案件材料的接受、案件初查。可见，偏高的立案标准有利于凸显整个立案程序的独特价值。同时，较高的立案标准使得刑事诉讼不会轻易启动，嫌疑人不会动辄面临侦查措施的威胁，立案程序的过滤功能得到了正常发挥。

这个推论可以在我国《刑事诉讼法》规定的立案标准中得到印证。《刑事诉讼法》第86条规定："人民法院、人民检察院或者公安机关对于报案、控告、举报和自首的材料，应当按照管辖范围，迅速进行审查，认为有犯罪事实需要追究刑事责任的时候，应当立案；认为没有犯罪事实，或者犯罪事实显著轻微，不需要追究刑事责任的时候，不予立案，并且将不立案的原因通知控告人。"以此规定为依据，传统观点一致认为我国刑事立案标准为：其一，事实上要求有犯罪事实；其二，法律上要求需要追究刑事责任；其三，属于专门机关自己的管辖范围。在刑事立案前阶段，立案机关就得查清犯罪事实、查清是否需要追究刑事责任，这不得不说是一件困难的事。

三、立案标准偏高的后果

（一）理论上的影响

第一，对立案前初查行为的争议。为了查明案件是否达到立案标准，立案管辖机关必须采取必要的审查措施。为了限制国家强制力对公民权利的侵犯，我国的法律严格限制强制性措施在这一节段使用。但是，立案标准偏高以后，为了查明“有犯罪事实需要追究刑事责任”，非强制性措施捉襟见肘，侦查措施也在初查的名义下被广泛应用。侦查机关面对这样的两难选择无所适从，这正是立案程序独立、立案标准苛刻带来的后果。

第二，立案标准与侦查标准的趋同。如果以“有犯罪事实需要追究刑事责任”为立案标准，即使“有犯罪事实”理解为只要有犯罪的客观方面和客体即可，但是对“需要追究刑事责任”的判断则离不开对犯罪主体和主观方面的掌握。可见，这样的立案标准要求将犯罪构成要件的事实全面掌握，才能准确作出是否立案的判断。显然，这个标准已经与破案标准毫无两样！如果能达到这样的标准才立案，那么立案几乎意味着破案。这样的话，立案程序和侦查程序还有什么差别？立案程序与侦查程序合二为一，这从根本上同《刑事诉讼法》规定的区分模式冲突。

第三，违反“无罪推定”原则。立案程序只是刑事诉讼程序的开始，但却要求立案管辖机关认定案件“有犯罪事实发生”，这明显违反“不经过法庭审判任何人不得被认为有罪”的原则。

（二）实践中的结果

第一，苛刻的立案条件并未起到保障人权的作用。对于一般的刑事诉讼案件，由于立案与否的决定权在于侦查机关，使得通过立案标准限制侦查权扩张适用这一立法理想受到来自人性弱点的最严厉挑战。

第二，苛刻的立案标准影响了对立案、撤案的定性。因为立案必须满足“有犯罪事实需要追究刑事责任”，那么立案之后的案件应当能够提起公诉、审判量刑。相反，如果立案之后又撤案或者被不起诉，那么说明立案标准把握不准，是立案工作的失职。立案当然地被看做对犯罪案件“定性”，撤案则被轻易地等同于错案。

第三，诱发了不破不立、先破后立等违法行为。与前面的认识相对应，立案数量被当成了当地治安状况的显示仪：立案数量高就相当于刑事案件发案数高、意味着治安状况不好。因此，发案控制指标被纳入公安机关的考核内容。面对这样的考核方式，公安机关最理性的做法只能是轻易不立案，或者采取先破后立、不破不立、该立不立、降格处理等变通做法。这种做法既在表面上符合人权保障的立法理念，也符合刑事诉讼法严格的立案标准，同时也有利于立案指标的考核。实际上，《刑事诉讼法》设想当中的人权保障机制在这种运行中失效了。为了追求立案的准确性，侦查手段或者其他的变通强制手段在立案前的使用成了必然，而这一切都在法定程序之外，这使得嫌疑人的权利面临着更加巨大的风险。

四、正确定位立案程序，准确把握立案标准

从上面的分析来看，传统诉讼法理将立案程序独立的权利保障目的并未实现，反而由此造成了理论和实践中的一系列问题。我们不得不反思这种将立案程序独立、制定苛刻立案条件的模式。

（一）权利保障应当诉诸动态的控权模式

试图通过立案程序的过滤来实现权利保障的理念是不合理的。权利保障的需求不取决于处在诉讼的哪个阶段，而取决于权利是否面临权力的侵犯；权利保障不是某个诉讼阶段的任务，而是整个诉讼程序的追求。因此，权利保障的实质在于建立一种动态的权力控制机制，无论在立案程序中还是侦查程序中，无论初查权还是侦查权都要受到司法的严格控制，确保即使无辜者被强行纳入了刑事追诉，中立的司法权仍然能够给予其救济，并使其免受不当对待。“从逻辑上讲，某一特定公民成为专门机关的侦查、调查对象，并不必然导致其合法权益受到不正当侵犯。要保护公民合法权益，并不是说一定要避免其介入司法程序，而在于一旦公民介入了司法程序，他也应当得到一种动态的、全程的正当程序保障。”①

我们不能否认程序性侦查启动模式的权利保障功能，但这只是一种静态的保障。这种模式只是构筑了一道法律的壁垒，将案件挡在刑事诉讼程序之外，从而限制刑事侦查措施的使用。这的确可以发挥权力控制的作用，但它一方面使侦查措施在立案前消极无为，导致对犯罪的追诉不力；另一方面对刑事诉讼立案后的权力控制关注不够，然而侦查阶段才是权力控制的关键。如果在中国要强调权利保护，那么最关键的应当是强调将权力置于司法控制之下，同时赋予公民充分的对抗权，以权力、权利、程序以及程序性制裁实现权力的良性运行，而不是孤立地在诉讼的某个阶段对权利表现出难得的重视。

---

① 邢志人：《我国刑事立案程序的反思与重构》，载《辽宁大学学报》（哲学社会科学版）2005年第3期。

（二）认知规律决定了立案标准不能偏高

刑侦人员对案件的认识和对案件性质的判断是一个逐渐深入的过程，是利用自身掌握的专业知识对案情不断进行分析判断的过程。虽然我们用“案件”指称那个实际发生、具有潜在刑事法律意义的特定犯罪事件，但自从受案之后，我们对这个“案件”的认识却始终处于动态。它牵涉的对象和内容并非一开始便十分明确，也不可能彻底表述犯罪事件的全部要素和完备内容，只是在随后的程序中展开，我们对它的认知程度不断地深化、逐渐、明晰。立案程序处在刑事诉讼的最初阶段，这决定了对案件的认识也只是刚刚开始，我们不可能对案件事实有一个全然、清晰的认识。

因此，从认知规律上来讲，苛刻的立案标准并不科学，立案决定并不是对案件事实作出的准确判定。“在案件发现和程序启动的最初阶段，具体措施的采取其实是一种直觉行动，它不是纯粹理性辩论的场合，行动实施者依凭一种实践理性的禀赋，以相应措施对已经发生的事件作出回应，但是他却不能对自己行动的法律性质作出判断，也不能确定案件就是犯罪性质。”① 立案程序只是刑事诉讼的开始，它的主要功能是启动追诉程序。立案的开始不是犯罪成立的确证，立案本身并不具有证明犯罪、确认犯罪的实质功能。因此，仅仅作为刑事诉讼的初始程序，立案不需要以确实充分的犯罪事实为基础，立案的事实也不一定就是犯罪事实。

（三）诉讼程序的层级设计反对偏高的立案标准

正是基于上述的认知规律，刑事诉讼程序采取了层级式推进的模式。刑事诉讼各个程序的定位取决于两个相互决定的因素：一是该程序的任务，二是该程序在认知过程中的前后位置。从程序的任务上讲，刑事诉讼程序可以分为查明事实、进行审判和执行判决三个阶段，这三个阶段的顺序也体现着对案件认识的深入规律。

立案程序、侦查程序和提起公诉程序都承担了查明案件事实的任务，但三者在认识深度上的不同又决定了查明事实的程度不同。立案程序处在认知的最前端，它只能承担发现犯罪的功能。侦查则要更进一步，是对立案中确定的、有犯罪潜在可能的案件的进一步调查，这与立案中对案件的认识深度明显不同，它承担着查明案件的职能。提起公诉更多的是一种法律专业的审查，它承担着以适合庭审的方式审查、加工案件材料的功能。可见，诉讼程序将立案和

① 韩德明：《刑事立案程序有关问题及其制度完善》，载《山东警官学院学报》2005年第5期。

侦查依次编排有着认知规律的支撑。如果违反认知规律，要求立案程序中使用侦查阶段的标准，只能使诉讼程序设计的结构受损，使刑事诉讼运行的规则虚置。

其实，我国《刑事诉讼法》的条文也可以用这种合理的立案理念来解读。《刑事诉讼法》第86条中的“认为有犯罪事实需要追究刑事责任”和“有犯罪事实需要追究刑事责任”有本质的区别。后者指一种确定性的判断，表达了一种客观上的存在；而前者则明显带有主观判断的色彩，只是判断主体认为的、可能的情况。这正是正确理解我国刑事立案标准的技术性关键。

刑事诉讼是一个由立案、侦查、起诉、审判组成的、依次渐进的过程，所以对不同阶段的证明标准应当有不同的要求。考察我国刑事诉讼法的用语，我们可以发现其中的确存在差别。具体为，立案是“认为有犯罪事实需要追究刑事责任”，逮捕是“有证据证明有犯罪事实”，起诉是“认为……证据确实、充分”，有罪判决是“证据确实、充分”。可以看出，立案标准和起诉标准都有“认为”二字，而逮捕标准和判决标准都无“认为”二字；逮捕标准与立案标准相呼应，起诉标准与有罪判决标准相呼应。立案时只要“认为有犯罪事实”即可，而逮捕则需要“有证据证明有犯罪事实”。前者明显只是一种判断层面的主观认知要求，而后者则是建立在证据基础上的客观条件。起诉和有罪判决的标准亦是如此。所以说，我国《刑事诉讼法》的规定是符合认知规律的，是有着严密的设计逻辑和原理的；只不过是在一些理论的不当解释下出现了些许偏差，造成了理论和实践中的困境。我们应当坚持刑事诉讼的科学规律，对法律条文作出合理、正确的理解。

最后，让我们分析一下本案中警方不立案的理由：

第一，“查找李某的身份材料未果，两次传唤陈某失败，遂推定陈某为肇事者”。这种推理既无法律上的依据，也违反正常的逻辑。

第二，“本案中李某下落不明，事实不清，根本达不到‘有犯罪事实发生需要追究刑事责任’的刑事案件立案标准”。这是对立案标准的误解。本案中，交通事故致人重伤、司机逃逸事实确定，明显有构成交通肇事罪的极大可能，因此可以“认为有犯罪事实需要追究刑事责任”，当然符合立案标准。

第三，“刑事诉讼是国家追究犯罪的严肃活动，没有掌握充分准确的犯罪证据，我们不敢轻易立案，这是对嫌疑人人权的尊重”。以冠冕堂皇的理由掩盖对立案标准的错误理解，本质上反映的是对立案程序设计理念的不当理解。

第四，“轻易立案后如果因错误而撤案，会影响我们的立案数和破案率，这对于业绩考核十分不利”。对立案程序设计理念的误解在一定意义上引发了不合理的考核标准，而且两者相互强化，形成了恶性循环。从理念上厘清立案程序的定位，是正确认识立案标准、理顺立案工作的根本和关键。

[辅助案例] 张某故意伤害案

赵某买葱时与摊主陆某发生争吵。在二人抢葱过程中，陆某不小心将葱里的黏液甩到了路过的张某脸上。张某和陆某发生争吵，并反手将陆某拽倒在地。这时，陆某的丈夫冲过来，打了张某几个耳光。陆某随后报警。经鉴定，陆某右膝内侧副韧带损伤，属于轻伤。

案发后，公安机关认为被害人存在过错，现场目击证人证言存在矛盾，无法证明受伤确系张某造成，也无法确认张某的行为是否存在过失，于是没有对该案立案侦查。为此，陆某不停上访，最后找到了当地检察院。

检察院侦查监督部门经过调查发现，张某作为成年人，主观上对于其拽倒他人可能造成伤害应当有所认知，客观上实施了拽倒陆某的行为，并造成了轻伤的后果。而证人证言中的矛盾之处都是出自和被害人吵架的赵某之口，证明力较弱。于是，该院依法进行立案监督，要求公安机关说明不立案理由，从而使该案经立案后进入正常的刑事诉讼程序。

此案移送审查起诉后，考虑到案件经历时间已经较长，为及时化解犯罪嫌疑人和被害人之间的矛盾冲突，检察官充分运用刑事和解方法，使双方很快达成了赔偿协议，张某认罪悔过，陆某也不再要求追究张某的刑事责任。这虽然是一起简单的轻伤害案件，但是前后历时三年才得以圆满解决。

专家点评：

本案中，如果陆某有证据证明是张某造成伤害，那么她可以向人民法院提起自诉；即使不能证明是张某所为，只要不是自伤自残，公安机关也应当立案受理。公安机关所谓的“现场目击证人证言存在矛盾，无法证明受伤确系张某造成”应当属于侦查阶段的待查任务，并不能以此为由拒绝立案。

（谢佑平　燕星宇）

17. 如何保证立案监督的效果

［案情简介］陈某故意伤害案

2000年10月9日，受害人钟某在甲市区遇到与自己有过节儿的陈某等人。钟某被对方挟持到郊区的木薯地里，遭到殴打后，被陈某用尖刀将其双脚足跟腱割断。2001年2月陈某被公安局当地派出所抓获。

出乎钟某意料的是，陈某被抓获3天后，警方以“案情复杂，涉案人多，不能随便立案”为由，对陈某取保候审时，其家属曾交纳4000元保证金和6000医药费赔偿金，但是这6000元赔偿金却一直没有交到被害人手里。此案被内部“冻结”：侦查人员没有按程序立案，没有对被害人作伤情鉴定，也没有勘查现场或者向知情人取证。

2003年8月，陈某因结伙抢劫再次被当地公安机关抓获，公安局以没有抓获同案犯罪嫌疑人为由，收取2000元保证金后再次对陈某“取保候审”。2004年3月，陈某与他人赌博时发生争执，结伙持枪将村民廖某打伤。

2004年4月，检察机关开展“取保候审专项监督”，钟某伤害案以及后续案件相继浮出水面。检察机关询问钟某为什么在公安机关不立案后不向检察机关控告，钟某解释说自己法律知识缺乏，也没得到公安机关的告知，所以根本不知道“检察院也管这事儿”。

因为案件过后时间较为久远，证据搜集困难，立案监督工作困难重重。考虑到钟某当时受伤治疗的凭证还在，检察机关依据《刑事诉讼法》第83条“发现犯罪事实或者犯罪嫌疑人，应当按照管辖范围，立案侦查”的规定，向公安机关发出了《要求说明不立案理由通知书》。但是，公安机关在回复中认为：本案证据不足，根本达不到“有犯罪事实发生需要追究刑事责任”的程度，因此不能随便立案。由于案发当时公安机关没有及时收集和固定相关证据，检察机关无法找到充分的立案监督依据，只能默认了公安机关的理由。钟某伤害案不了了之。最终，陈某只因为团伙抢劫和持枪伤人被立案逮捕并被判刑。

［争议焦点］

1. 立案监督中，检察机关对案件情况的知情权如何保障？

2. 如何增强检察机关立案监督意见的实际效力？

3. 如何避免检察机关和公安机关关于立案标准的认识差异？

［关联法规］

《中华人民共和国刑事诉讼法》第87条；《人民检察院刑事诉讼规则》第337条、第373条。

［专家指导］

我国《刑事诉讼法》第87条规定：“人民检察院认为公安机关对应当立案侦查的案件而不立案侦查的，或者被害人认为公安机关对应当立案侦查的案件而不立案侦查，向人民检察院提出的，人民检察院应当要求公安机关说明不立案的理由。人民检察院认为公安机关不立案理由不能成立的，应当通知公安机关立案，公安机关接到通知后应当立案。”这是检察机关开展刑事诉讼立案监督的法律依据。立案程序是我国刑事诉讼的开始，它的合法有序开展关系着整个刑事诉讼的命运。但是由于立法、观念等各方面的原因，我国的立案制度存在着较大的问题，法律制度上的缺陷使得公民权利在这一阶段面临公权力侵犯的较大风险，突出地表现为立案前初查行为中侦查措施前置、公安机关以行政职能中的强制性措施为初查服务，以及先破后立、不破不立等现象。一方面，立案监督不完善影响国家刑事追诉权的行使；另一方面，对公安机关的立案权监督不力致使权利保障存在风险。因此，作为国家法律监督机关的人民检察院很有必要进行并且加强立案监督，以保证法律的统一适用、保障公民的权益安宁。

我国的立案监督制度仍然存在严重的问题，在承担上述期望方面心有余而力不足。下面我们以案例为线索，考察我国立案监督中存在的问题，尝试着提出解决这些难题的合理方案。

一、检察院在立案监督中知情权无法保障的制度完善

法律监督权行使的前提是监督主体对监督事项的了解，否则根本无法进行监督判断、继而采取监督措施，因此也不会产生监督制度的理想功能。只有充

分保证知情权，立案监督才能更充分、更准确、更权威。

正如案例中所反映的情形，公安机关在立案受理、审查上与检察院是脱节的。公安机关接受或发现案件材料和案件线索后，自行采取审查和初查行为，如果最终决定不立案，那么检察机关很有可能根本不知案件的发生。当然，在一些所谓的专项检查中某些错误立案决定可能被发现，但这种专项活动并不足以承担法律监督和权利保障的功能，不是法律监督的常态。因此，为了构建立案监督的知情权根基，我们认为应当考虑以下几个方面：

（一）激活被害人提示功能

公安机关是国家公权力机关，承担着执行和遵守法律、维护社会秩序、打击违法犯罪行为、保护公民合法权益的重要职能；但是这只是理想状态和盖然状态，现实中并不全然如此。首先，作为一个组织，国家机关的集体理性总会受到机关工作人员个体理性的干扰，当工作人员的具体利益和机关的整体利益发生冲突时，对自身利益的偏好成为本能，如果缺乏监督则必然会付诸实施。例如，我国公安系统存在把立案数字高作为当地治安状况差的不合理认识，多立案意味着自己的治安工作存在不足，这势必不利于工作人员的考核。如果缺乏监督，那么"能不立尽量不立"便成为理性人的首选。其次，国家机关和被害人在对待同一问题时，可能由于出发点和思考角度不同而存在冲突，在双方力量悬殊的情况下，个人合法权益有可能被不正当忽视。而被害人一方个人则不同，对自身利益的关注是人的天性。利用被害人的利益保护诉求来获取立案信息是最为有效的机制。被害人承担了非法行为的直接侵害，自己的切身利益受到直接的减损，因此，为了维护利益，他有着追究加害人刑事责任的最深刻心理需求。这种诉求一般不会被轻易替代或掩盖，因此我们应当以相应的机制来保障这种诉求的顺畅表达。本案中，如果钟某及时向检察机关提起控告，立案监督可以及时进行，监督的效果肯定会更好。

为此，我们可以设计这样的制度：

1. 在报案、控告、检举时，立案管辖机关有义务告知报案人、控告人、举报人有权就立案异议提起复议，也有权向检察机关提出。如果立案管辖机关没有告知，则被认为是程序违法，依此开始的后续程序将被认定存在瑕疵。

2. 检察机关等加强立案监督的法制宣传，提高公民对检察机关监督职能的认识，让公民知道主张权利的正确渠道。我国公民的法律素养在不断提高，但我们并不能保证每个公民都知道恰当的维权途径。履行告知义务是正当程序的必然要求，而与被害人一方是否已经知道相关权利无关。

（二）建立公安机关立案材料呈报制度

如果说任何权力都有扩张的欲望，那么我们也可以说：任何权力都有规避监督的欲望。公安机关自然也不甘轻易置身监督之下。在没有法律规定的情况下，一方面，它势必不愿主动将立案材料送呈检察机关立案监督部门；另一方面，检察机关到公安机关查阅相关材料时，势必直接拒绝或者借故拖延。如果检察机关难以掌握第一手立案材料，立案监督只是一种奢谈。现阶段有的公检机关之间建立了互通信息机制，但这种协商机制只是合作性质的会签文件和双方协商，可以说它的运行效果很大程度上取决于公安机关的配合程度；倘若检警关系出现不协调，这种渠道的功能便会受阻。因此，很有必要建立制度化的立案材料呈报制度，保证检察机关获取立案材料的合法性、及时性与权威性。

我们认为，应当在《刑事诉讼法》中增加以下规定：

1. 立案管辖的公安机关应当及时向检察机关通报立案情况。

2. 呈报以下文件材料——案件受理登记表、立案或不立案决定书、撤案决定书、案件处理意见书及其他立案文件。

3. 如果公安机关没有及时呈送上述文件，其立案行为以及后续行为应当原则上被认定为程序违法而无效，并追究相关负责人责任。

（三）赋予检察机关相应的查证建议权和立案监督调查权

就像案例中反映的那样，由于最终缺乏充分的证据，检察机关可能不得不默认公安机关不立案的理由。目前，检察机关只能被动地审查公安机关呈送的案件材料，只能在被监督对象提供的证据范围内了解案情并作出决断，这样难以保证判断结果的客观准确。在这种情况下，检察机关即使心存怀疑也缺乏必要的复核手段，从而不能确认并予以纠正。

我们认为，在立法上确立检察机关对公安机关的查证建议权十分必要。其一，刑事案件的初查属于侦查机关或侦查部门的权限，补充证据的工作就应该并且也只有依靠侦查机关或侦查部门去执行，检察机关不能越俎代庖而只能加强引导。其二，检察机关是法律的监督机关，出于立案监督的需要，也必须配置对公安机关的初查引导权，必须有权要求公安机关补充证据。[①] 如果检察机关有权要求公安机关对初查案件补充证据，那么可以在检察机关的引导下，将立案所需的事实依据调查清楚，这是解决上述问题的重要对策。

《刑事诉讼法》和“六部委”《关于刑事诉讼法实施中若干问题的规定》中没有规定检察院立案监督调查权，《人民检察院刑事诉讼规则》第 373 条中也只是笼统地规定“可以进行必要的调查”，《人民检察院立案监督工作问题解答》进一步规定：人民检察院立案监督过程中应进行必要的审查和调查。

---

① 刘杰：《公安机关立案监督之完善》，载《政法论坛》第六辑。

调查要严格依法进行，严禁使用强制措施，调查要秘密进行，不暴露意图，一般不接触犯罪嫌疑人。这种立法状况导致公、检两家对立案监督的合法性以及操作规程各持己见。[①] 因此，从法律上赋予检察机关在案件初查阶段的调查权完全必要。

但是设计这一制度时必须注意以下两个问题：

1. 立案监督中的特殊难题

监督的目的是正确认定事实、准确适用法律，所以监督的本质要求监督者要比被监督者在监督事项上更有发言权、更有权威性。然而立案监督中的检察机关在事实和法律两方面都很难有监督者的优越感。

从事实方面来讲，立案决定建立在初查证据的基础上，而《人民检察院行使诉讼规则》将初查的手段限制在询问、查询、勘验、鉴定、调取材料等不限制被查对象人身、财产权利的措施之内，公安机关也借鉴性地适用了初查的做法。这是将权利保障凸显、立案程序独立后的结果。然而，实际情况是：人权保障功能远未实现，却同时限制了初查必需的手段；在现有法律框架内，在犯罪日益智能化、复杂化的今天，初查手段已显不足。许多时候公安机关在立案问题上摇摆不定，原因在于连他自己也缺乏足够的手段以提供判断所需的充分证据。在这种情况下，监督机关的介入又能有何作为呢？

从法律规范角度来讲，我国《刑事诉讼法》第 83 条和第 86 条分别规定“发现犯罪事实或者犯罪嫌疑人”和“有犯罪事实需要追究刑事责任”为立案标准。为了弥补模糊不定的缺陷，最高人民检察院和最高人民法院以及公安部又制定了许多具体的标准。但是总的来看，我国的立案标准规范性文件体现出分散无序、冲突矛盾、覆盖面不全的特征。也就是说我国的立案标准法律制度本身就有问题，检察机关面对当中的法律适用问题也无能为力。

所以，赋予检察机关立案监督调查权只能对初查证据材料充分的案件起到有限的作用。

2. 立案监督调查与初查的区别

从本质上讲，在公安机关管辖的刑事案件中初查是公安机关的权限，检察机关不能越俎代庖，这是“分工负责”的刑事诉讼原则的必然要求。检察机关的立案监督调查与初查相比有以下不同：第一，前者是检察机关实施法律监督权的一种手段和方式，是监督权的构成部分；而初查是侦查的最初阶段，是被监督的对象。第二，前者的行使主体是侦查监督部门或控申部门，后者的主

① 胡立新、何志刚：《论对公安机关刑事立案的监督》，载《人民检察》2002 年第 10 期。

体只能是检察机关侦查部门或者公安机关的侦查人员。第三，前者用于查验公安机关所认定的事实是否正确，应当调取的证据是否已调取，查明公安机关的立案或不立案的结论是否正确，查明公安人员有无渎职行为。① 而后者的作用在于查明犯罪事实是否发生，是否需要追击刑事责任。第四，前者贯穿整个立案程序始终，而后者仅存在于初查阶段，只是立案程序的一个环节。可以说，立案监督调查针对的只是公安机关的立案行为，初查行为针对的是案件事实，立案监督调查不是要取代侦查，并不能对查清案件事实作出太大贡献。

二、强化检察监督意见的效力

本案中，检察院使用了现行《刑事诉讼法》规定的所有的立案监督手段，发出了《要求说明不立案理由通知书》，但是在公安机关大而化之的答复中，检察机关并不能实现其应有的监督功能。这说明，在保证了检察机关对立案情况的知情权之后，还得保证检察机关立案监督决定的效力。如果检察监督决定作出之后，公案机关可以不理不睬或者敷衍了事，那么这样的监督也只是形同虚设。

我国刑事诉讼法规定，检察机关有权“要求公安机关说明不立案的理由”，在认为公安机关不立案理由不成立时，可以通知公安机关立案，公安机关“应当立案”。但是，公安机关接到通知立案后不立案或者消极立案怎么办？《刑事诉法》和《人民检察院刑事诉讼规则》都没有明确规定相应的法律责任，这些措施并未包含明确的强制手段和处罚结果，这就限制了检察机关立案监督的效果，与“立案机关应当立案”的义务性要求相差甚远。因此，在相关法律和法律解释中应当完善下面的机制：

（一）强化立案决定权

人民检察院通知公安机关立案的，公安机关在收到《通知立案书》后，应当在15日内决定立案，并将立案决定书送达人民检察院。应当通过立法更加明确地规定人民检察院具有刑事立案监督决定权，即有权变更公安机关应当立案而不立案的决定，也有权变更公安机关不应当立案而立案的决定，将《刑事诉讼法》第87条规定中两个“应当”赋予法律强制力。②

（二）行使直接立案侦查权

《人民检察院刑事诉讼规则》第377条规定：“对于由公安机关管辖的国

① 刘杰：《公安机关立案监督之完善》，载《政法论坛》第六辑。

② 王岩、陈士莉、昝静：《浅谈立案监督的规范问题》，载《消费导刊》2007年第10期。

家机关工作人员利用职权实施的重大犯罪案件，人民检察院通知公安机关立案，公安机关不予立案的，经省级以上人民检察院决定，人民检察院可以直接立案侦查。”可见，对于“国家机关工作人员利用职权实施的重大犯罪案件”，检察机关具有直接立案侦查权。然而，对于除此之外的、本来应该由公安机关管辖、经检察机关通知立案后公安机关仍不予立案的案件，在法律和司法解释当中没有规定。我们认为，检察机关对该条规定以外的案件不便直接立案侦查，因为这种做法违反立案管辖中分工负责的基本原则。

（三）赋予检察机关处罚建议权

在收到《通知立案书》后15日内不立案的，人民检察院应当发出《纠正违法通知书》予以纠正。公安机关仍不予纠正的，报上一级检察机关商请同级公安机关处理，或者报告同级人大常委会。同时应当向当地纪检监察部门提出检察建议，建议给予立案主体及其直接责任人员党纪、政纪处分。

有观点认为应当直接赋予检察机关惩罚权，我们不赞成。作为法律监督权的立案监督权从本质上来讲是一种程序性权力，法律监督权行使的结果只是必然性地引起特定的程序；至于这个程序的实体结论如何，不应在监督机关的职能范围之内。

（四）正确行使职务犯罪立案侦查权

如果公安人员严重渎职或滥用职权，涉嫌违反《刑事诉讼法》第18条第2款规定的“其他重大犯罪”时，检察机关侦查部门应当立案查处。

三、统一公安机关的立案标准和检察机关立案监督标准

本案中，检察院在刑事立案监督权之前并没掌握钟某伤害案的充分的证据，但他认为钟某当时受伤治疗的凭证还在，依据《刑事诉讼法》第83条的规定“发现犯罪事实或者犯罪嫌疑人”就应该立案，那么可以行使立案监督权。但是，公安机关在回复中认为：本案证据不足，根本达不到《刑事诉讼法》第86条规定的“有犯罪事实发生需要追究刑事责任”的程度，因此不能随便立案。这揭示了一个重要的问题：公、检在立案标准的理解上存在着较大的分歧。

这种冲突的起源正是《刑事诉讼法》对立案的条件和标准规定的不统一、不准确。《刑事诉讼法》第83条规定“发现犯罪事实或者犯罪嫌疑人，应当立案侦查”，《刑事诉讼法》第86条又规定“认为有犯罪事实需要追究刑事责任”的应当立案。显然这两条对立案标准的要求不同。前者只要求有犯罪事实或犯罪嫌疑人就可以立案，后者则要求有犯罪事实并且该犯罪事实需要追究刑事责任时才可以立案。

要想正确理解立案标准问题就必须正确理解立案程序的功能定位。但在我国的法律实践中，专门机关对这一问题的理解普遍存在偏差。立案被看成一个犯罪案件筛选关卡，凡是发现有犯罪事实或发现犯罪嫌疑人的就予以立案，并且在后面的程序中必然能够事实逮捕、起诉、判刑；凡是没有立案的，则不能进入后续的诉讼程序。立案成了定性的同义语，这种观念同“不破不立”和“先破后立”的错误行为相互强化、恶性循环。其实这从本质上讲是错误的。[①]首先，检察机关在判断某一个案件是否应立案时，该案件尚处于初查阶段，受初查阶段占有材料较少的局限，在没有全面占有材料的情况下，谁也不能保证尚处于初查阶段的案件在立案后，就一定能够实现逮捕、起诉、判刑。这种以现阶段的证据去判断后阶段的待证事实与处理结果的做法是不合理的。其次，即使立案前的材料是指向某人犯罪，但在立案后也常出现证据变化，有可能证明不构成犯罪，当然就不能实现逮捕、起诉、判刑。再次，法律规定发现犯罪事实或犯罪嫌疑人进行立案，既然仅仅是某人有犯罪嫌疑，那就尚未被证明到犯罪确实的程度，本身就蕴涵着在立案后有出现被证明是无罪的可能。从认识规律以及发生学的角度来看，把立案程序独立必然要求立案的标准不能太高，否则立案标准同破案标准类似，立案任务与侦查任务趋同，立案程序或者侦查程序的独立的合法性出现问题。从这个原则出发，“人民检察院通知公安机关立案的案件，应当从严掌握，一般应是能够逮捕、起诉、判刑的案件”的做法存在不当。[②]

为了解决这一重要问题，应当在以下两方面作出改进：

1. 务必使刑事立案标准统一、明确、准确。法律规定的模糊是理解冲突的起因，这是问题的关键。

2. 应当建立公检业务考核的科学标准。公安机关“该立不立”的一个重要原因就在于立案率高对自己考评不利；而检察机关降低立案标准的理解、对有疑问的案件全都进行立案监督的做法也有出于业绩考核的考虑。我们应当反思业务考核的本质、防止立案功能的异化。“应该说，检察机关和公安机关的考核目的是一致的，都是通过严格立案程序来规范侦查行为，达到打击犯罪和保障人权的双重目的。但是，业绩考核历来是一把双刃剑，在促使被考核机关严格执法的同时，部门之间考核指标矛盾的不可调和性导致的部门关系紧张、考核指标设置的不科学导致的弄虚作假、考核指标的体系不周全导致的不当利

---

① 刘杰：《公安机关立案监督之完善》，载《政法论坛》第六辑。

② 这种做法也有悖于刑事立案监督的目的，不符合“分工负责，互相配合，互相制约”原则。

益权衡等，都是业绩考核可能出现的负面影响。”①

当然，立案监督的完善是一个系统工程，除了上述几方面之外，还有许多其他问题，例如：组织机构的设置上需要专门化，立案监督管理体系上有待理顺等，这些都需要予以全局性关注。不过，上述三个问题可以说是最为关键的问题，它们的解决对立案监督制度的改善有着决定性的影响。

［辅助案例1］刘某玩忽职守案

何某、李某、邓某、卜某在某市甲镇乙村将邱某围住，误认为邱某是仇家帮手，轮流持枪朝邱某下肢射击。邱某因失血过多在送往医院途中死亡。除何某外，涉案的李某、邓某、卜某3人相继落网。但令死者家属意外的是，李某因“证据不足”被取保候审，邓某、卜某也未被追究枪击邱某的刑事责任，只是因其他罪行分别被劳教和判处有期徒刑。邱某父亲将控告信送到了该市人民检察院。但检察院在公安机关未能查询到邱某被害的相关材料，案件陷入僵局。

三年后，这起案件在该市人民检察院对公安局的“取保候审”专项检查中受到重视。检察院启动立案监督程序，就邱某被杀案向该市公安局发出了《要求说明不立案理由通知书》。公安局专案组随后秘密进入案发区域，涉案人员系数落网，知情人打消顾虑纷纷提供证据。

在邱某被害案水落石出的同时，当年办案的民警刘某因玩忽职守罪被提起公诉。检察机关查明，刘某当时作为该市公安局刑侦大队负责人，接案时发现派出所没有立案报告、现场勘查记录、尸体检验鉴定报告等材料，却没有依法立案和查找相关线索；在嫌疑人相继被抓获后，也没有履行职责展开侦查，致使案件久侦不破。

［辅助案例2］侯某强奸案

宋某来到某市甲镇机砖厂打工。1999年12月3日凌晨时分，一个满身酒气的男青年强行推开房门，闯入宋某寝室，对宋某威胁、殴打，并强行与宋某发生了性关系。该男青年是甲镇乙村人侯某，垂涎宋某，借酒行凶。案发后，宋某由于害怕迅速返乡，侯某则辩称与宋某谈恋爱而发生性关系。该案最终未能立案侦查，侯某长期逍遥法外。

2007年10月初，该市人民检察院在开展立案监督工作中发现蹊跷，遂派人进行初步调查和核实。检察机关通过审查后认为：该案事实清楚、证据确凿，向公安机关发出《要求说明不立案理由通知书》，随后要求公安机关立案侦查。公安机关于10月16日立案侦查。经过多方取证后，终于获得了确凿证

① 刘红新：《立案监督困境的非权力因素分析》，载《法制研究》2007年第8期。

据，侯某也对犯罪事实供认不讳。后来，市人民检察院提起公诉，法院以强奸罪依法判处侯某有期徒刑4年。

专家点评：

国家和社会成员都是彼此相对独立的主体，犯罪行为外在于国家的职权活动范围，因此，并非所有的犯罪行为都会被国家发现，这就需要通过尽可能广泛的渠道将犯罪引渡到国家机关面前，这种渠道包括报案、举报、控告、检举等具体形式。被害人对案件的引渡功能非同寻常，因为，对自身利益的关注是人的天性。利用被害人的利益保护诉求来获取立案信息是最为有效的机制。被害人承担了非法行为的直接侵害，自己的切身利益受到直接的减损，因此，为了维护利益，有着追究加害人刑事责任的最深刻心理需求。然而，我们也必须注意到，正如本案中的宋某，由于势单力薄、害怕报复，面对伤害却不敢控告。这使得被害人对犯罪的引渡功能出现障碍，从而阻碍刑事诉讼法目的的实现。

有鉴于此，国家机关应当充分保护被害人的控告权。不仅有告知义务，还有保护义务，应当为被害人提供充分的信息保护和人身保护，从而为立案监督构筑有效的信息渠道。

（谢佑平　燕星宇）

18. 检察机关如何对自侦案件进行立案监督

［案情简介］魏某贪污案

2003年4月某县检察院反贪局接到举报，该县甲镇乙村村委会主任魏某涉嫌贪污。侦查部门经初查后认为，魏某非法占有护林款5万余元，但其身份不符合贪污罪的主体要件。侦查部门上报检察长之后决定不予立案。

按照自侦案件不立案备案制度，该院侦查监督部门对该案进行了审查，并对侦查部门的不立案决定提出异议。侦查监督部门认为，魏某侵吞护林款时，利用了协助镇政府从事林木管理的工作便利，符合贪污罪主体要件，应当立案侦查。随后，侦查监督部门向检察长提出了报请立案侦查的建议。

检察长最后决定：本案符合贪污罪主体要件，应当立案侦查。该案起诉后，魏某被法院一审判处有期徒刑3年。

［争议焦点］

1. 我国自侦案件立案监督制度是否科学？

2. 如何完善这一制度？

［关联法规］

《人民检察院刑事诉讼规则》第134条、第379条；《关于人民检察院办理直接受理立案侦查案件实行内部制约的若干规定》第4条、第5条；《关于实施人民监督员制度的规则》第2条。

[专家指导]

我国自侦案件中，立案监督缺位引发了较大的问题。[①] 最为常见的该立不立、大案化小、小案化了，以及地方检察机关出于利益驱动以刑事立案插手经济纠纷，用刑事立案解决民事纠纷，不但破坏了法制的统一和权威，最终也给检察机关法律监督地位造成了很大的负面影响。主张取消检察机关法律监督权、将检察机关建设为以公诉权为核心的追诉机关的主张与检察院法律监督权威的式微不无关系。国家机关尤其是法律监督机关如何对待法律有着巨大的社会示范作用，如果国家机关忽视正当程序、忽视权力的监督制衡，那么必然的结果就是公民对国家机关的不信任，以及由此而来的对法律监督可有可无的轻视。从这一点来说，完善和加强我国自侦案件立案监督，是建设法治国家、强化检察院法律监督权威的根本要求。

一、我国自侦案件中的立案监督制度

《刑事诉讼法》是规范我国刑事诉讼活动的基本法律，具有仅次于《宪法》的法律效力；但是其中对自侦案件的立案监督制度并未规定。《刑事诉讼法》规定立案监督的第 86 条明确地将监督对象限定为公安机关，关于自侦案件的立案监督只字未提。《刑事诉讼法》第 170 条规定“被害人有证据证明对被告人侵犯自己人身、财产权利的行为应当依法追究刑事责任，而公安机关或者人民检察院不予追究被告人刑事责任的案件”，可以向人民法院提起自诉，这被看做是检察机关对自侦案件立案的间接监督方式，[②] 但这与正规的立案监督制度相差太远，根本无法承担自侦案件立案监督的功能。

《人民检察院刑事诉讼规则》第 134 条规定：“人民检察院决定不予立案的……控告人如果不服，可以在收到不立案通知书后 10 日以内申请复议。对不立案的复议，由人民检察院控告申诉检察部门办理，并在收到复议申请的 30 日以内作出复议决定。”这里规定了对于不立案决定的复议制度，可以看做立案监督的一种方式，不过这种方式的启动有两个特点：一是被动性，即只有当案件存在控告人，并且控告人对不立案决定不服并提出申请时，该复议才进行。二是事后性，即只有当不立案决定作出后，控告人才能针对该决定提起复议申请，之前对立案程序的推进并无监督。

---

① 何群：《检察机关对自侦部门刑事立案监督初探》，载《科技咨询导报》2007 年第 4 期。

② 何群：《检察机关对自侦部门刑事立案监督初探》，载《科技咨询导报》2007 年第 4 期。

《关于实施人民监督员制度的规则》第2条规定："人民检察院查办职务犯罪案件，实行人民监督员制度，接受社会监督。"第14条规定，人民监督员发现人民检察院在查办职务犯罪案件中应当立案而不立案或者不应当立案而立案的，可以提出意见。这也是立案监督的一种方式。但是，人民监督员只是检察机关请来的客人，客人怎么能严格地监督主人呢？所以这种监督的作用也是有限的。

另外，《刑事诉讼法》赋予检察机关审查批准逮捕权和审查起诉权，这两种权力分别处在立案程序之后的侦查阶段和审查起诉阶段，在客观上对立案当中的违法情况具有事后监督的功能。但是这种将权力监控放在后续关卡的期望恰恰是对当下权利的忽视，如果案件不需要逮捕或者根本没有进入起诉阶段，那么审查批捕和审查起诉对立案监督无能为力。

二、我国自侦案件立案监督制度中的问题

考察我国自侦案件立案监督制度，我们可以发现以下特征：一是在最为权威的《刑事诉讼法》当中没有关于自侦案件立案监督的明确规定，这就决定了我国在这项制度的设计上缺乏统一指针。二是现有司法解释以及部门规定分散冲突、不尽合理。其中的典型问题有：①

（一）监督主体分散

从现行规定来看，检察机关对公安机关的立案监督统一由侦查监督部门行使，但对自身内部的立案监督，主体分散、权责不明。按规定，控告申诉部门承担不立案复议工作，控告申诉、侦查监督和公诉部门都对自侦案件不立案拥有监督权；同时，侦查监督部门还应当负责不服检察机关不立案决定的来信来访。这项制度的问题在于：第一，侦查监督部门既拥有控告申诉信访件处理权，又拥有对不立案的监督权，使得控告申诉部门处理来信来访的价值不大。第二，《人民检察院刑事诉讼规则》规定立案监督的主体可以是本院侦查监督或公诉部门，但并没明确到底由哪个部门负责。这样规定的目的是增加监督主体、强化监督质量，现实中却会变成推脱扯皮的理由。除上述部门以外，人民监督员发现人民检察院在查办职务犯罪案件中具有"应当立案而不立案或者不应当立案而立案"的情形，可以提出意见、进行监督。但是人民监督员的立案监督作用在当前还很难依靠。

---

① 杨宏亮：《完善检察机关内部不立案监督机制研究》，载《人民检察》2006年第11期（下）。

（二）监督活动缺乏透明度

一般来说，由反贪部门答复控告人的内容及不立案理由比较原则和简要，当事人接受度低，而检察机关内部复议又不公开，这使得不立案结论很难令控告人信服。在人民监督员制度中只规定“可以向检察机关提出意见”，但是向哪个部门提、提了以后将如何处理，都没有明确规定，也没有与控告人以及检察机关的内部监督相链接。

（三）复议复查程序操作性不强

《人民检察院刑事诉讼规则》、《人民检察院控告申诉检察工作细则（试行）》只是明确和规定由控告申诉部门负责复议或者复查，但是对于复议、复查的具体程序未作说明。同时，不立案决定因为处在刑事诉讼程序之前而不适用《人民检察院复查刑事申诉案件规定》中的申诉程序。简陋的规定阻碍了诉讼程序充分发挥制约权力的功能。

（四）监督手段不完善决定监督力不够

在检察机关自侦案件立案监督中，监督部门只能提出“报请立案侦查建议”，报主管检察长审批后转侦查部门，在立案侦查建议不被采纳的情况下，报检察长决定。在不宜提出建议或者需要了解一定情况后再作决定时，监督部门很难操作，因为监督部门没有查证建议权，限制了作出正确监督的信息基础。

此外，在自侦案件立案监督中还有一些特殊问题。具体如下：

第一，同一检察长领导下监督效果的弱化。根据《人民检察刑事诉讼规则》第379条规定：“人民检察院审查逮捕部门或审查起诉部门发现本院侦查部门对应当立案侦查的案件不报请立案侦查的，应建议侦查部门报请立案侦查；建议不被采纳的，应当报请检察长决定。”这种监督机制存在着自我监督的悖论。我国检察系统采取上级领导下级、检察长领导检察院工作的原则，检察一体和上命下从的组织原则体现出明显的行政性。因此，无论检察院不同部门之间怎样监督，最终的决定权都掌握在同一个检察长或者检委会手中，这种监督的实质只能是检察长在不同时间对同一问题观点的改变。就像案例中反映的那样，应侦查部门的请求作出不立案决定的是检察长，应侦查监督部门的请求作出立案决定的仍然是同一检察长。

第二，同一检察院内同事监督的感情障碍。我国检察机关法律监督意识尚需提高，法律监督中的客观义务观念还需加强，表现为重犯罪打击而轻权利保护等现象。这种情形下检察机关部门之间一致对外、相互配合以打击犯罪、监督别人的行政追诉意识很强，而部门之间相互监督的意识薄弱。侦查部门、申诉控告、侦查监督和公诉部门的工作人员长期在一个单位工作，共同开展工作中难免会形成归属认同感，对“自己人”实施监督总有“没事找碴儿”的感情障碍。

第三，有的检察院认为，职务犯罪的线索是保密的，知悉面越窄越好，侦查监督部门对线索处理无权监督。这就使得内部立案监督的知情权丧失，对这些案件立案监督成为泡影。

除此之外，实然运行的立案监督措施还表现出非权威性。由于正式的自侦案件立案监督制度建设不足，各种执法大检查和纪检工作发挥了替代性作用。检察机关对自侦案件的立案监督，“有相当一部分是纪检部门查处违纪违法干警时发现的，还有一部分是在各类执法大检查中偶然发现并纠正的”。[①] 这种机制最大的不足就在于它的偶然性和检察纪律性，因为偶然性所以不能承担法律监督制度的稳定性和正式性诉求，因为只是检察纪律处罚不能承担法律监督的严肃性和权威性品格。

三、自侦案件立案监督制度的完善

自侦案件立案监督制度的构建以刑事立案制度的完善为基础，同时又有着自身的特殊之处。完善自侦案件立案监督制度应当以整体性的视角，针对自侦案件的特殊问题，采取有效协调的应对措施。

在《刑事诉讼法》中完善人民检察院对自侦案件立案监督的规定，确立总的原则和指针。除此之外，最为现实可行的进路是理顺、优化现有规则。其中的改进思路应当如下：

（一）建立对违法立案的投诉机制[②]

检察机关自侦案件当中很大一部分以国家利益为客体，没有具体的受害人，这不同于公安机关管辖的一般案件，所以“激活被害人一方的提示功能”的设想并不适用。对于这一部分案件，应当依靠严格的立案文件呈送制度以及参与主体广泛的投诉机制。文件呈送制度可以使立案信息及时固定、及时送达监督主体，避免了立案部门的肆意。投诉机制则是对外部信息的关注，使各级检察机关受理和调查诉讼参与人或其他公民、组织对立案活动中违法行为的投诉。从内外两个纬度保障立案信息的知情权，有利于准确及时地追究犯罪，保

① 何群：《检察机关对自侦部门刑事立案监督初探》，载《科技咨询导报》2007 年第 4 期。

② 元明：《对人民检察院直接受理侦查案件立案监督问题的基点思考》，载《人民检察》2006 年 9 月（下）。

障无罪的人不受刑事追究。

（二）构建以上级检察机关侦查监督部门为主，以本院侦查监督部门为辅的立案监督主体

现行监督制度的问题突出表现在三个方面：一是，同一检察长领导下的自我监督；二是，同一机关不同部门同事之间的感情障碍；三是，立案监督、不立案复议、来信来访接待负责部门的重复交叉、权责不明。因此，一方面应当构建以上级检察机关侦查监督部门为主的监督，这样既加强了上级检察机关对下级的领导，同时又打破了同一检察长领导的困境，立案监督不再是同一检察长在不同时间看法的改变，而是上级检察院对立案问题的处理。另一方面应当明确上级的侦查监督部门作为立案监督主体，这样有助于解决监督主体繁多、权责不明、功能冲突、相互推诿的问题。

与此同时，检察院内部应当构建合理的立案监督机制，可以设计合理的检察工作分管制度以及绩效考核制度，用以“对冲”同一检察长领导、同事感情对立案监督的不利影响。一种合理的做法是赋予同级侦查监督部门不立案决定复核权。规定侦查部门的立案决定必须报送侦查监督部门备案，侦查监督部门对这些案件（以及其他部门发现后移送以及自己发现的案件）进行复核审查。这样检察机关内部的立案监督机制同样可以发挥应有作用，至少在配合上级检察院监督中有着重要的地位。

（三）细化规定对不立案决定不服的复议、复查程序

目前最突出的问题是复议复查程序具体程序缺失，复议复查过程神秘化。第一，权力运行处于自控状态，控制缺位；第二，缺乏正当程序的处理结果不可能有太多的正当性，当事人总会有怀疑权力滥用的理由。所以，完善复议、复查程序成为必然。具体来说，可以考虑借鉴《人民检察院复查刑事申诉案件规定》当中的申诉制度，也可以考虑构建不立案复议听证程序。[①]

（四）应当赋予侦查监督部门查证建议权

监督部门只能被动地审查侦查部门移送的案件材料，只能在被监督对象提供的证据范围内了解案情并作出决断，这样难以保证客观准确。在这种情况下，监督部门即使心存怀疑也缺乏必要的复核手段，从而不能确认并予以纠正。这种监督的困境要求强化监督部门对案件情况的掌控。考虑到初查毕竟是侦查部门的本质功能，监督部门不能越俎代庖，所以赋予监督部门查证建议权

① 杨宏亮：《完善检察机关内部不立案监督机制研究》，载《人民检察》2006年第11期（下）。

是较为合适的方案。

《最高人民检察院关于人民检察院举报工作规定》第39条规定："上级人民检察院对下级人民检察院报送的举报材料的办理情况报告，要认真审查。对于事实清楚、处理适当的应予结案；对于事实不清、处理不当的，应当书面通知下级人民检察院补充调查，依法处理。"从这一规定可以看出，对于不立案案件，上级检察机关侦查监督部门可以要求下级侦查部门进行再调查。这一规定可以作为构建查证建议权的法律依据，这既符合侦查监督部门引导侦查取证的职能特性，也为提高不立案监督工作的质量提供了条件和保障。

（五）以完善的立案监督制度为主，以纪检监督促进立案监督

我们强调构建完善的立案监督制度，并不是要完全否认纪检监督对立案监督的意义。执法大检查和纪检工作应当作为发现立案监督线索的一个重要渠道，这是它能够胜任的功能，应当被充分地利用。

[辅助案例1] 周某挪用公款案

某县人民检察院根据群众举报，对县供销职工学校原校长周某涉嫌挪用公款犯罪进行初查，后未能立案侦查而告终结。一年后，该县检察院为促进公正执法，开展案件评查整改工作。在清理旧案过程中，检察院发现周某挪用公款一案，达到立案标准而未立案，于是当即作出重新调查决定，另行组成办案组进行立案监督。查明：周某任供销职工学校校长期间，利用职务之便，两次挪用单位资金共计9万元给其妻用于公司集资营利。因此周某被提起公诉，并被判处有期徒刑2年，缓刑3年。

专家点评：

最高人民检察院深化检察改革2009—2012年工作规划将"健全对检察权行使的监督制约"作为改革的重要目标之一，自侦案件立案监督制度的完善则是这项目标的应有之义。可以说，完善和加强自侦案件立案监督，是建设法治国家、强化检察院法律监督权威的根本要求。

[辅助案例2] 张某等徇私枉法案

在办理贺某抢劫案的过程中，某县人民检察院公诉科得到线索：该县某派出所所长张某、唐某涉嫌徇私枉法犯罪。于是，公诉科立即将该线索移送反渎职部门。由于贺某抢劫案案发已有10年，当事人很难找到，涉案人员反侦查能力又很强，初查以及相关取证工作困难重重。为此，反渎职部门加强和公诉部门的沟通，商请公诉部门引导初查，增强证据审查意识，提高收集、固定证据的质量和效率，加强独立证据的证明力和证据之间的关联性，并在取证中注重相关重要细节的获取，以此形成强有力的证据链条，确保案件质量。经初查，前述线索均得到证实。经审判，张某、唐某因徇私枉法罪被判处有期徒刑5年。

专家点评：

我国检察系统采取上级领导下级、检察长领导检察院工作的原则，检察一体和上命下从的组织原则体现出明显的行政性。因此，无论检察院不同部门之间怎样监督，最终的决定权都掌握在同一个检察长或者检委会手中，加上权力部门之间追诉的本性和天然的亲和力，使得内部监督容易沦为同一机关在不同时间对同一问题观点的改变。本案正是这一状况的反映。

但这并不意味着检察权无法控制，也不意味着检察权会因此而权威丧尽。检察权及检察机关的设置是我国人民代表大会制的本质要求，它是国家的法律监督机关，是我国权力监督和法律适用的重要力量。因此，我们的改革应当构建一个外部影响更加强大、内部运作更加科学的检察权和检察机关。针对自侦案件中的问题，建立对违法立案的投诉机制，构建以上级检察机关侦查监督部门为主、以本院侦查监督部门为辅的立案监督主体，细化规定对不立案决定不服的复议、复查程序，以及赋予侦查监督部门查证建议权，是提高检察机关内部运作科学性的有效举措。

（燕星宇）

19. 对检察机关侦查活动的监督如何才能更为有效

[案情简介] 陈某盗窃案

陈某系未成年人，其于2008年2月19日因抢劫罪被法院判处有期徒刑7个月。同年5月31日刑满释放。其刑满释放之日出看守所时被守候在旁的公安机关以涉嫌盗窃罪刑事拘留。根据相关工作记录，并进行合理推测，公安机关在陈某刑满之日前就已掌握陈某犯有本案犯罪事实，却等候至其前罪刑满之日再将其抓获，将本案作另案处理。

[争议焦点]

检察机关的侦查活动监督如何才能更为有效？

[关联法规]

《中华人民共和国刑法》第70条；《中华人民共和国刑事诉讼法》第68条、第69条、第76条；《中华人民共和国人民检察院组织法》第5条；《人民检察院刑事诉讼规则》第381条。

[专家指导]

我国《刑法》第70条规定：判决宣告以后，刑罚执行完毕以前，发现被判刑的犯罪分子在判决宣告以前还有其他罪没有判决的，应当对新发现的罪作出判决，把前后两个判决所判处的刑罚，依照本法第69条的规定，决定执行的刑罚。已经执行的刑罚，应当计算在新判决决定的刑期以内。该条主要规定了法院对判决宣告以后，刑罚执行完毕以前发现被判刑的犯罪分子在判决宣告以前还有其他罪没有判决时量刑的一个原则，并不是一条针对侦查机关的规定。但本文认为，如果侦查机关同时掌握了同一个犯罪嫌疑人的数个罪行，侦查终结后将有关数罪的材料一并移交检察机关本是不需要专门言明的。如果没有这个潜在的前提，数罪并罚的规定就失去了意义。数罪并罚的规定有利于提高司法效率，也有利于犯罪嫌疑人的利益。所以，本案中侦查机关的行为明显是一个不恰当适用法律的行为。其所造成的直接后果就是导致犯罪嫌疑人遭受了两次强制措施、两次被提起公诉和两次被法院审判，并丧失了数罪并罚的机会，承担了数罪刑期之和的刑期。但由于侦查机关的这一行为比较隐蔽，检察机关难以察觉。又由于现有的侦查活动监督制度存在一些问题，检察机关对侦查机关的侦查活动监督并不十分有效。但它却事关侦查机关是否依法办案和犯罪嫌疑人的诉讼权利能否得到保障。所以，本案给检察机关提出了一个新问题：如何才能提高侦查活动监督的实效？

一、侦查活动监督制度存在的问题

侦查活动监督不同于侦查监督。侦查监督包括刑事立案监督、审查逮捕、审查起诉和侦查活动监督等多个方面，侦查活动监督只是侦查监督的职责之一。侦查活动监督是指人民检察机关对侦查机关、侦查部门的侦查活动是否合法依法实行监督。①《人民检察院组织法》第5条规定，各级人民检察院对于公安机关的侦查活动是否合法，行使监督的职责。可见，侦查活动监督是一种刑事诉讼活动，其主体是各级人民检察院，对象是侦查机关的刑事侦查活动，是一项贯穿于侦查工作全过程的法律监督活动。包括讯问犯罪嫌疑人、询问证人、勘验、检查、扣押物证及书证、鉴定、通缉、强制措施等在内的所有侦查行为，无一不是侦查活动监督的对象。

侦查活动监督是宪法和法律赋予检察机关的一项重要职能，在检察业务中占有重要地位。近年来，各级检察机关切实履行自己的侦查活动监督职责，积极探索监督方法，注重监督实效，取得了一定成绩。但由于种种原因，侦查活动监督还存在着不少突出问题：

（一）侦查活动监督的范围不明确

现有的法律条文强调的都是对侦查活动合法性的监督，并没有明确将审查适用法律是否正确纳入侦查活动监督的范围。前述案例反映的就是一个典型的法律适用问题。而现有的法律没有相关的规定，所以，检察机关无从实施

① 贺恒扬：《侦查监督论》，河南大学出版社2005年版，第172页。

监督。

（二）侦查活动监督的法律效果不具体

《刑事诉讼法》第68、69、76条规定，公安机关应当将执行逮捕、不捕决定和纠正违法情况书面通知人民检察院，而没有进一步明确公安机关拒不纠正违法，或者拒不执行检察机关所作决定所要承担的相应法律后果，使得侦查活动监督显得软弱无力。

（三）检察机关引导、监督侦查权力未明确，导致提前介入无程序保障

法律未明确赋予检察机关引导、监督公安机关侦查的权力；未赋予检察机关对侦查机关刑事案件调阅材料和随时到现场监督的权力；"提前介入"的主要任务是配合侦查取证，提出合理建议，为加快完成案件批捕、起诉等任务而提前把握证据，而不是对公安侦查活动是否合法进行有效的监督。"提前介入"式监督无法律程序保障，监督也无地位、无实效。

（四）侦查活动监督的方式滞后、被动

目前的侦查活动监督方式主要是事后监督。由于侦查、批捕、起诉阶段分别独立，检察机关往往只有在行使审查批捕权、审查起诉权时才通过书面审查侦查机关移送的案卷材料或群众反映，发现侦查人员在侦查活动中的违法情况，而在实践中侦查活动中的违法情况很少反映在案卷材料中，导致很难发现侦查人员是否刑讯逼供、诱供、非法收集证据等违法行为。对公安机关变更逮捕措施或者释放被逮捕的犯罪嫌疑人的监督也是一种事后监督，不能做到提前预防的作用。这种事后监督不符合侦查活动监督的真正内涵，直接影响了侦查活动监督的力度，也大多因为时过境迁无法取证、无法查实而不了了之。

二、完善侦查活动监督制度的对策

侦查活动监督制度的完善可以从以下几个方面考虑：

（一）完善检察机关在侦查活动监督中的职权

在立法上应确立检察机关侦查活动监督的权威，赋予检察机关在开展侦查活动监督工作中享有如下职权：

1. 确立检察机关对公安机关的知悉权。即规定，从公安机关受理案件开始就须向检察机关报送材料备案。

2. 明确检察机关对公安机关侦查的参与权。即规定，检察机关认为有必要，随时可以参与公安机关的侦查活动，调阅案卷材料。

3. 明确检察机关的建议权。即检察机关可以对公安机关的侦查方向、侦查手段、收集和固定证据提出建议和意见，公安机关应采纳。

4. 明确检察机关对公安机关的侦查监督处分权。即要赋予检察机关《纠正违法通知书》、《检察建议书》的法律强制力；规定公安机关接到《纠正违法通知书》、《检察建议书》后，必须限期作出处理；规定拒不执行检察机关的决定所要承担的相应的行政后果和法律后果。

(二) 探索行之有效的监督方法

目前，我们在侦查活动监督过程中，总是发现的漏犯多，发出的补充移送起诉通知书多，而实际到案的犯罪嫌疑人少，以致一部分犯罪嫌疑人继续逍遥法外，没有有效地进行侦查活动监督。我们认为，针对目前侦查监督存在的事后监督现状，应推行同步监督的机制，即将侦查活动监督工作贯穿于从公安机关受案到侦查终结的全过程。坚持提前介入制度，掌握侦查监督的主动权。司法实践中，对下列几类案件，应当及时做好提前介入工作开展侦查活动监督，引导侦查工作。一是重特大犯罪案件，如故意杀人、故意伤害致人死亡、抢劫等案件；二是涉及被害人隐私的案件，如强奸案；三是特殊主体犯罪案件，如盲、聋、哑、间歇性精神病人犯罪案件；四是案情复杂的经济犯罪案件。由于上述几类案件案情复杂、社会影响大，对受害人精神压力大，对侦查活动的干扰大，侦查监督部门派员提前介入可以更好地保证侦查人员依法、及时、全面地收集和固定证据，共同抵制各种干扰因素。侦查监督部门要派人深入公安机关侦查活动第一线，全面介入侦查工作全过程，切实履行好刑事立案监督，参与重大案件讨论，审查批捕和决定逮捕，要求侦查机关开展补充侦查和提供法庭审判所需证据材料，开展侦查活动监督，对强制措施执行情况开展监督等职责。

(三) 建立侦诉协调机制

长期以来，针对办案工作中遇到的实际情况，侦查机关确实由于客观上的原因造成案件办案期限延长，超期羁押，以及一些疑难案件、扯皮案件，我们实行了“案件协调制”，与公安面对面地交换意见，以求达成共识。“案件协调制”加强了与侦查机关的沟通，有利于案件得到更好的处理，保证了严打效果，也有利于侦查监督。另外，对一些个案，及时地与侦查机关进行协商，也是“案件协调制”的体现。

(四) 明确改革方向

目前检察机关履行监督职责主要体现为事后监督，工作方式比较单一，监督效果也不够，随着依法治国方略的确立，加强诉讼监督已经成为检察机关的工作重点。今后侦查活动监督工作的改革方向是：构筑较为完善的侦查监督机制，突出检察机关在侦查监督中的引导侦查、引导取证作用，确立侦查相对独立于公诉又以公诉为工作落脚点的意识，形成检察机关引导侦查并使之服务于公诉的监督机制。

（五）构建有效的程序性违法制裁机制

鉴于目前我国侦查活动监督在立法层面及实践操作中均存在着“重实体性监督、轻程序性监督”的倾向，特别是由此导致实践中对程序性违法监督的有效性不足的现实，我们建议在进一步完善非法证据排除规则的基础上规定：

1. 公安机关违反刑事诉讼程序规定实施侦查行为的，检察机关应当发出《纠正违法通知书》，公安机关应当在法定期限内将处理结果通知检察机关。对于违法程度较轻的，检察机关可以将案件退回公安机关补充侦查；对于违法程度较重的，检察机关可以作出不予批准逮捕或不予起诉的决定。

2. 公安机关在法定期限内拒不接受检察机关监督意见的，经检察长批准，检察机关可以建议违法办案人员所在公安机关更换案件承办人员。情节严重的，检察机关可以建议违法办案的直接责任人员所在的公安机关对其给予行政处分，并可以同时建议违法办案的主管人员所在的公安机关的上级公安机关对其给予行政处分。

3. 对于公安机关违法实施的侦查措施，经检察长批准，检察机关可以予以撤销，公安机关应当立即执行。

［辅助案例1］宋某故意伤害案

宋某故意伤害一案移送到县人民检察院后，侦查监督部门迅速进行审查，办案人员及时走访当地群众，全面搜集相关证据，并认真组织讨论案情。在初步认定犯罪嫌疑人宋某涉嫌故意伤害的主要事实证据后，办案人员又对该案卷宗进行了认真全面的审查，发现卷中有证言显示该村孙某被宋某奸污的情节，犯罪嫌疑人宋某可能还涉嫌强奸罪的犯罪事实。但是，公安机关对此并没有立案侦查。经过大量艰难取证，终于掌握了犯罪嫌疑人涉嫌强奸犯罪的主要事实和确凿证据。当办案人员向公安机关口头询问是否受理过受害人的控诉时，公安机关答复受理过控诉，但没有作出处理。掌握这些情况后，经过县检察院委员会讨论决定，检察机关再次向公安机关发出了说明不立案理由通知书。公安机关接到《要求说明不立案理由通知书》后，立即组织干警立案侦查，县检察院及时派员引导侦查。经过大量的取证工作，终于查明了犯罪嫌疑人宋某涉嫌强奸的犯罪事实。县人民检察院以涉嫌强奸罪、故意伤害罪依法批准逮捕了宋某。后人民法院依法作出判决。[1]

专家点评：

本案中，公安机关对于检察机关对其侦查活动的监督比较配合，所以，案件最终取得了良好的效果。检察机关的侦查活动监督非常有效，对于公安机关的侦查活动既是有力的监督，也是有效的引导，真正达到了法律所要求的侦查活动监督的目的。

［辅助案例2］刘某、赵某抢劫案

犯罪嫌疑人刘某、赵某因涉嫌一起绑架杀人案被逮捕。侦查人员经调查证实，前段时间发生的入室抢劫案也是刘某、赵某所为。后一案中，刘某、赵某携带菜刀，将张某家的大门叫开，趁张某一人在家之机，将张某砍死。并抢走金项链5条，现金1000元。案件发生后，侦查监督干警由于提前了解案情，同办案民警一起参与现场勘查，对能够形成证据锁链但事过境迁难以再取到的证据，及时提醒公安机关利用拍照、录像等方法收集和固定证据，引导侦查机关依法取证，针对作案凶器去向不明的问题，及时提出了侦查取证的意见，使作案的凶器在一农户的化粪池中找到。该案提请批准逮捕后，由于检察机关已提前介入，掌握案情，因此，仅用了一天时间即作出批准逮捕决定。[2]

专家点评：

本案是检察机关有效进行侦查活动监督的一个案例。在本案中，检察机关对侦查机关提出了许多有效的指导意见，引导侦查机关收集证据并查找到了已经被犯罪嫌疑人丢弃的作案工具。由于检察机关已经提前掌握了案情，所以仅用了一天时间就作出了批准逮捕的决定，侦查监督工作的效率非常高，保证了案件能够顺利地进入起诉阶段。

本案提供了检察机关进行侦查活动监督的一种有效方法。通过案前预约加强检察机关与侦查机关的沟通，做到了解案情，熟悉证据，提出具体的侦查取证意见。不但提出收集证据意见，而且注意提出固定证据和补充证据的意见，使收集证据一步到位。

（谢佑平　燕星宇）

---

① 贺恒扬：《侦查监督论》，河南大学出版社2005年版，第270页。

② 贺恒扬：《侦查监督论》，河南大学出版社2005年版，第199页。

20. 骨龄鉴定结果能否用来认定未成年人的年龄

［案情简介］王某盗窃案

2005 年 7 月，A 市公安机关破获一起盗窃案，王某在行窃过程中被当场抓获。王某只能说出自己是 1988 年出生，提供不出具体月份和日期。检察机关提起公诉时，王某仍不能提供相关的身份证件。检察机关于是决定：在无法查明被告人具体出生日期的情况下，将王某送到 B 鉴定中心作骨龄鉴定，确定其真实年龄。

很快，鉴定中心对王某的左手、左腕及骨盆 X 片进行检查会诊，显示出王某的腕骨接近成人型；左膝关节、股骨转子等处完全愈合；坐骨结节处骨骺核出现，但未见愈合征象。最后，法医判定：王某的骨龄在 16—18 岁之间。据此，检察机关向法院提起公诉。最终，法院判决：王某在实施盗窃犯罪行为时属未成年人，依法对其从轻处罚，判处有期徒刑 6 个月。

［争议焦点］

1. 哪些情况下需要进行骨龄鉴定？

2. 骨龄鉴定结论能否作为证据使用？

［关联法规］

最高人民检察院《关于“骨龄鉴定”能否作为确定刑事责任年龄证据使用的批复》；国家“六部委”《关于刑事诉讼法实施中若干问题的规定》第 18 条；最高人民法院《关于执行〈中华人民共和国刑事诉讼法〉若干问题的解

释》第60条；《人民检察院刑事诉讼规则》第204条；全国人民代表大会常务委员会《关于司法鉴定问题的决定》第2条、第4条、第9条。

［专家指导］

对于未成年人犯罪，嫌疑人和被告人的年龄是侦查机关和公诉机关必须查明的重要事实。确定刑事责任年龄是侦查机关和公诉机关的法定职责。根据我国刑法的相关规定，年龄关系到对于刑事责任能力的界定，年龄具有法定的免责或减责的属性。行为人是否达到一定的年龄是其是否完全具备刑事责任能力的基本标准之一。对于未成年人案件而言，嫌疑人是否年满14周岁、16周岁、18周岁是至关重要的事实。因此，公安机关在侦查阶段必须查明嫌疑人的真实年龄，检察机关对公安机关移送审查起诉的刑事案件必须要审查被告人的年龄是否真实准确。通常，公安机关和检察机关会通过调查户籍证明、出生证明等法律文书以确定犯罪嫌疑人的年龄、家庭住址等身份资料。

目前在办案实践中，对年龄证据的采信通常有两种标准：一种是形式标准，另一种是内容标准。形式标准主要依据我国民事法律中认定自然人出生时间的规定："出生时间以户籍证明为准，没有户籍证明的，以医院出具的出生证明为准，没有医院证明的，参照其他证明认定。"即户籍管理机关的户口登记是确认某人年龄的唯一正确标准。内容标准并不以户口管理机关出具的证明作为唯一条件，而在法律规定的户籍管理机关出具的户籍证明的基础上，参照其他有关证据，综合分析得出正确的结论。

形式标准虽简单可行，但有违刑事诉讼实质公正的要求。内容标准虽然更符合刑事诉讼实质正义的要求，但在实践中，一旦未成年犯罪嫌疑人对年龄提出辩解，就必须到该未成年人的出生地查找有关证据，而目前在未成年人犯罪中，外来人员的比重极大，无疑会增加司法成本。有没有其他科学的方法可以帮助侦查人员更加准确地对未成年人的真实年龄进行认定呢？近几年出现的骨龄鉴定在一定程度上满足了这一要求。在实务中，有一些嫌疑人或被告人由于所在地区的户籍登记、管理制度不完善，或者为了外出务工的需要擅自隐瞒或修改年龄，从而导致户籍证明和出生证明与其真实年龄存在偏差，致使公安机关和检察机关无法通过户籍证明、出生证明确认其真实年龄。如果无法证明嫌疑人或被告人已经达到法定的刑事责任年龄，公安机关和检察机关就要承担证明不力的责任，导致无法对犯罪人进行刑事追诉。现代科学技术为解决这一难题提供了可能。目前实务界比较常用的手段是对无法确定真实年龄的犯罪人进行骨龄鉴定。

一、哪些情形下需要进行骨龄鉴定

根据最高人民检察院《关于"骨龄鉴定"能否作为确定刑事责任年龄证据使用的批复》，在犯罪嫌疑人不讲真实姓名、住址，年龄不明的情况下，可以委托进行骨龄鉴定或其他科学鉴定。因此，需要进行骨龄鉴定的情形有：(1) 犯罪嫌疑人不讲真实姓名、住址，无法查找到其真实的户籍地，从而无法确定其真实年龄的；(2) 犯罪嫌疑人虽然能说出年龄，但却和户籍证明或出生证明等存在较大误差，从而无法确定其真实年龄的；(3) 经证实，犯罪嫌疑人因为外出务工或提前入学等原因对年龄登记进行过改动，因而户籍登记中反映的不是其真实年龄的。

进行骨龄鉴定一个最重要的前提就是因为多种原因，用其他常规手段无法查明嫌疑人的真实年龄。骨龄鉴定作为一个可以辅助确认年龄的手段，在实务中要尽量避免为图省事过分依赖其推定年龄现象的发生。毕竟，骨龄鉴定有其局限性，同时也需要消耗一定的鉴定资源，只有在非常有必要进行骨龄鉴定的时候方可使用，既要求检察机关充分利用好现有的常规手段，发挥自身智慧，确定嫌疑人的真实年龄，也要求尽量节约鉴定资源。现阶段，检察机关可以适用最高人民检察院《关于"骨龄鉴定"能否作为确定刑事责任年龄证据使用的批复》指导对于骨龄鉴定结论的审查和认证工作。

二、骨龄鉴定结论能否作为证据使用

从最高人民检察院上述批复可以看出，"骨龄鉴定"能否作为确定刑事责任年龄的证据来使用，关键还要看"骨龄鉴定"是不是孤立的唯一的证据，如果不是孤立的唯一的证据，"骨龄鉴定"就能作为确定刑事责任年龄的证据使用，比如可以辅之以学校的学籍档案、邻居证言等。

鉴定结论应当是科学结论。但是，由于检材有可能存在误差，鉴定过程不可避免地受到主、客观条件的影响。此类因素都可能导致鉴定结论与案件事实不符。因此，对鉴定结论只有经过认真审查、核实，才能作为证据使用在诉讼之中。骨龄鉴定作为鉴定的一种，其转化为证据必须经过必要的审查。因此，检察机关对于骨龄鉴定结论应当进行严格的审查。"六部委"《关于刑事诉讼法实施中若干问题的规定》第 18 条及最高人民法院《关于执行〈中华人民共和国刑事诉讼法〉若干问题的解释》第 60 条对人民法院审查鉴定结论作了较详细的规定。对于检察机关如何审查鉴定结论，目前刑事诉讼法尚未作出规定，即使是规定得比较详细的《人民检察院刑事诉讼规则》第 204 条也只是规定："对于鉴定结论，检察人员应当进行审查，必要的时候，可以提出补充鉴定或者重新鉴定的意见，报检察长批准后进行补充鉴定或者重新鉴定。检察长也可以直接决定进行补充鉴定或者重新鉴定。”对检察人员是否可以询问鉴定人、检察机关如何审查鉴定结论等问题都未涉及。实践中往往是收到鉴定结论后直接作为证据使用，审查的程序一般被忽略。忽略对骨龄鉴定结论的审查所可能导致的直接后果就是在法庭质证过程中骨龄鉴定结论有可能因为不具有证明力而被法庭拒绝采信，从而无法有效地支持控诉。

因此，检察机关应强化对鉴定结论的审查。在目前的法律框架下，检察机关可以参照人民法院审查鉴定结论的标准和方法，在其内部建立起一套行之有效的审查机制。该套审查机制应当包括下列内容：

1. 审查鉴定机构的资质和鉴定人员的资格。鉴定机构和鉴定人具有鉴定资格，取得鉴定权，才能接受委托进行鉴定。经过授权的正式的鉴定机构和具有合格资质的鉴定人是骨龄鉴定结论客观公正的保障。目前进行骨龄鉴定的机构五花八门，是否具有鉴定资格不详。在网上粗略搜索，发现许多医科大学、体育系统、刑警学院、司法部门的下属机构都在从事骨龄研究和鉴定服务。体育科学研究所也在接受委托开展此项司法鉴定工作，由于它所采取的是腕骨摄片鉴定，相对于全身摄片更便捷、经济，其鉴定结论确定的年龄范围又相对较小，故公安机关大都委托该部门进行刑事案件犯罪嫌疑人的骨龄测试。从客观角度来讲，该体科所从事骨龄测试工作已有多年，其经验、能力和权威性都是值得信赖的。但是，从进行司法鉴定工作的机构的角度来看，它缺少了至关重要的司法鉴定资格的认可。因此，它所出具的骨龄鉴定结论只能作为初步判断被测人的年龄情况，而不具备作为证据材料直接运用于刑事案件的前提条件。

另外，在鉴定时通常应当选择由异地的鉴定结构进行鉴定，异地指既不是被告人所在地，也不是检察机关所在地，从而避免可能造成的地方保护和司法不公。审查鉴定人员是否具备《全国人民代表大会常务委员会关于司法鉴定问题的决定》第 4 条所规定的条件，在技术职称、执业资格、工作年限、是否受过刑罚处罚等各方面都符合要求。根据《全国人民代表大会常务委员会关于司法鉴定问题的决定》第 2 条的规定，国家对从事四大类司法鉴定业务的鉴定人和鉴定机构实行登记管理制度。所以，能够进行司法鉴定业务的鉴定人和鉴定机构都应该进行过登记，是符合国家规定的合法的鉴定机构和人员。如果在相关的登记名册中找不到其名称或姓名，说明该鉴定机构和鉴定人不具有司法鉴定资质，其鉴定结论当然不予采纳。

2. 在适当的范围内公布鉴定结论，以接受群众监督。群众监督是来自外部的有力监督力量。鉴定结论在适当的范围内公布，既可以让群众监督鉴定本身的程序是否合法，又可以监督鉴定结论的内容是否真实、客观，同时具有程序监督和实体监督的作用。

3. 审查鉴定机构与人员是否有应当回避的情形。《全国人民代表大会常务委员会关于司法鉴定管理问题的决定》第9条第3款规定：鉴定人应当依照诉讼法律规定实行回避。因此，检察机关应当审查鉴定机构和鉴定人员是否具有需要回避的情形，以保证鉴定行为和结果的客观性和公正性。

4. 对鉴定结论写出书面审查意见书，报检察长决定。今后可以考虑在条件成熟的时候将检察机关内部的审查机制转化为规范性的制度，可以把《人民检察院刑事诉讼规则》第204条修改为："对于鉴定结论，检察人员应当进行审查，对鉴定结论进行必要的公布，可以询问鉴定人及相关人员，查看鉴定人资格，应当写出对鉴定结论的审查意见书，必要的时候，可以提出补充鉴定或者重新鉴定的意见，报检察长批准后进行补充鉴定或者重新鉴定。检察长也可以直接决定进行补充鉴定或者重新鉴定。"

三、骨龄鉴定的规范化

当然，骨龄鉴定作为鉴定家族中的一个新成员，经过了近几年的发展，在技术上已经日趋成熟。下一步就是要进行相关的立法，对骨龄鉴定的程序应当从鉴定标准、鉴定方法、审查程序等方面着手予以规范。鉴定标准主要由骨骼信息数据来决定。虽然根据有关研究表明，手部骨龄评测结果标准差最小，其次是足、膝、肘、肩、髋部。同时，手腕部包含生长发育信息较多，在很宽的年龄跨度内骨化次序都较规律，拍照方便，又因左手较少受伤致残，因此较多采用左手腕部。[①] 但本着科学谨慎的态度，骨龄鉴定还是以综合鉴定为好。如果数据采集合理、更新及时，则鉴定标准相对精确。如果数据采集不合理、不全面，更新不及时，则鉴定标准无法达到精确的要求。因此，立法要充分注意骨龄鉴定技术的最新发展情况并将其反映出来，应当规定鉴定机构使用最新、最全面的骨骼信息数据，以提高鉴定标准的可靠性。另外，要严格规范接受委托、实施鉴定、结论审查等各个程序环节，以确保鉴定流程客观公正合法。可以考虑规定办案部门须通过本单位技术部门统一委托专门司法鉴定机构鉴定，鉴定过程可有合适成年人如犯罪嫌疑人律师参与，鉴定结论应与其他证据材料一样经过审查监督等。

［辅助案例1］肖某盗窃案

肖某于2004年6月5日和8月12日，分别盗窃现金5000元和9000余元。

① 赖小平、于晓军、刘源、张云源：《青少年骨龄鉴定及其相关问题》，载《中国法医学杂志》2005年第20期，第285页。

检察机关通过审查阅卷、提审被告人，发现肖某的年龄不清，从户籍证明、学籍档案、证人证言、犯罪嫌疑人肖某的供述笔录中得出的证明，肖某至2004年6月5日犯罪时，出现了4个不同的年龄，最大的年龄是已满18周岁，最小的年龄仅有15周岁。2004年11月4日，检察机关按照专家的建议，带肖某到A市人民医院为其拍摄了十余张CR片。2004年11月22日，B鉴定中心鉴定结论为，被鉴定人肖某摄片时的骨龄在18周岁以上，未满25周岁。后检察机关认定肖某是已满16周岁、未满18周岁的自然人，以盗窃罪对肖某提起公诉。

专家点评：

本案中，肖某的年龄无法直接从有效的法律文书得到证明，其户籍证明、学籍档案、证人证言和供述笔录中所反映的年龄无一相同，出现了4个不同的年龄。如果肖某已满18周岁，其在法律上就是一个成年人，应当承担完全刑事责任。如果肖某年龄为15周岁，则其在法律上为限制刑事责任能力人。两者所应受的刑罚处罚是不相同的。所以，必须对肖某的真实年龄进行有效的证明。因此，检察机关向鉴定部门提出进行骨龄鉴定的要求目的在于认定肖某的确切年龄，为对其提出恰当的指控作准备。鉴定中心给出的鉴定结论为：肖某摄片时的骨龄在18—25周岁之间。这一鉴定结论显然跨度过大，无助于检察机关对肖某确切年龄进行认定。根据证据法的基本原理，检察机关无法证明肖某属完全刑事责任能力人。因此，最终检察机关采取了有利于肖某的认定，确认其年龄在16—18周岁之间。

［辅助案例2］张某贩卖毒品案

张某于1999年7月7日伙同他人在A市交易毒品。当他被公安机关抓获后，自称是1983年8月1日生，住A市B县，后经某区公安机关和检察机关多次发函至当地公安机关协查，并无此人。检察机关经审查，此案张某贩毒事实清楚、证据确凿，遂根据相关法律规定，以其自报姓名、年龄移送人民法院提起公诉，人民法院受理后，委托有关司法鉴定部门对张某作了骨龄法医学鉴定，鉴定其为22—25周岁，此鉴定在庭审中经过质证，公诉人和辩护人均对该骨龄鉴定是否科学等问题提出了异议，后张某为了证明自己是未成年人，遂供出真实身份和原籍地址等，通过进一步调查，证实被告人系1982年5月1日出生，犯罪时未满18周岁，使该案最终得以公正判决。

专家点评：

本案中，鉴定机关对张某进行骨龄鉴定得出的结论与被告人的真实年龄差距较大。张某对于这一明显不利于自己的鉴定结果不予认可，为了证明自己是未成年人，遂交代出自己的真实身份和原籍地址等信息。这也反映出骨龄鉴定在技术上有待完善。因此，对于骨龄鉴定结果不能盲目采用。检察机关、审判机关在决定进行骨龄鉴定时，对于鉴定结论一定要进行严格的审查。只有在有相关证据佐证的情况下，才能作出对嫌疑人或被告人的年龄的认定。

（梁凤娣　钱　蘅）

21. 侦查实验结果能否作为计算盗窃金额的依据

[案情简介] 张某盗窃案

张某携带两只工具包进入某公司机房内，盗窃PTC保安单元装满两只工作包后逃离。次日被害单位报案：有3000只保安单元被窃。犯罪嫌疑人到案后却一直供述其盗窃保安单元装满了两个工作包，具体数量没有数过，但肯定没有3000只。由于赃物灭失，被害单位陈述与犯罪嫌疑人供述不一，公安机关让犯罪嫌疑人张某在侦查人员的主持下和两名见证人的见证下，装同种检材的保安单元入其作案时使用的工作包，装至其作案时装满的状态。后让犯罪嫌疑人张某自己清点工作包内保安单元的数量，结果为1970只，犯罪嫌疑人张某对该结果表示认可。经鉴定保安单元单价为人民币11.6元，共计人民币22852元。

[争议焦点]

侦查实验结果能否作为证据使用？

[关联法规]

《中华人民共和国刑事诉讼法》第108条；《公安机关办理刑事案件程序规定》第202条；《人民检察院刑事诉讼规则》第171条、第172条、第173条。

[专家指导]

本案中，公安机关为了弄清被盗物品的数量所进行的活动称为侦查实验。侦查实验是我国刑事诉讼法规定的一项侦查措施，也可称为“模拟实验”。它广泛运用于侦查实践中，在侦查破案乃至整个刑事诉讼过程中发挥着其他侦查措施难以替代的重要作用。鉴于实验方法在侦查破案和诉讼过程中具有独特的证明作用，世界上许多国家或地区都以立法方式将其规定为一种侦查措施或司法证明方式，如俄罗斯刑事诉讼法典就将侦查实验规定为一种重要的侦查措施；意大利、葡萄牙及我国的澳门特区刑事诉讼法典则将其明确规定为一种司法证明方式；英美法系国家的证据立法也普遍承认实验结果在法庭审判中的证据效力。[①] 严格审查和正确运用侦查实验结果，对于有效地发现犯罪线索、明确侦查方向、划定侦查范围、获取犯罪证据、查证案件事实都具有积极意义。随着刑事侦查现代化和法制化的发展，侦查实验在侦查措施体系中的地位已越来越重要，在侦查破案中的作用正日显突出。

侦查实验在我国有明确的法律规定。我国现行法律规范中的侦查实验规则体现了依法实验和文明实验的原则。《刑事诉讼法》第 108 条规定："为了查明案情，在必要的时候，经公安局长批准，可以进行侦查实验。"公安部关于《公安机关办理刑事案件程序规定》第 202 条规定："为了查明案情，在必要的时候，经县级以上公安机关负责人批准，可以进行侦查实验。"该《规定》同时对侦查实验提出了一系列较为具体的要求。这些都说明，侦查实验是一种合法的侦查手段，其结果有作为证据使用的可能，只要其经过审查被确认具有证据的三个基本特征，即客观性、关联性和合法性。要做到侦查实验结果具有证据的三个基本特征，必须在进行侦查实验时严格遵守相关的法律程序和尊重科学和自然规律，这样侦查实验的结果才能起到证明案情的作用。所以，侦查实验本身有明确的法律依据，其结果有作为证据使用的可能，但要真正转化为证据，必须经过相关的法律程序，首先，要求侦查实验的进行必须符合法律规定的程序。其次，检察机关对于侦查实验结果要进行必要的审查。

一、检察机关进行侦查实验需严格遵守的基本要求

第一，侦查实验应尽可能在被审查事件发生的原地点进行。因为犯罪现场的存在是侦查实验的物质基础。犯罪现场是一种不以人的意志为转移的客观存在，犯罪现场中获取的犯罪信息量决定着侦查实验的成败。犯罪信息是指与案件有关的，能反映犯罪事实的各种物质性反映形象，各种相关环境条件，以及案件当事人、目击者的感觉、知觉、记忆等能反映犯罪行为特征的各种信息。犯罪信息是犯罪行为的共生体，是对侦查活动中不定性的一种消除，是进行侦查实验的充分必要条件。离开了它，侦查实验只能是纸上谈兵，无法付诸实

① 许忠剑：《论侦查实验结果的诉讼证明力》，载《国家检察官学院学报》第 11 卷。

施。如果犯罪现场的具体条件已经发生重大变化，而可能影响实验结果时，应先恢复原状，然后再进行实验；无法在原地恢复的，也可以考虑重建一个类似的现场，各种因素和条件都要做到相似。包括土壤、建筑以及建筑物内的装饰等均应该做到非常的形似性。前述案例中，侦查实验在被害单位的被害地点进行。

第二，侦查实验的时间、光线、风速、气温等自然条件应同事件发生时的条件相近似；时间、光线、风俗、气温等自然条件在某些案件中可能起到至关重要的作用，例如雨天和晴天作案人留下的脚印会截然不同，气温对于案件类型也有很大的影响等。所以，只有尽量保持这些自然条件和事件发生时的相似性，才能保证侦查实验结果在最大程度上达到客观。

第三，侦查实验应尽可能使用原来的工具和物品，以保证实验结果的正确性。作案人使用的工具和物品有些是随机地利用，有些则是经过精心选择之后所采用的，可能与作案人的职业、身份、性别、年龄等诸多因素存在一定的关联。因此，应当尽量使用原来的工具和物品。如果原工具和物品因为犯罪行为被毁坏，可以考虑采用同样规格的性状相似的工具和物品，以试验经过何种破坏性行为可以将工具和物品变为毁坏之后的状态，以此推测作案过程。前述案例中，检材是被害单位提供的与被窃保安单元同种型号、大小、形状的保安单元；侦查实验采用的装保安单元的工作包系犯罪嫌疑人张某盗窃时使用的工作包；侦查实验的具体操作者是犯罪嫌疑人张某本人，张某是盗窃案的实施者，是对案件真实情况包括保安单元实际装满包的程度最为清楚的人，由其将保安单元放入工作包内，装满至作案时装满包的程度，重现作案当时情况，真实性较强。

第四，侦查实验既要在同一条件下多次进行又要变换条件反复进行，以排除不良因素对实验的干扰，保证实验结果的可靠性。一次实验出现的结果带有较大的偶然性。如果经过多次实验结果均相同，如此得来的结果才比较可靠。因此，侦查实验既要在同一条件下多次进行，又要变换条件反复进行，排除不良因素对实验的干扰。一般来说，遵循上述侦查实验规则进行的侦查实验的结果其客观真实性是较强的，与案件事实是较接近的。

第五，侦查实验不公开进行。侦查实验是在案件的侦查过程中进行的，此时通常案情尚不明朗，案件的侦查处于相对保密的状态之下。如果公开进行侦查实验，有可能会打草惊蛇，惊动作案人，使其作出逃跑或其他行为以逃避侦查，对侦查工作造成不良影响，使侦查工作陷入被动和僵局。因此，侦查实验通常不宜公开进行。

二、侦查实验结果的审查

首先，要审查侦查实验的结果是否具备客观性。主要是审查侦查实验与客观事实的条件因素接近程度。一般来说，侦查实验与客观事实的条件因素越接近，其结果就越接近于案件事实。这个道理是显而易见的。审查侦查实验的结果是否对案件中某些事实或现象的客观运动规律的一种反映形式，在客观条件具备的情况下是否可以重复再现。并且侦查实验的结果有没有以《侦查实验笔录》的客观形式固定下来。

其次，要审查侦查实验的结果是否具备关联性。侦查实验是一种检查性的侦查措施，侦查实验的结果，不管它是肯定的还是否定的，都应当从不同侧面证明着案件事实，达到与案件事实之间的客观联系不容置疑的程度。

再次，要审查侦查实验的结果是否具备合法性。侦查实验是我国《刑事诉讼法》规定的一种侦查行为，进行侦查实验必须符合法定条件并遵守法定程序。因此，要审查取证主体是否恰当，取证方式是否合法。非法程序收集的证据司法实践中一般不具有证明力。按照法律规定：侦查实验必须由侦查人员主持，并在两名见证人的见证下进行，防止出现侦查人员采取非法手段得出与客观真实相违背的结果。侦查实验如需要证人、被告人和犯罪嫌疑人参加，只能是出于他们的自愿，侦查实验不得使用强制手段逼迫他们参加。如果采用威逼手段强迫其参加，则无异于刑讯逼供，所取得的结果不能被采信，更不能作为定案的依据。前述案例中，侦查实验在侦查人员的主持下，并有两名见证人的见证，没有出现非法收集证据的情况。犯罪嫌疑人张某自愿参加本次侦查实验，实验的全过程由张某自愿操作，该侦查实验的结果不属于侦查人员威逼下获取的证据，具有可信性。

符合以上三个条件的侦查实验结果只是初步具备了作为证据的条件。在此基础上，检察机关还要对侦查实验的结果进行证明力的判断。因为，侦查实验的结果证明力的高低将直接影响到该证据在庭审中是否能够被法庭采信，从而对诉讼进程和案件结果产生直接的影响。因此，这一步的审查也相当重要。通常，侦查实验的结果作为证据的一种，其证明力的大小应当结合具体案件来分析。在具体案件中，特定证据对于待证事实的证明价值取决于该证据与待证事实之间联系的紧密和强弱程度。一般来说，如果与待证事实之间联系紧密，则证明力加强；反之，则证明力较弱。

［辅助案例1］李某诬告陷害案

李某和女儿一同前往公安机关报案称王某强奸了女儿，要求追究王某的刑事责任并给予经济赔偿。公安机关询问李某是如何知道女儿被强奸的。李某说自己是隔着木板墙上的一个小洞看到的。侦查人员决定亲自到李某家查看现场。经公安局长同意，侦查人员来到李某家，按照她指认的木板墙上的一个小洞，向王某家窥视，发现除能看到家具杂物外，根本看不到床在哪里。侦查人员反复观察了几遍，总是不能像李某所说的那样。于是，在不能自圆其说的情况下，李某被迫交代了诬告陷害王某的目的，强奸事实纯系编造。案情至此真相大白，李某与女儿以诬陷罪被逮捕。①

专家点评：

本案涉及侦查实验的运用。侦查人员在李某的叙述中发现了一些漏洞，经公安局长同意，到李某家进行侦查实验，以验证李某的证言。按照李某所述的条件，经反复观察，否定了李某的指控。整个程序是合法的。而且这个实验很简单，不存在任何技术要求，所以结论是真实的。

[辅助案例2] 孙某、郑某刑讯逼供案

王某涉嫌盗窃在派出所接受讯问。讯问期间，王某死亡。涉案的刑警孙某、郑某说被害人多次企图逃跑，为防止其逃跑，才对其使用了电警棍，后嫌疑人因病身亡。检察人员分析认为，被害人如果不是身体被固定，很难被电到下身，从电击的痕迹上来看，有明显的虐待迹象。据此分析认为涉案的刑警在说谎，他们有刑讯逼供的重大嫌疑。

此后，在有关人员到场见证的情况下，检察人员模拟了案发现场的情形。他们先从讯问地派出所调取了同样类型的联椅，又选用了同样型号的手铐。挑选一位和被害人身高、体重相似的实验者，按现场情形，双手分开铐在联椅上做单手和双手拉扶手的试验，结果是联椅扶手均无破损断裂现象。这一实验证明涉案刑警所说的被害人欲拉断扶手试图逃跑的情形并不存在。同时，针对一副手铐3个锯齿断裂的事实，检察官又找到该手铐的生产厂家做了检测试验，结果证明被害人是无法拉断手铐锯齿的。此外，电警棍的生产厂家对同种型号电警棍的性能作了说明：该种型号的电警棍，一支一次电击就会让人失去抵抗能力。一系列侦查实验的结果，坚定了检察官对涉案刑警编造谎言、伪造现场判断的信心。②

专家点评：

本案中，检察人员发现死者王某受伤的部位比较特殊，故而初步推测王某是在身体被固定的情况下受到办案民警的电警棍击打的。于是，检察人员决定进行侦查实验。实验所用的物品均为原物。由于被害者已经死亡，检察人员挑

① 樊崇义主编：《刑事诉讼法学案例教程》，知识产权出版社2001年版。

② 俞敬尧等：《诉讼证据案例与学理研究》，法律出版社2005年版，第81页。

选了一位和被害人身高、体重相似的实验者，按照办案民警的陈述，检察人员让实验者按现场情形，双手分开铐在联椅上做单手和双手拉扶手的试验，结果联椅扶手并无破损断裂现象。针对一副手铐3个锯齿断裂的事实，检察人员又找到该手铐的生产厂家做了检测试验，结果证明被害人根本无法拉断手铐锯齿。此外，电警棍的生产厂家说明该型号的电警棍，一支一次电击就会让人失去抵抗能力。如果连续进行击打，很有可能导致被击打者死亡。由于实验程序合法，而且操作规范，所以结果真实、可信。

（顾文虎　钱　蘅）

22. 司法精神病鉴定的条件与规范

[案情简介] 林某故意杀人案

犯罪嫌疑人林某被侦查机关于2007年2月4日刑事拘留，后延长至30日。3月6日，侦查机关向A市精神卫生中心送达《精神病鉴定聘请书》，要求对林某的刑事责任能力进行鉴定。6月5日，鉴定机构出具了犯罪嫌疑人“无精神病，具有完全刑事责任能力”的鉴定结论。次日，侦查机关又送达第2份《精神病鉴定聘请书》，要求对林某的诉讼能力进行鉴定，9月6日鉴定机构出具了林某“目前具有受审能力”的鉴定结论。随后，经检察机关批准逮捕后，侦查机关又用尽了法定侦查期限后移送审查起诉。该案侦查阶段共用时14个月，前后两次精神病鉴定引起的诉讼中止就长达6个月。

[争议焦点]

1. 什么情况下需提起司法精神病鉴定？

2. 如何解决司法精神病鉴定程序适用不规范的问题？

[关联法规]

《中华人民共和国刑法》第18条；《人民检察院刑事诉讼规则》第255条；《中华人民共和国刑事诉讼法》第122条；《司法鉴定程序通则》第15条、第26条；《司法鉴定职业分类规定》；《精神病司法鉴定暂行规定》；最高人民法院2003年11月《关于推行十项制度切实防止产生新的超期羁押的通知》；全国人民代表大会常务委员会《关于司法鉴定问题的决定》第11条。

[专家指导]

司法实务中，要求进行司法精神病鉴定的案例并不少见。这是因为我国《刑法》第 18 条规定，精神病人在不能辨认或者不能控制自己的行为时造成危害结果，经法定程序鉴定确认的，不负刑事责任。我国对司法精神病鉴定制度的规定主要体现在 1989 年 8 月 1 日开始施行的《精神病司法鉴定暂行规定》以及散见于《刑事诉讼法》中的相关规定。在《精神病司法鉴定暂行规定》中，规定了司法鉴定机构、鉴定内容、鉴定人、委托鉴定和鉴定书、责任能力和行为能力的评定。但是它没有规定在什么情况下需要对刑事案件中的相关人员进行精神鉴定，重新鉴定的申请应以几次为限等，导致司法实践中，公安机关和检察机关假借精神病鉴定之名，行超期羁押争取办案时间之实。这样严重损害了当事人的权益，可能导致进行一些不必要的鉴定，或者应该进行鉴定的却没有鉴定，从而造成国家鉴定资源的浪费或者把一个精神病人送上法庭的现象发生。目前在检察实务中，在司法精神病鉴定方面存在的主要问题有两类：一类是在什么情况下需要提起司法精神病鉴定要求？另一类是针对目前办案机关适用司法精神病鉴定规则不规范的状况应该如何规范？

一、提起司法精神病鉴定的情势

对于检察机关在什么情况下可以提起司法精神病鉴定这一问题，现有的法律规定仅见于《人民检察院刑事诉讼规则》第 255 条的两款规定，第 1 款规定是：在审查起诉中，发现犯罪嫌疑人有患精神病可能的，人民检察院应当依照本规则的有关规定对犯罪嫌疑人进行鉴定。第 2 款规定是：犯罪嫌疑人的辩护人或者近亲属以犯罪嫌疑人有患精神病可能而申请对犯罪嫌疑人进行鉴定的，人民检察院也可以依照本规则的有关规定对犯罪嫌疑人进行鉴定，并由申请方承担鉴定费用。实务中，如果嫌疑人有精神病的治疗史，其辩护人或者近亲属以病历为依据提出对嫌疑人进行司法精神病鉴定要求，检察机关比较容易作出判断，也不大会引起争议。对于并没有精神病的治疗史的嫌疑人，如果辩护人或者近亲属提出司法精神病鉴定的要求，检察机关如果一概拒绝鉴定要求，可能使得确实患有精神病只是家人没有发现的嫌疑人无法得到法律应有的保护；而如果一概同意鉴定的要求，又可能浪费司法资源，降低诉讼效率。检察机关处于两难境地。

根据《人民检察院刑事诉讼规则》第 255 条的规定，检察机关提起司法精神病鉴定在程序上有两种，一种是检察机关依职权提起，另一种是检察机关依犯罪嫌疑人的辩护人或者近亲属的要求而提起。提起司法精神病鉴定的实体性条件按照《人民检察院刑事诉讼规则》第 255 条的规定应当是：检察机关发现犯罪嫌疑人有患精神病可能或者是犯罪嫌疑人的辩护人或者近亲属以犯罪嫌疑人有患精神病可能。这一条实体性规定看似明确，却恰恰是引起争议的地方。我们知道，精神病是需要专业机构和专业人员通过诊断才能发现的，检察机关的人员、犯罪嫌疑人的辩护人、近亲属通常只是普通人，不是精神病方面的专家，他们如何能够发现犯罪嫌疑人有患精神病的可能。法律并没有给出判断一个嫌疑人是否有精神病的具体标准，实务中通常会根据嫌疑人作案手段超出一般嫌疑人所具有的凶残程度或另类方式等来进行判断，而这可能只是反映该嫌疑人非常冷酷的性格特质或者某种不为人知的心理特质或生物性特征。因此，嫌疑人作案手段或者造成的结果和通常此类的案件相比非常严重都不是有效地判断作案人有精神病可能的合适标准。因此，如何判断，是否需要对一个嫌疑人提起司法精神病鉴定要求是检察机关需要解决的一大难题。笔者以为，根据目前的法律规定，是否需要提起司法精神病鉴定，如果是嫌疑人的辩护人或者近亲属提起，一般应要求其出具相应的证据，证明该嫌疑人有过精神病的治疗史。如果是检察机关依职权确定需要提起司法精神病鉴定，通常应该事先咨询相关专业机构和专业人员。这在程序上有些本末倒置，但这是目前状况下比较可行的办法。

二、司法精神病鉴定的规范适用

《刑事诉讼法》第122条规定“对犯罪嫌疑人作精神病鉴定的期间不计入办案期限”，但未对因鉴定精神病而中止诉讼的起讫时间予以明确，而司法部《司法鉴定程序通则》第15条、第26条关于精神病鉴定时限的规定又过于弹性，给司法人员“借用办案时间”留下了很大空间，造成实践中部分案件办案期限过长，影响了诉讼效率。更为严重的是，在押的犯罪嫌疑人、被告人的羁押期限处于不确定的状态，易被误认为“超期羁押”。据统计，相关办案单位在2007年对羁押在A市看守所的52人委托专业机关进行了精神病鉴定，共引起65名在押人员的案件被中止诉讼，而鉴定过程中却不同程度地存在着执法不规范的现象。

一是鉴定时间过长。如上述52件精神病司法鉴定用时30日以下的5件，占9.6%；1个月以上2个月以下的11件，占21.2%；2个月以上3个月以下的7件，占13.5%；3个月以上4个月以下的2件，占3.8%；5个月以上6个月以下的1件；而时间不详的竟有26件，占50%。

二是办案单位借精神病司法鉴定变相延长办案期限。调查显示，凡精神病鉴定用时3个月以上的案件，均存在办案单位“借用”鉴定时间的可能。司法部《司法鉴定程序通则》第26条第3款规定可以“约定鉴定时限”，给办案部门“借用”精神病司法鉴定变相延长办案时间开启了制度之门。而除了“约定鉴定时限”外，《司法鉴定程序通则》还为办案单位“借时间”提供了其他途径。如根据其第26条第1款，精神病司法鉴定始于办案单位与鉴定机构签订的《司法鉴定协议书》生效之日，终于司法鉴定文书出具之日。但该条第4款又规定“在鉴定过程中补充或者重新提取鉴定材料所需的时间，不计入鉴定时限”。至于“补充或者重新提取鉴定材料”究竟需要多少时间，最长不得超过多少时间，均未明确，《刑事诉讼法》更无涉及，不幸又成为办案单位任意支配的“灰色时间”。

三是办案单位未及时将中止诉讼、恢复诉讼的时间通知监管场所。对被羁押的犯罪嫌疑人、被告人作精神病鉴定的，是否应当通知羁押单位，仅有最高人民法院2003年11月《关于推行十项制度切实防止产生新的超期羁押的通知》第3项作了“应当及时书面通知看守所、被告人及其家属”的规定。上述52起精神病司法鉴定案件中，办案单位将诉讼中止和恢复的时间通知市看守所的仅为25件，占48.1%，且通知的时间前后不一。有的在诉讼中止之前就将有关通知文书送达，有的在诉讼中止、恢复之日开具文书却在中止之后送达，使用的文书也五花八门，有公函、《变更羁押期限通知书》、《精神病鉴定聘请书》、《精神病司法鉴定协议书》的复印件或传真件等。另27起案件，有的仅通知中止时间而不通知恢复时间，市看守所收到判决书才知道案件早已恢复诉讼；有的不通知中止时间只通知恢复时间，市看守所收到恢复诉讼的通知书后感到莫名其妙；有的干脆中止、恢复时间都不通知，及至市看守所和驻所检察室发现犯罪嫌疑人、被告人被“超期羁押”而询问时，才得知因精神病司法鉴定而诉讼中止。

如何才能有效规范检察机关正确适用精神病司法鉴定规则？检察机关应当认识到不规范适用精神病司法鉴定不仅会导致诉讼效率低下，而且可能影响到诉讼的公正性，因此在现有的关于精神病司法鉴定的法律法规尚不是很健全的情况下，检察机关应当从自身做起，做到严格遵守已有的法律规定，从效率、公正的高度去进行程序运作。可以考虑在检察机关内部建立程序运行监督机制，以约束内部相关部门在现有的法律法规框架下合法适用精神病司法鉴定的相关规定。在此前提下，具体做好以下几个方面的工作：

一是要建立分级有序的精神病司法鉴定体系和工作机制。如无可能影响鉴定准确性的法定事由出现，应该认为市司法鉴定专家委员会就同一项目的复核鉴定意见是终局鉴定。避免不必要的重复鉴定浪费鉴定资源和拖延诉讼进程。

二是鉴定项目合并。刑事责任能力、受审能力等可以进行合并，而不需要各个项目逐个进行鉴定。可以规定刑事责任能力与受审能力一并鉴定，一并出具鉴定结论。可以避免多次鉴定，多次导致诉讼进程中止的不良结果。

三是规定须将因精神病司法鉴定而中止诉讼的情形通知监管场所和所有犯罪嫌疑人、被告人及其家属，接受来自外部力量的监督。如果任何一方对此有异议，可以提出自己的合理理由。检察机关在此监督之下，可以有效地督促自身严格遵守司法精神病鉴定的程序，做到公正办案。

四是严格限定因精神病司法鉴定而中止诉讼的时间。如提出鉴定申请、传递鉴定材料的时间，规定为5个工作日；对于鉴定时间，依照司法部《司法鉴定程序通则》规定的鉴定时间为30日，可以延长至60日，杜绝“另有约定”超过60日的情形，防止诉讼过分延迟；对于补充鉴定材料的时间，参考《司法鉴定程序通则》第15条的规定，包括材料在路途上的时间，补充鉴定材料的时间可以10个工作日为限。最后，对于传递司法鉴定文书的时间。本市司法行政机关可根据《司法鉴定程序通则》的精神制定实施细则，并规定司法鉴定机构应当于鉴定完毕后的5个工作日内，将精神病司法鉴定文书送达委托机关。

对于庭审中出示的鉴定结论对公诉机关不利的问题主要是由于检察机关对于鉴定结论审查不严，让证明力不强的鉴定结论进入了庭审程序。因此，检察机关必须意识到对于司法精神病鉴定结论的审查是一项极其重要的工作，审查的有效与否将关系到在庭审中检察机关出示的鉴定结论能够作为对己方有利的证据被法庭采信。因此，必须在提起公诉前对司法精神病鉴定结论进行严格的审查。审查的内容包括两个方面，审查的目的是要保证鉴定结论有充分的证明力。

首先，要审查鉴定结论中的精神疾病诊断的内容。我们要围绕疾病诊断标准并用证据来支持诊断标准。在引用证据来证明被鉴定人所患精神疾病时，需注意证据的证明力。一般来说，直接证据较间接证据为强，原始证据较传闻证据为强，无异议证据较有异议证据为强。在相同的条件下尽可能引用证明力强的证据。我们应首先采用：案件的有关文字资料：病历、日记、遗书等；与双方当事人无利害关系人的证言；与双方当事人无血缘关系人的证言；紧接于案发后的取证材料；被害方提供的资料（主要指被害方因缺乏精神疾病专业知识而提出的欲证明被鉴定人无病的证明，而又恰恰是可说明被鉴定人患精神疾病的相关资料）。

其次，要审查相关的法律能力及法律关系评定。因为在实践中因司法精神病鉴定出庭质证，绝大多数情况是质证被鉴定人是否患精神疾病以及作案时的责任能力。而有关责任能力评定的质证，通常是以被鉴定人所患精神疾病对其实施危害行为时的辨认能力及控制能力的影响来论证。

在审查的基础上，检察机关还要训练自身高超的法庭质证能力。在对司法精神病鉴定结论进行质证时，通常要注意以下几点：

1. 尽可能避免直接引用辨认能力和控制能力提法。辨认能力是通过具体的行为来体现的。仅仅指出某种精神病理性症状导致一个人辨认能力的减弱或丧失并没有说服力，而是需要通过描述在此精神病理性症状之下此人在行为上有哪些有别于常态和常人之处，以此来证明他（她）的辨认能力和控制能力的减弱或丧失。

2. 从精神疾病患者的精神病理性症状与所实施的特定危害行为间的因果关系论证；如果存在法律上所要求的因果关系，此精神疾病患者才可以因此得到相关的刑事责任能力的认定：或为无刑事责任能力，或为限制刑事责任能力。

3. 当精神症状与危害行为无直接因果关系时可应用推定方法进行质证。当被鉴定人为上述情况而又处于疾病的严重阶段，对其责任能力的质证可以从三个方面的事实，推定其所患疾病与其实施的危害行为间的关系；其是否有明确的可解释的正常动机；危害行为过程是否与其病前行为模式相统一；危害行为过程是否与正常人的该类危害行为过程相悖。结合这三方面的证据，运用精神病学及司法精神病学知识，对其危害行为的影响进行推定质证，常会为法庭所采信。

当然，司法精神病鉴定方面存在问题的根本性改变还需要依赖立法对于司法精神病鉴定程序的完善。例如，可以考虑建立一步到位的委托机制，建立全面自然人化的鉴定主体；确立统一的鉴定机构；确立鉴定结论的庭审质证制度等。在内外制度兼备和完善之下，检察机关才能规范适用司法精神病鉴定规则和程序。

［辅助案例1］秦某故意伤害案

在秦某故意杀人一案中，公安机关在移送审查起诉时，卷宗材料附有省级某具有鉴定资格的医院对秦某作出的精神病医学鉴定，结论意见是：秦某作案时，意识清楚，具有完全刑事责任能力。但犯罪嫌疑人对此鉴定不服要求重新鉴定，经省级另一具有鉴定资格的鉴定医院鉴定得出：秦某系限制刑事责任能力人。而对上述鉴定结果，被害人又提出了重新鉴定要求。经公安机关委托，A市一医院对此又作出了鉴定。本案因重新鉴定问题使案件从受理到审结历时半年之久。这些鉴定医院均为同级鉴定机构，但鉴定结论却截然不同，应认可哪一个鉴定结论成为司法机关的困惑。

专家点评：

法律对于重新鉴定的次数没有明确规定，因此当事人往往利用这一法律漏洞或者借此拖延时间，诉讼进程因此而延迟。法律也没有规定提出司法精神病鉴定申请的条件，导致司法实践中司法精神病鉴定的申请有很大的随意性。而且进行司法精神病鉴定的机构不统一，不规范。本案中，先后有两家省级某具有鉴定资格的医院及A市一医院对同一对象进行了司法精神病鉴定。三家鉴定机构等级相同，但鉴定结论不同，属于三个互有矛盾的鉴定结论。我国司法精神病鉴定制度亟须完善。

［辅助案例2］赵某故意杀人案

赵某向认识刚几天的王某提出结婚要求被拒绝后残忍地将其杀害。A市人民检察院将此案提起公诉。庭审中，辩护律师请求对赵某进行精神病司法鉴定。经B市精神疾病司法鉴定所鉴定，赵某系在酒精中毒精神病理状态下作案，无刑事责任能力。经开庭质证后，法院采信了这一鉴定结论。此后，A市人民检察院撤回起诉，并通过该省人民检察院申请对赵某进行重新鉴定。省级D医院重新对赵某进行精神病鉴定。鉴定专家依据案卷资料及第一份鉴定书，重新讯问了赵某相关问题，调查了赵某的家属，认定赵某系人格障碍或人格不健全，不喝酒时精神状态正常，能够敏捷驾车，酒后检查时也未发现酒精中毒所致的震颤、感知觉障碍等，应具完全刑事责任能力。后A市人民检察院以新的鉴定结论为证据，再次向A市中级人民法院提起公诉。经再次开庭质证，法院采信了第二份鉴定结论，认定被告人赵某具有完全刑事责任能力，以故意杀人罪判处其死刑，缓期二年执行，剥夺政治权利终身。①

专家点评：

本案中，赵某先后进行了两次司法精神病鉴定，而鉴定的结果却完全不同。第一次鉴定的结果为赵某为无刑事责任能力人，而第二次鉴定的结论为完全刑事责任能力人。司法精神病鉴定过程中需要了解哪些内容，判断是否具有刑事责任能力应该依照什么样的标准？鉴定结论的效力高低从哪些方面进行判断？这些在目前都没有明确规范。因此，导致人民法院对鉴定结论的审查认定存在重重困难，最终的判决也缺乏充分的说服力。

（梁凤娣　钱　蘅）

---

① 向阳、西峰：《河南禹州：案发时，他有刑事责任能力吗》，载《检察日报》2008年11月30日。

23. 秘密侦查手段如何规范使用

[案情简介] 王某等走私案

某沿海城市走私成品油活动猖獗。公安机关派出一名刑警张良以司机的身份打入以王某为首的走私集团内部。张良在驾驶的走私分子的车辆上秘密安装了窃听器，收集走私分子的谈话内容。同时，张良还冒着生命危险偷录下走私分子活动的画面。最终，张良与公安机关里应外合，成功捣毁了走私成品油的集团。

[争议焦点]

1. 检察机关能否使用秘密侦查手段？

2. 秘密侦查手段应如何规范使用？

[关联法规]

《中华人民共和国国家安全法》第10条。

[专家指导]

秘密侦查又叫技术侦查，是指通过电子监听、电子监控、电话监听、秘密拍照或录像、电子邮件检查等秘密的专门技术手段获取与犯罪有关的言词及相关行为的一种技术侦查手段。秘密侦查与传统侦查方式相比有不可比拟的优越性，在打击特殊性的犯罪如犯毒、走私等犯罪方面成效显著。秘密侦查作为一项极具诱惑力的执法机制，通过秘密监控（电话监听、谈话窃听、邮件检查、跟踪监视、定位等）或欺骗手段（卧底、线人、诱惑侦查）的使用，执法机关可以获得使用其他普通侦查手段所难以实现的收获。

1993年通过的《国家安全法》和1995年通过的《人民警察法》均规定国家安全机关、公安机关根据侦查犯罪的需要，经过严格的审批程序，可以采用技术侦查措施。令人遗憾的是，1996年修订通过的《刑事诉讼法》却并未将技术侦查列为法定侦查措施。在实务中国家安全机关使用秘密侦查较多，而公安机关、检察机关使用秘密侦查较少。这并非因为检察机关不需要这一侦查手段，而是现有法律根本没有赋予检察机关进行秘密侦查的权力。这种状况就导致检察机关在对职务犯罪案件行使侦查权时，运用技术侦查手段于法无据，一定程度上阻碍了侦查工作的有效深入开展。

检察机关在侦查职务犯罪案件中有必要使用秘密侦查手段。这是因为：

第一，职务犯罪案件存在特殊性。其犯罪主体是国家工作人员或国家机关工作人员，高素质、高学历，具有一定的反侦查能力。并且犯罪嫌疑人一般都有职务作为掩护，隐秘性强，痕迹、物证少。因此，对于职务犯罪案件的侦查存在着证据发现难、调取难、固定难的突出问题，可能会直接影响到对职务犯罪案件的查处。

第二，对职务犯罪案件的侦查使用传统和常规的侦查手段效果不大。《刑事诉讼法》将传唤和拘传的时间严格规定为不得超过12小时，而往往在12小时内检察机关无法突破案件。根据法律的规定，时间届满检察机关应当放人。但如此一来，案件难免变得“夹生”。如果冒险抓人可能导致错案。为避免和减少此类情况的出现，侦查人员需做好与犯罪嫌疑人接触前的调查工作，而适度使用技术侦查措施，在犯罪嫌疑人未觉察的情况下搜集证据，就可使侦查工作争取主动，确保案件质量。

从司法实践来看，秘密侦查的使用处于一种尴尬的境地。首先，呈现出一种高度的秘密状态，不要说被侦查人不可能知悉，连处理案件的检察官、法官，有时秘密侦查人员以外的警察办案人员都无从知悉；其次，秘密侦查获取的信息通常不得作为证据使用，而只能作为引导其他取证行为的办案线索；最后，秘密侦查的办案人员还要承受着合法与非法的质疑，《国家安全法》第10条规定：“国家安全机关因侦察危害国家安全行为的需要，根据国家有关部门规定，经过严格的批准手续，可以采取技术侦察措施。”据此，国家安全机关采用包括监听在内的技侦措施有了明确的法律依据。但是《国家安全法》只能适用于国家安全机关打击危害国家安全方面的犯罪，只适用于国家安全机关，公安机关和检察机关的侦查部门采用包括监听在内的技侦手段缺乏法律依据。在司法实践中，公安机关、检察机关多依照部门规章、政策行事，执法人员自然心里没底，加之具体的界限不明，秘密侦查执法人员本身就处于一种合法与非法的边界地带。①

从诉讼法理上而言，秘密侦查并不是一个无法言说的事物。理论界有观点认为，秘密侦查的性质并不难界定，将其定位为诉讼行为、侦查行为是完全有理由的。这是因为：

其一，侦查程序已经成为现代刑事诉讼审前程序的重要组成部分。侦查程序能否顺利进行已经成为决定刑事诉讼的后续诸程序能否正常展开的关键。因此，无论英美法系还是大陆法系各国，在对侦查程序进行设置与改革时，都注重构筑侦查程序的诉讼形态。有学者将这种趋势概括为一种诉讼式的侦查程序构造，认为：现代西方各国基本上都抛弃了那种将侦查视为国家对公民个人进行单方面追诉的观念，大体上都能按照“诉讼”的形态建构侦查程序，将国家追究公民刑事责任的活动纳入“诉讼”的运行轨道。这种诉讼式侦查程序构造在看待侦查机关的侦查活动时，并非将其视为侦查机关单方面进行的行政性治罪活动，而是将侦查机关的侦查活动看做一种广义上的诉讼行为，并针对此诉讼行为建立了相应的司法授权和审查机制予以规制。这一点鲜明地表明，现代法治国家对侦查程序中蕴涵的各种侦查手段不仅是从技术上探明实体真实的角度去认识的，更是从刑事程序法律规范层面去认识的。

其二，随着现代刑事诉讼行为理论的发展，广义上的刑事诉讼行为观，均将侦查行为纳入刑事诉讼行为范畴。这种观点认为：除法院、控辩双方及其他诉讼参与人的行为外，刑事诉讼行为还应包括起诉前的侦查行为和审判后的执行行为，理由是侦查和执行与起诉和审判一样，是刑事诉讼程序的必要组成部分，将其纳入刑事诉讼行为的范围之内进行整体性研究，有利于揭示刑事诉讼的内在规律。由于将侦查行为也纳入诉讼行为的范围，就赋予了侦查机关使用的侦查手段鲜明的法律性质，侦查机关所使用的侦查手段就不再仅仅是侦查机关内部进行的行政性调查行为，而是组成侦查程序的基本要素，是实现侦查程序价值和目的的基本载体，理应受到刑事诉讼法的调整。

对秘密侦查的使用完全可能发生上述刑事诉讼法上的效力。首先，从实体形成的角度而言，现代刑事诉讼均以“证据裁判主义”为中心，奉行无证据即无裁判的理念，而秘密侦查在收集犯罪证据方面具有重要的作用，并且通过秘密侦查所收集的证据多为直接证据，这对实体裁判的最终形成无疑起着举足轻重的作用。其次，从程序形成的角度而言，在大多数有组织犯罪和毒品犯罪侦查中，连接立案程序和侦查终结程序之侦查活动过程，基本上是由众多的秘密侦查行为组成的，它们与立案程序、侦查终结程序一道构成了侦查程序的整

① 陈卫东：《秘密侦查合法化之辩》，载《法制日报》2007年2月11日。

体，推动着诉讼程序的向前发展。因此，将秘密侦查的性质定位为诉讼行为、侦查行为是完全恰当的，也只有将秘密侦查视为诉讼行为、侦查行为，才能摒弃过时的秘密侦查“手段论”，才能摒弃用“隐形法律”来规定秘密侦查的立法思维，从而将秘密侦查纳入法制化轨道中来。

在这一理论支持的基础上，检察机关可以在不突破现有法律框架的前提下，建立一套内部机制，规范秘密侦查手段的使用。笔者认为可以考虑如下对策：

1. 限定秘密侦查的适用范围

在秘密侦查手段体系构成中，不同的侦查手段侵害法益的严重程度各不相同，如监听与跟踪对侦查对象隐私权的侵犯程度是有明显区别的。各种秘密侦查手段法益限制程度存在高低之分，也就要求针对犯罪的严重程度不同，各自的适用范围应当有所区别。就适用范围而言，可以考虑设置一定范围为绝对禁止秘密侵犯的领域，如公民住宅、享有职业特权保护的律师事务所等，这是秘密侦查的地域适用范围。这些范围内的信息或者说隐私是维系整个社会健康良性运转的基石，即使以追究重大犯罪为名，也不得侵犯。

由于秘密侦查既有便捷高效侦破案件的效能，又会造成对公民基本权利的限制和剥夺，所以面对其对现代刑事司法制度与公民权利保障所可能带来的巨大威胁，使用应当有所节制。这是规范秘密侦查的犯罪类型适用范围。其适用范围可以考虑从两方面予以限定：从犯罪种类来看，主要适用于无被害人型犯罪、反侦查能力突出的犯罪种类，如毒品犯罪、有组织犯罪、黑社会犯罪、恐怖犯罪；从犯罪严重程度来看，法定刑为十年以上有期徒刑、无期徒刑、死刑的犯罪案件，即使不属于毒品犯罪、有组织犯罪、黑社会犯罪、恐怖犯罪等特殊类型的犯罪，而仅仅是常规犯罪种类也可适用秘密侦查手段，如严重的暴力犯罪、危害国家安全的犯罪。

在现有法律没有明确规定的情况下，检察机关应从严把握秘密侦查的适用范围。

2. 限定秘密侦查的适用对象

技术侦查适用的对象不能漫无目的，必须严格限定为涉嫌犯罪的人员，不得对不相关的人适用技术侦查，坚决杜绝对公民通信、隐私的任意监听、监视和住宅的随意侵犯，这也是人权保护原则的内在要求。

3. 限定秘密侦查的适用条件

国外立法对技术侦查的适用条件多规定为适用传统的侦查方法无法或难以达到查明案件事实的情况下，这种规定值得我们借鉴，也就是对于采用传统的侦查手段和措施足以查明案情、收集相关证据的职务犯罪案件，就不必采用秘密侦查手段，所谓“传统的侦查手段”，在我国系指现行《刑事诉讼法》规定的讯问犯罪嫌疑人、询问证人、搜查、鉴定等7种侦查措施。

4. 规范秘密侦查的适用程序

秘密侦查的使用在当今这个犯罪浪潮不断迭起的时代并非是什么新鲜事物了，更没有必要以保密为名，将有关的秘密侦查手段秘而不宣，有关的法律依据深藏不露。秘密侦查对公民权利的威胁使得公民有权利知悉秘密侦查手段的适用程序与法律依据，这是现代国民主权、法治理念的应有之义。未来无论是在刑事诉讼法中增补秘密侦查行为还是通过单行法方式予以规范，抑或通过制定行政法规、部门规章的方式明定各项秘密侦查手段，一个最基本的要求就是秘密侦查手段的法律依据本身是明确的，可预见的，相关适用程序是透明的。

对于秘密侦查的适用程序可以分为申请和批准、执行根据、信息的保存和销毁几个方面：

（1）申请和批准。秘密侦查手段的采用应由侦查部门提出申请，检察长批准，同时报上级检察机关备案。

（2）执行根据。秘密侦查作为一种强制措施，为确保其合法性，必须有作为执行根据的法律文书。

（3）秘密侦查资料的保存与销毁。秘密侦查干涉公民通信自由，涉及公民隐私，因而对秘密侦查资料的保存和销毁应作明确规定。据此，可规定侦查人员应当就每一次秘密侦查措施的适用作记录，载明秘密侦查措施的具体种类及日期，对不能用于证明案件事实的信息材料应当在案件侦查终结后销毁，并作笔录。

5. 实施对秘密侦查的监管

对秘密侦查行为进行监管与救济的前提是必须全程、如实记录秘密侦查的使用过程，秘密侦查行为应当记入笔录，等待检察官、法官与相对人的检验、质疑，即使是保密、维护公共利益之需，秘密侦查行为至少需要单独订卷，单独移送给检察官、法官事后审查，同时有必要保障辩方律师的知悉、阅览的权利。在秘密侦查完成后的一定时间内，当需要使用秘密侦查所取得的证据时，应将秘密侦查的进行情况告知相对人，同时取得的相关资料与追诉程序无关时，应当销毁。

［辅助案例1］李某非法经营案

A省B市C县张某来到内乡县公安局报案，称其妻子、女儿被人诱骗在D县搞非法传销。专案民警在涉嫌的传销活动场所对面的一家宾馆的一个房间内安装了望远镜，24小时不间断地监视该场所的一举一动，并将其摄录下来，从而摸清了嫌疑人李某的活动规律。3天后的晚上，警方实施抓捕行动，当场收缴传销资金5万余元及书籍、宣传册、纸笔、电脑等物品，一举捣毁了盘踞在县城的一非法传销窝点。

专家点评：

本案中侦查人员采用了秘密监视的手段进行侦查。非法传销案件有其特殊性，其组织严密，组织人员有明确的分工，如果侦查人员在没有掌握什么线索的情况下就使用常规的侦查手段贸然到周边进行走访、摸排，肯定会打草惊蛇，传销组织成员很可能闻风而逃，更别说解救上当受骗的人员了。因此，只有采取秘密侦查的方法才有可能奏效。秘密侦查在一些案件的侦破中发挥了重要作用。鉴于当前法律对秘密侦查尚无明确的规定，侦查机关应该谨慎适用这一手段，以免对公民权利造成不当侵犯。

[辅助案例2] 王某运输毒品案

某日，A市警方接到A市某邮电局报警，称一名男青年邮寄的物品非常可疑。警方赶到邮局对可疑的邮寄物品进行了检查，发现其为毒品。侦查员不动声色地将包裹恢复成原样，通知包裹目的地警方，请求其协助截住包裹。7天后，包裹到达目的地B市。B市警方和A市警方派去的侦查员一起将前来取货的中年男子抓获。经审讯，中年男子供出邮寄毒品包裹的是其同伙王某，并交代了王某在A市的藏身地。警方迅速出击，将王某抓获。

专家点评：

对于毒品案件等性质比较特殊、案情相对复杂的案件，秘密侦查手段的使用非常必要，其作用也显而易见。应当通过立法，将其纳入侦查手段，但同时对其适用条件、对象、条件、程序等进行严格的规制。

（谢佑平　钱　蘅）

24. 网络犯罪侦查中如何取证和采证

[案情简介] 李某贪污案

A市某家医院职工李某利用该院电脑收费系统在管理方面的漏洞，在一年半的时间内，频频擅自进入医院计算机信息系统收费程序系统数据库，利用计算机“挤出”钱款后侵吞。医院所在的区检察院的侦查员们找到了备份的数据库，和原数据库对照发现了明显修改的痕迹，检察院电脑技术人员精心设计了一套查账程序，在李某自以为“没有留下任何把柄”的数据库中，对被修改的自费病人数据全部进行了恢复，并打印出自费病人门急诊医药费专用收据联。经核对相应的专用收据存根联，计算出李某贪污的金额。这起罕见的利用高科技犯罪案件终于浮出水面。

[争议焦点]

1. 网络犯罪的取证有什么难点？

2. 对电子证据如何进行审查？

[关联法规]

最高人民法院、最高人民检察院《关于利用互联网、移动通讯终端、声讯台制作、复制、出版、贩卖、传播淫秽电子信息刑事案件具体应用法律若干问题的解释》。

[专家指导]

随着计算机和网络技术的发展，网络已成为人们生活和工作中不可或缺的一部分，与此同时因网络引起的犯罪也不断增加。在网络犯罪中，一种新型的证据形式出现，它无法归入现有法律所规定的任何一类证据，以其自身的独特性独立存在。在法学理论界，将网络犯罪中出现的这一新型证据类型称之为电子证据。虽然对于电子证据是一种独立的证据类型还是可以分别归入现有的七类证据，例如可以称之为电子物证、电子书证等，理论界有一些争论，但目前更多观点倾向于将电子证据作为一种独立的证据类型对待，并期待在条件成熟的时候立法对此作出规定。在司法实务中，电子证据已经得到了运用。当前，电子证据已经对我国原有的证据体系提出了新的挑战，也对传统的取证方式提出了挑战。因此，研究网络犯罪中对于电子证据的调查收集以及审查是一个非常迫切和现实的课题。

电子证据是指以电子形式表现出来的、可以证明案件事实的一切材料。目前司法实践中，经常碰到的电子证据主要有手机短信、电子邮件、网上聊天等形式。对电子证据法律属性的正确认识直接关系到对电子证据的收集和认证。笔者认为，证据种类是立法者依据各证据材料的特点，分析各证据材料对待证事实的证明作用，结合证据材料的表现形式，而在立法上对各种证据材料所确定的类别。从形式上讲是根据各证据材料外在的表现形式，而实质上，则是依据各证据材料所表现出来的对待证事实起证明作用的内在特征。因此，单纯地将电子证据划归为物证、书证或者视听资料，只不过是认识到电子证据在某一场合下所体现出来的某些特征，并不能反映电子证据的全部，因此是不妥的。从结绳记事到纸张记录再到电子储存，是记录载体由绳索到纸张再到电磁物质的变化。而从证据学角度讲，纸张在不同情况下既可以作为书证也可以作为物证出现，这与电磁载体的多种属性本质上相同，只不过电磁载体还可以作为视听资料出现。因此，电子证据不是一种独立的证据类型，而是电子物证、电子书证、电子视听资料的混合体，在收集和认证该类证据时，应立足于这一点。

一、网络犯罪的取证存在以下困难

（一）技术上难以证明其唯一性

从证据的角度来说，所有的证据都要证明它的唯一性。比如指纹、DNA，作为唯一的证据有定罪的作用。但网络世界中，电子数据证据的数据和信息是电讯号代码形式，存储在计算机各级存储介质（如 RAM、磁带、磁盘、光盘）中，这些数据和信息，均为一二进制电磁代码，不可直接读取，是无形物质。要保存下来，必须进行一系列的能量转换，使之固定在各级计算机存储介质等电子化的物质载体里。但是，目前从数字技术来说，所有的数字记录都很难说明它的唯一性，比如这打印出来的文件，但是否是存储在介质中的资料，是否进行了修改，在证据中很难鉴别。目前的做法多是从旁证上同电子证据一起形成证据链，认定犯罪事实。

（二）法律上难以取得合法地位

我国《刑事诉讼法》第5章第42条明确规定："证明案件真实情况的一切事实，都是证据。"同时规定证据有七种形式，即物证、书证；证人证言；被害人陈述；犯罪嫌疑人、被告人供述和辩解；鉴定结论；勘验、检查笔录；视听资料。这七种证据里没有电子证据这种证据形式，这是否意味着电子证据不能作为案件的有效证据使用。一种观点认为，在诉讼法律没有明确作出规定之前，不能作为有效的证据使用。另一种观点认为，可以把电子证据归为视听资料，从而使电子证据具有法律根据，在公安、检察、法院三家认定上也有不同的看法，从而使得在一些案件中即使抓住了犯罪嫌疑人，在移送起诉阶段由于对证据的采信上的不同认识而导致认定的障碍。

（三）保全上有相当的难度

由于电子证据本身的脆弱性，销毁起来也相当迅速；不像其他种类的证据，比如留下指纹，擦起来比较困难。实践中，比较常见的是在保全这一问题上意识弱、动作慢，使电子证据被销毁，从而出现认定犯罪的困难。另外，电子证据的保全措施往往又依赖专门的机构，所以，难免会出现保全困难。

二、网络犯罪的证据的提取和固定

电子证据的取证规则、取证方式都有别于传统证据，传统的证据收集手段、认证都不能完全照搬使用，因此，网络犯罪中证据的提取、固定有一定难度。尽管如此，针对案件的具体情况，利用电子证据自身的特点，可以进行取证，为案件的侦破提供帮助。在侦查过程中必须从便于操作、程序规范、结果可靠的目的出发，及时发现并获取固定电子证据，才是防止证据灭失并尽快寻找到突破案件的关键线索。

（一）正确把握电子证据获取最佳时机

1. 在以法定程序将犯罪嫌疑人限制人身自由后，或在拘传开始执行的同时，应迅速由侦查人员、计算机专家及案发单位计算机技术人员同时对犯罪嫌疑人的工作电脑进行检查。

2. 通过对犯罪嫌疑人的讯问，掌握其计算机设备（包括笔记本、台式、掌上电脑等）的使用情况，在必要时可利用搜查等手段取得其使用过的计算机设备并合法进行封存。封存过程中不能忽略对软盘、光盘、磁带的查封。

3. 注意犯罪嫌疑人家属使用计算机的检查，可结合口供提取有关非本人使用但与案件可能有关联的计算机设备，从中发现可利用的电子资源。

（二）电子证据的简单取证程序

简单取证，是指电子证据在未经伪饰、修改、破坏等情形下进行的取证。通常不需要专业技术人员协助进行的数据信证据的收集和固定活动。对不涉及计算机使用或维护人员的犯罪案件，可以采取简单取证程序收集和固定电子证据。

简单取证的主要方式有：

1. 打印、拷贝。对网络犯罪案件在文字内容上有证明意义的情况下，可以直接将有关内容打印在纸张上的方式进行取证。打印后，可以按照提取书证的方法予以保管、固定，并注明打印的时间、数据信息在计算机中的位置（如存放于那个文件夹中等），取证人员等。如果是普通操作人员进行的打印，应当采取措施监督打印过程，防止操作人员实施修改、删除等行为。拷贝是将计算机文件拷贝到软盘、活动硬盘或光盘中的方式。首先，取证人员应当检验所准备的软盘、活动硬盘或光盘，确认没有病毒感染。拷贝之后，应当及时检查拷贝的质量，防止因保存方式不当等原因而导致的拷贝不成功或感染有病毒等。取证后，注明提取的时间并封闭取回。

通常情况下应当采用打印方式，或两种方式同时使用。只有在文件较多不方便现场打印的情况下，才可以单独使用拷贝方式。无论采取哪种取证方式，在固定证据后，应当现场制作检查笔录。

2. 拍照、摄像。如果该证据具有视听资料的证据意义，可以采用拍照、摄像的方法进行证据的提取和固定，以便全面、充分地反映证据的证明作用。同时对取证全程进行拍照、摄像，还具有增加证明力、防止翻供的作用。

3. 制作司法文书。一般包括检查笔录和鉴定。使用司法文书的方式可以通过权威部门对特定事实的认定作为证据，具有专门性、特定性的特点，具有较高的证明力。主要适用于对具有网络特色的证据的提取，如数字签名、电子商务等，目前在我国专门从事这种网络业务认证的中介机构尚不完善，处在建立阶段。

4. 查封、扣押。对于涉及案件的证据材料、物件，为了防止有关当事人进行损毁、破坏，可以采取查封、扣押的方式，将有关材料置于司法机关保管之下。可以对通过上述几种方式导出的证据进行查封、扣押，也可以对于一些已经加密的证据进行查封、扣押。

5. 公证。由于电子证据极易被破坏、一旦被破坏又难以恢复原状，所以，通过公证机构将有关证据进行公证固定是获取电子证据的有效途径之一。但是，由于公证具有高成本、低效率的特点，也不能在电子证据的获取上片面迷信公证的方式，应当根据案件的具体情况，具体决定采取上述哪种方式进行取证。

（三）电子证据的复杂取证程序

复杂取证，是指需要专业技术人员协助进行的电子证据的收集和固定活动。对涉及计算机使用、维护人员的犯罪案件，应当采取复杂取证程序收集和固定电子证据。

复杂取证方式包括：

1. 解密。所需要的证据已经被行为人设置了密码，隐藏在文件中时，就需要对密码进行解译。在找到相应的密码文件后，请专业人员选用相应的解除密码口令软件。解密后，将对案件有价值的文件，即可进行一般取证；在解密的过程中，必要的话，可以采取录像的方式。同时应当将被解密文件备份，以防止因解密中的操作使文件丢失或因病毒损坏。

2. 恢复。大多数计算机系统都有自动生成备份数据和恢复数据、剩余数据的功能，有些重要的数据库安全系统还会为数据库准备专门的备份。这些系统一般是由专门的设备、专门的操作管理组成，一般是较难篡改的。因此，当发生网络犯罪，其中有关证据已经被修改、破坏的，可以通过对自动备份数据和已经被处理过的数据证据进行比较、恢复，获取定案所需证据。如果数据连同备份都被改变或删除，可以在系统所有者的协助下，通过计算机系统组织数据的链指针进入小块磁盘空间，从中发现数据备份或修改后的剩余数据，进行比较分析，恢复部分或全部的数据。另外，也可以使用一些专门的恢复性软件。

3. 测试。电子证据内容涉及电算化资料的，应当由司法会计专家对提取的资料进行现场验证。验证中如发现可能与软件设计或软件使用有关的问题时，应当由司法会计专家现场对电算化软件进行数据测试（侦查实验）。主要是使用事先制作的测试文件，经测试确认软件有问题时，则由计算机专家对软件进行检查或提取固定。

三、对电子证据的审查

首先，审查电子证据的相关性。也就是说所收集调查的电子证据应当与需要证明的案件事实或者其他争议的事实具有一定的联系。证据的相关性，不仅是解决证据资格即证明能力的实质标准，更是证据能否完成证明的核心，是证据力的唯一内容。

其次，审查电子证据的真实性。电子证据一大特点就是易破坏性和不安全性，因此保证电子证据的真实性决定该证据是否得到采纳的关键。当然我们要求电子证据具有一定的真实性，而不是绝对的真实，因为电子证据所依赖存在的计算机和网络技术都不可能百分之百地不存在缺陷。

再次，审查电子证据的合法性。有人认为，在刑事诉讼法未规定电子证据形式的情况下，电子证据不能采纳。笔者认为对此应作扩大解释，解决当前电子证据法律地位的问题，今后在制定证据法中再予以明确。

电子证据的特点，决定了电子证据的收集、固定和使用工作的特殊性。因此，检察机关有必要建立电子证据的取证制度，以规范电子证据的收集、固定活动，使办案人员能够及时有效地收集到电子证据，也为电子证据在法庭上的合法使用提供依据。

同时，针对我国网络犯罪现状，应尽快依托社会力量（包括高等院校、科研院所）培养出一支高素质、懂法律懂技术、有实战经验的网络犯罪调查、取证、鉴定队伍。可以从一些高等院校、研究机构、高科技公司聘请一些专家作为案件调查人员，参与到实际网络犯罪案件调查、取证、鉴定工作中。这样做，一方面可以解决网络犯罪调查、取证队伍技术能力不足的缺陷；另一方面又可解决高等院校、研究机构中专家的理论与实践脱节的弊病。

[辅助案例1] 王某破坏计算机信息系统案

A保险州分公司数据库的部分关键数据被修改。A市公安机关接到报案后，立即投入到侦破工作中。经过对保险公司的电脑系统进行实地勘验，侦查人员认定，保险公司的数据库遭到五个方面的修改。由于保险公司网络安全制度不健全，且缺乏日常操作流程的工作日志，黑客侵入痕迹很难寻找。经过公安机关的技术人员的努力，打开了电脑系统的最深层一个平常不为人知的工作日志。发现这名黑客使用该保险公司客户部的一个用户密码，通过远程登录的方式四次非法侵入网络。经过分析，侦查人员将目光集中在该公司内部和调走人员身上，经过不断排查，前段时间刚从公司离职的王某纳入了侦查人员的视线。最终，王某供认了自己的罪行。

专家点评：

随着信息技术和网络技术的发展，利用计算机盗窃、贪污、诈骗、侵占银行、保险公司资金的犯罪现象渐渐增多。没有计算机专业技术的人员根本无法胜任侦破此类案件的任务。公安机关和检察机关都必须配备有一支精良的电子证据的专业取证队伍，才能在破获此类案件中游刃有余。

[辅助案例2] 张某盗窃案

某日A市B县邮政储蓄所发生了一起数额巨大的盗窃案。公安机关组成专案组，全力侦查此案。面对特殊的侦破任务，专案组兵分两路，一路在省、市邮政局业务领导和计算机专家的协助下，从技术的角度分析黑客作案的手段以及入侵的路径；另一路使用传统的刑侦方法，大范围调查取证。专案组首先对有异常情况的8个活期账户进行了调查，发现都属假身份证储户。此时，技术分析的结果也出来了，经过大量网络数据资料的分析，发现作案人首先是以C邮政局的身份登录到了D邮政局，然后再以D邮政局的名义登入了E邮政储蓄所。专案组对C邮政局进行了调查，发现该局系统维护人员张某最近活动异常。暗查发现，其办公桌上有一条电缆线连接在了不远处的邮政储蓄专用网络上。专案组基本确认，张某正是这起金融盗窃案的主谋。

专家点评：

计算机既为人们提供了便利，也成了不法之徒犯罪的工具。本案中，犯罪嫌疑人张某将一条电缆线连接在不远处的邮政储蓄专用网络上，以不同邮政局的身份登录进邮政储蓄所，将其中的资金通过金融系统的网络盗出。侦查人员较好地掌握了获取电子证据的最佳时机，在案发后不久嫌疑人未及销毁其作案痕迹之前及时取证。该案的告破再次说明，建立一支电子取证的专家队伍，熟练掌握电子证据的取证方法，对于有效打击利用计算机进行的犯罪是非常重要的。

（梁凤娣　钱　蘅）

25. 辨认结论是否具有证据效力

[案情简介] 于某故意杀人案

2004 年 1 月，于某妻子成某失踪，一个星期后，30 公里之外的水塘发现一具女尸，成某亲属辨认后认为，身高、体型、身上的疤痕符合成某的特征，据此认定就是失踪的成某。2004 年 2 月，于某因涉嫌故意杀人被当地公安局刑事拘留，后经检察院批准逮捕。同年 7 月，一审法院认定于某故意杀人罪成立，于某不服提出上诉，二审法院判处于某有期徒刑 15 年。2007 年年底，杜某因流窜作案在 B 省落网，在接受公安机关讯问时自己说出曾经在 2004 年杀死成某，经查证属实。于某杀妻案真相大白，于某终被宣判无罪释放。

[争议焦点]

1. 辨认结论是否具有证据效力？
2. 辨认程序的要求。

[关联法规]

《中华人民共和国刑事诉讼法》第 42 条；《人民检察院刑事诉讼规则》第 212 条、第 214 条；《公安机关办理刑事案件程序规定》第 250 条、第 251 条。

[专家指导]

《公安机关办理刑事案件程序规定》第 246 条规定，为了查明案情，在必要的时候，侦查人员可以让被害人、犯罪嫌疑人或者证人对与犯罪有关的物品、文件、尸体、场所或者犯罪嫌疑人进行辨认。辨认既可以为分析案情、确定侦查方向和侦查范围提供依据，也可以与收集到的其他证据材料相互印证，为讯问犯罪嫌疑人、询问证人提供依据，辨认结论经过当庭质证还可以作为定案的证据之一，所以在办案的过程中被侦查机关广泛采用。但是，由于我国《刑事诉讼法》第42条对证据作出了法定分类，一般认为，只有具备这七种法定证据形式，而且经过查证属实，才能作为定案的根据。辨认结论一般以笔录的形式出现，究竟是否属于上述七种证据中的一种或几种？如果不属于，是否就不能作为定案的证据？

主流观点认为，辨认结论应当分别纳入证人证言、被害人陈述、犯罪嫌疑人口供三种证据中；也有学者认为，刑事诉讼法并没有规定辨认的结论可以作为证据，也没有规定辨认的法定程序，因此，辨认很难被作为定案的证据，仅仅可以作为获得证据的材料。

笔者认为，辨认结论应当作为证据使用，理由如下：

第一，从立法上来看，《公安机关办理刑事案件程序规定》和《人民检察院刑事诉讼规则》规定了侦查人员为查明案情，在必要的时候，可以进行辨认，并规定了必要的程序。尽管程序规定看来还比较粗糙和简单，但是也为辨认笔录作为证据提供了合法的依据。尽管我国刑事诉讼法没有与辨认相关的条款，《公安机关办理刑事案件程序规定》和《人民检察院刑事诉讼规则》仅对辨认作了简单的规定，这不利于侦查活动的有效开展，但是辨认结论作为证据使用在法律上有合法的依据和地位。

第二，证据的形式本身就是随着我们对于刑事诉讼认识的深入和客观侦查需要而一直发展变化的，某一法律对于证据形式的规定，总是要受立法技术、客观实际等方面的制约，随着社会的发展和立法技术的成熟，原来未作规定的证据形式，可能会在以后的法律中予以规定，视听资料这种证据形式也是后来进入刑事诉讼法规定的。科学技术的发展使得取得证据的形式越来越多样化，例如视听资料、电子证据等都在迅速发展当中，这本身就挑战着证据立法，我国刑事诉讼法规定的七种证据类型越来越显得无法涵盖所有可能性，因此这并不能成为辨认结论不作为定案依据的理由。

第三，作为定案根据的诉讼上的证据，在我国应当具有三大属性，即客观性、关联性和合法性。从法理来看，符合这三项标准则可以作为证据使用。

1. 辨认结论具有客观性

证据的客观性，是指法律上的证据是不以人的意志为转移的客观存在，是已发生的案件事实在人脑中的客观反映以及客观物质状态。虽然它必须反映到处理案件的司法人员的头脑中，但是它仍然不是人的主观想象或者臆断。证据的客观性包含了两部分内容，第一，证据所反映的内容是客观的；第二，证据必须具有客观形式。结合辨认结论来看，被害人、犯罪嫌疑人或者证人根据对案件的认识和记忆，在辨认之后形成笔录，因此符合客观性的证据根本属性。

2. 辨认结论具有关联性

证据应该与待证事实或者案件争点有实质性的联系并具有证明力，即关联性的含义。比如在刑事案件中，犯罪人的自然状况、是否犯罪、是何种犯罪、情节轻重等，都是涉及刑事案件的重要层面的问题。《美国联邦证据规则》第401条确认，相关证据“指证据具有某种倾向，是决定某项在诉讼中待确认的争议事实的存在比没有该项证据时更有可能或更无可能”。证据的相关性另一个重要方面在于证据对案件的证明作用。美国证据专家乔恩·R. 华尔兹称：“如果所提出的证据对案件中的某个实质性争议问题具有证明性，那它就具有了相关性。”①因此就辨认结论来说，被害人、犯罪嫌疑人、证人在案件中都有不可替代的作用，他们直接参与或者见证了案件的发生过程，往往和犯罪现场、犯罪工具、犯罪方法等直接接触，他们对于物品或者场所的辨认可能直接锁定了犯罪嫌疑人，确定了犯罪时间地点，提供了珍贵的材料以供侦查，确定了侦查范围。

3. 辨认结论具有合法性

证据的合法性是指某些证据资料符合法律规定的采证标准，并可以用于证明待证事实，则可以被用做证据。证据的可采性问题主要是从合法要求及相关规则、正当程序角度确认的，一般从提供证据的主体资格、法定程序、法定形式、符合证据规则四个方面予以判断。我国《公安机关办理刑事案件程序规定》和《人民检察院刑事诉讼规则》规定了辨认结论的取得方式和程序，因此在判断辨认结论的合法性、可采性方面作了规定。

综合上述，辨认结论可以作为定案依据，并且形成的笔录都是证人证言、被害人陈述、犯罪嫌疑人口供的外在记载形式，并未改变其作为该种证据的内在本质。

辨认的法律意义在于，辨认有助于及时查明与犯罪相关的事实、证据以及事实与证据之间的关系，准确识别犯罪人，给犯罪分子以及时的打击和制裁。辨认有助于保证准确适用刑事法律，保障无辜的人不受法律追究，维护公民的合法权益。于侦查机关而言，有利于节约诉讼成本，提高办案效率，避免冤假错案的发生，减少职责失误。我们认为，辨认证据的取得应当包含以下要素：

第一，辨认人应当同证人一样，具备辨认能力，其辨认结论才具有合法性。辨认人应当具备两个条件：一是事实条件，指辨认人以自己的感觉器官直

---

① ［美］乔恩·R. 华尔兹：《刑事证据大全》，何家弘译，中国人民大学出版社1993年版，第64页。

接地、实际地感知待证案件事实；二是生理条件，指辨认人具备辨别是非、正确表达自己的能力。[①]并且，“目击证人或者辨认人是非常重要的证据来源，因此，基于保护证人身体安全的需要以及保证证据来源持续性的需要，也是保护公民隐私权的要求，各个国家一般都制定了较为严密的辨认保密规则。在英国，《1984年警察与刑事证据执行守则》D款中确立了对辨认保密的规则。具体而言，包括辨认时的保密规则，即出于保护辨认人的原因，可以使辨认在辨认人和被辨认人没有身体上和视觉上接触的情况下进行。此外，保密规则还体现在法定情形下的辨认档案销毁。如果嫌疑人被起诉后被证明无罪，或者没有被起诉，除非其自己承认犯罪被警告，否则，辨认录像应当从警察手中销毁。并且被辨认人还有亲自监督销毁的机会”。[②] 应当说，保密制度不仅保护了公民的隐私权，而且维护了司法的权威和国家的公信力。

第二，侦查人员在辨认过程中的任何情况下都不得以各种形式暗示犯罪嫌疑人。《公安机关办理刑事案件程序规定》要求，辨认犯罪嫌疑人时，被辨认的人数不得少于七人；对犯罪嫌疑人照片进行辨认的，不得少于十人的照片。多名辨认人对同一辨认客体实施辨认不得同时进行，以免各辨认人互相影响和心理暗示，造成辨认不可靠、不真实。并且，出于保障人权的考虑，犯罪嫌疑人在辨认阶段的辩护权应当得到保障，尤其是聘请律师获得帮助的权利。通过律师在场、律师对于程序的监督和限制，体现了对于公民权利的关注，以及对国家权力的制约。

第三，辨认结论作为证据往往以记录辨认的过程与结果的方式表现出来，即以制作辨认笔录的方式在实践中得以应用。辨认经过和结果，应当制作辨认笔录，辨认归入到证人证言，被害人的辨认归入到被害人的陈述，犯罪嫌疑人的辨认归入到犯罪嫌疑人的供述与辩解之中。规范的辨认笔录至少应包括：辨认的时间、地点，辨认场所的基本条件，辨认人员的基本情况，包括对辨认人智力水平、利害关系、精神状态的审查，辨认对象各自的基本情况，辨认结果及辨认的依据，辨认人员及组织者、见证人签名盖章，其他有必要说明的情况。因此，辨认结论必须有辨认人签名，否则不能作为证据使用。

第四，作为一种证据形式，必须要看其与同案其他证据材料能否形成链条，排除合理矛盾，相互印证地有机联系在一起，环环相扣，最终共同证明案

---

① 史社军：《论我国侦查辨认制度的构建》，载《北京人民警察学院学报》2007年第4期。

② 宋远升、李瑱：《辨认原理、规则之解析与构建》，载《犯罪研究》2007年第2期。

件事实。而不能单独或以某一辨认结果为主定案。比如美国最高法院确立了五项判断辨认证据是否可靠的因素：第一，案发时目击者观察犯罪嫌疑人的机会；第二，目击者当时的注意程度如何；第三，目击者最初所描述的准确性；第四，目击者对指证结果的内心确信程度；第五，案发到指证之间的时间间隔。

也就是说，所有的证据都必须在法庭上受到控辩双方的质证，才能作为定案的根据，辨认结论也不能例外。法官在审查辨认结论时，通常从两个方面审查辨认结论是否可信：一是辨认程序是否合法，二是辨认人是否具备行为能力。法官在运用辨认结论时应当综合全案其他证据，在任何情况下辨认结论都不能作为定案的唯一证据。

在美国，陪审团对辨认证据的信任度很高。正由于对辨认证据如此高的评价，美国证据制度允许以唯一的辨认证据定罪，可以不需要其他证据支持。在英国，目击证人证据也具有极高的可信度。也正由于此，产生了诸多错案。有的美国学者已关注到对辨认结论过分信赖的问题，提出单一辨认证据不能作为唯一定案的根据，必须有其他证据相支撑才能定案。虽然这一点未能在美国法学界引起共识，但至少对于引起司法界正确评估辨认结论有一定的积极意义。①

因此我国对于辨认结论要慎重对待，单一的辨认结论不能作为定案的依据，必须需要其他材料的支撑和补强才能足以认定案件事实。

需要明确的是，《公安机关办理刑事案件程序规定》和《人民检察院刑事诉讼规则》只是位阶较低层次的规范，辨认结论作为定案的依据，仍然要从《刑事诉讼法》的立法改革上明确其地位和适用程序。“由于《刑事诉讼法》并未规定辨认为侦查措施，认为辨认目的不是收集证据，而是为了确定侦查方向和范围。辨认纯属为侦查活动有效进行而采取的组织行为，并具有策略手段的性质。这种认识的实质是认为辨认措施的实施条件与运行过程结构与法定侦查措施迥然不同，因此辨认不具有侦查措施的法律属性，其行为目的亦非收集证据。”②目前，我国的立法对于辨认的程序规定、证据效力没有详细的规定，因此在实践中出现了没有法律依据的无序状况，完善证据立法是改变这种状况的必然选择。

---

① 郑卓佳：《辨认结论的证据资格和证明力探讨》，载《广西政法管理干部学院学报》第22卷第5期。

② 刘黎明：《完善辨认证据效力之构想——从佘祥林杀妻冤案说开》，载《政法学刊》第22卷第5期。

[辅助案例1] 陈某盗窃案

某小区一户人家于某年4月3日上午遭到入室盗窃，犯罪嫌疑人将门锁撬开后发现当时该户人家有40岁的聋哑人张某和张某8岁的儿子在家，其中张某早在几年前就因车祸瘫痪卧床。犯罪嫌疑人顺利地盗走该户人家的首饰、存折等价值3万余元的财产。出入小区时，其行为鬼鬼祟祟，被小区保安拦住问了几句话。后经公安机关侦查，锁定了犯罪嫌疑人范围，并且分别经由张某、张某儿子、小区保安李某辨认，印证了犯罪嫌疑人脸上有一道明显的疤痕，身高170公分左右，偏瘦，着黑色上衣，由此基本确定犯罪嫌疑人为流窜作案多起的陈某。

专家点评：

我国《刑事诉讼法》第48条第2款规定，生理上、精神上有缺陷或者年幼，不能辨别是非、不能正确表达的人，不能作证人。本案中，尽管张某瘫痪在床，并且为聋哑人，但是其视力和智力、精神状况都正常，可以作为辨认人，正确地表达其对于犯罪嫌疑人的特征描述；张某的儿子虽然在场，并且就其自身经历的案件情况可以给出客观的陈述，但是由于他太年幼，因此只能结合其自身的感知能力和智力能力来综合考虑其辨认结论；小区的保安直接接触了犯罪嫌疑人，完全可以作为辨认人描述犯罪嫌疑人的身高、样貌等各项特征，并且其辨认结论可以作为证人证言被法庭采信。结合三人的辨认结果，均能相互印证并且形成证据锁链，在辨认人分别进行辨认的情况下，确定犯罪嫌疑人陈某的辨认过程是合法有效的，可以作为有效的证据使用。

[辅助案例2] 杜某故意杀人案

黄某和杜某为夫妻，一年前离婚，但是迫于双方父母的压力一直没有完全断绝关系，但是黄某离婚后一直和同事保持不正常关系，引起杜某不满。黄某于某年4月12日晚被发现死在离家不远的河边，杜某被确认为嫌疑最大。侦查机关在犯罪现场地上找到带有杜某指纹的手表一块，沾满血迹带有杜某指纹的铁锤一把。手表经一直以来与被害人黄某共同居住的妹妹辨认后，认定是黄某结婚前在A商场购买，并且和杜某离婚后，被杜某带走，并且认定铁锤是一直放在黄某家的物品，离婚时杜某并未带走。另有目击证人方某称，4月12日傍晚5时左右，有一名男子与黄某从河边经过，两人边走边争论什么，由于天色较晚看不清男子的脸，但能描述出男子身高、身材、衣着特征，这些都和杜某的特征相符，经辨认照片，犯罪嫌疑人锁定为杜某。

专家点评：

本案中，方某的证人证言表明，黄某死亡之前，杜某的确和黄某到过河边；黄某妹妹的辨认结论表明，犯罪工具虽是黄某家的物品，但是带有杜某指纹，并且杜某在案发时的确在现场遗忘了手表一块，也可以纳入证人证言。

辨认结论往往给侦查工作提供了重要线索，有助于确定侦查范围，明确方向。但是，辨认结论必须经过法庭质证，法庭应当综合考虑目击者当时的注意程度、最初所描述的准确性、对结果的内心确信程度、辨认人自身的智力和表达能力等因素，判断其是否能够形成证据链条。

（梁凤娣　龚莹莹）

26. 区际刑事司法协助如何才能取得成效

［案情简介］吴某等非法经营案

2005年1月至2007年1月，A公司法定代表人吴某未经国家主管部门批准，指使员工采用随机拨打电话等方式招徕投资人，以澳门B有限公司和澳门C集团有限公司名义与客户签订以保证金方式代为买卖外汇或黄金的合同书，为客户在上述澳门公司开立美元保证金账户并提供交易电话号码由投资者通过电话进行交易。在此过程中，由犯罪嫌疑人谢某在某市7家商业银行开设9个人民币个人账户，A公司招徕投资人后要求投资人按约定汇率将应支付的保证金以人民币汇入上述账户，为投资者汇兑成美元用于交易。

经审计，A公司、吴某、谢某在本市共吸纳295名客户，收取保证金共计34648315.62元人民币，代为兑换成4250227.81美元。

对于本案中澳门B有限公司和澳门C集团有限公司应否追诉为共同犯罪，一种意见认为：澳门B有限公司和澳门C集团有限公司均为香港谢某投资创立，而A公司系由香港公司投资设立，且投资款后被谢某抽调用于D市开设企业，故可以将上述公司列为共同被告；另一种意见认为：在香港警方明确拒绝要求谢某配合提供证据的情况下，仅凭吴某的交代、资金划拨至D市的银行凭证，以及公安机关在澳门某宾馆与澳门C集团有限公司行政主任黄某所作的谈话笔录，难以认定境外公司的共同犯罪。

[争议焦点]

1. 我国区际刑事司法协助不畅的原因是什么?

2. 区际刑事司法协助如何才能取得成效?

[关联法规]

《中华人民共和国刑事诉讼法》第17条;最高人民检察院《关于同港澳地区司法机关进行案件协助调查取证工作程序的规定》;最高人民检察院《关于进一步规范涉港澳个案协查工作的通知》;最高人民检察院《关于转发国务院港澳事务办公室〈关于为赴港澳个案协查人员办理通行证及签注事的通知〉的通知》;《中华人民共和国香港特别行政区基本法》第95条;《中华人民共和国澳门特别行政区基本法》第93条。

[专家指导]

本案中,由于特区警方的不配合导致侦查机关取证不能,进而难以认定可能存在的共同犯罪事实。这反映了目前我国区际刑事司法协助所面临的困境。同时,也引发了实务界的思考:我国区际刑事司法协助不畅的原因到底是什么?在目前的法律框架下如何才能使区际刑事司法协助取得成效?

刑事司法协助包括国际刑事司法协助和区际刑事司法协助。本案涉及区际刑事司法协助问题。我国检察机关与港澳台司法机关之间的刑事司法协助称为区际刑事司法协助。目前,区际刑事司法协助所面临的困境主要有:合作不很顺畅,合作的依据来自于层级较低、效力较低的一些规定,暂时还没有法律层面的具体协助协定。这导致要求对方协助和回应对方的协助要求的依据均不是十分充分。

我国的区际司法协助制度首先是在粤港澳之间形成的。鉴于香港廉政公署与各国早已存在司法协助关系,1986年广东省人民检察院就与其开始接触。后最高人民检察院作出决定,自1990年起在广东省人民检察院内设立"涉港澳个案协查办公室",作为内地对港澳进行联络开展对外协查活动的专门机构。1993年最高人民检察院下发《关于同港澳地区司法机关进行案件协助调查取证工作程序的规定》,从而把这项工作纳入法制化轨道。

由于历史原因,港澳的社会经济、政治、文化、意识形态等各个方面都与内地存在着许多差别。在司法制度方面,港澳都具有与内地不同的法律渊源。港澳回归后,在不违反基本法的前提下,原有法律基本上都予以保留。因此,在刑事司法权的行使过程中,内地、香港、澳门之间必然会出现法律冲突问题。在特别行政区成立之前,香港与内地之间的政治法律关系比较复杂,只能在国际法的框架内按照一定的规范、惯例、原则和途径来解决互涉的法律问题。随着香港的回归和基本法的实施,两地之间的关系发生了根本性的变化,原有的司法互助模式不能再继续下去，急需在新的法治理念指导下构建新的合作机制。

香港、澳门回归后，刑事司法协助问题日益受到重视。《香港特别行政区基本法》第95条规定：香港特别行政区可与全国其他地区的司法机关通过协商依法进行司法方面的联系和相互提供协助。《澳门特别行政区基本法》第93条规定：澳门特别行政区可与全国其他地区的司法机关通过协商依法进行司法方面的联系和相互提供协助。这些虽然只是很原则性的规定，但是为内地与香港、澳门之间的区际刑事司法协助定下了基调。澳门特区已经于2006年7月通过了《刑事司法互助法》，因此内地和澳门特区之间的刑事司法协助有了法律层级的规范，双方的合作相对较为顺畅。而香港的情况则不同。香港回归已经11年，内地与香港之间还没有签署一个有关刑事司法互助的安排，特别是在相互移交逃犯问题上，双方代表进行了数年的磋商，但至今还没有正式签署合作安排。

香港特区政府有关部门曾就两地司法协助事宜与内地有关部门进行过商议。根据实际需要，最高人民检察院发布《关于进一步规范涉港澳个案协查工作的通知》规定，地方各级检察院办理的案件需要提请港澳有关部门协助的，由所在省级院逐案报请最高人民检察院审批，然后由最高人民检察院的"个案协查办公室"与港澳有关部门联系落实或委托广东省院联络并派员协查，并取得一定成效。随后，最高人民检察院办公厅还下发了《关于转发国务院港澳事务办公室〈关于为赴港澳个案协查人员办理通行证及签注事的通知〉的通知》等。在缺乏规范的情况下，司法机关不得不继续沿用回归前的个案协助、高层协调、行政默契的合作方法来处理跨境犯罪案件。这一途径不仅周期长、投入大、效率低，还经常受到非法律因素的影响而使合作事项久拖不决。虽然有关方面联合侦破并审判了张子强、李育辉、谢文广等重大跨境犯罪案件，但是，却在案件管辖权等问题上引发了激烈争论。[①]

一、我国区际刑事司法协助进展缓慢、途径不畅的原因分析

我国的区际司法协助是建立在"一国两制"的政治架构下，其前提是实行不同社会制度的港澳特别行政区高度自治、司法独立，在解决互涉法律问题时司法权不能直接向域外延伸。我国的区际司法协助是"一国两制"和多元司法并存条件下的产物，三法域又分属三大法系，无论是在认识层面的法治理念，还是实用层面的法律制度，相互间都存在较大差异，在短期内又难以实现

① 易志华：《"一国两制"框架下的区际司法协助》，载2007年6月26日南方网。

兼容和直接合作。可见，存在于特殊历史背景下的我国区际司法协助，是一种具有特殊规律的法制现象，无法从当今国际社会找到可循的先例。据此，可以把我国区际司法协助的特征概括为：基本法设定总体框架，具体事宜由当事方协商解决；协助主体法律地位平等，不存在上位法和上位司法权调整；地区间法律差异明显，进行机制构建难度较大三个方面。这也是导致许多区际刑事司法协助请求无功而返的重要原因。

香港的回归实现了包括香港居民在内的全体中国人的愿望。但是，在对“一国两制”的认识中，一些人侧重于“一国”，较多地强调国家主权和中央权力，而另有一些人则较多地关注“两制”，担心强化法域间的司法合作，积极实现法律制度上的衔接与包容会削弱特别行政区的高度自治和司法独立，对现存的法治理念和法律传承会造成影响。再加上两地的法律制度差异明显，要实现法律衔接其难度相当大。而其中最重要的是价值观不同所导致的信任问题，这一点也正是当前我国区际司法协助进展缓慢的深层次原因，需要采用理性的方式，通过耐心磋商的途径来解决。

针对前述困境，如何才能让区际刑事司法协助取得成效是检察机关一直在探索解决的问题。我国的区际司法协助这几年在民商事领域取得了较大进展，如内地同香港、澳门已分别就民商事案件文书送达、调查取证、承认执行判决等签订了协议，但在刑事领域则进展缓慢，至今连一个协议也未签订。究其原因，几大法域之间法律冲突较大，协商谈判无法取得实质性的进展。因此，开展区际刑事司法协助务必要从实际出发，在充分尊重他法域政治、法律制度基础上，以务实的态度来开展司法协助。①

二、区际刑事司法协助践行的要点

根据《香港特别行政区基本法》和《澳门特别行政区基本法》的相关规定，开展刑事司法协助，内地与港澳之间的地位是完全平等的。即各法域对本地区的司法事务享有自治权，三个法域之间的任何一方都无权将自己一方处理司法问题的原则和观点强加于其他方，无权要求他方按照本法域法律规定作出某一司法行为。在当前的区际刑事司法协助中，必须把握好下列原则，在这些原则基础上探索协助的新方法，是目前所能达到的目标。

（一）正确、全面地把握区际司法协助的原则

确立我国区际司法协助原则的根本出发点，就是体现“一国两制”原则，

---

① 《尽快破解区际刑事司法协助难题》，载《南方日报》2008年3月9日。

并恪守《宪法》和《基本法》的内容和精神。《香港特别行政区基本法》第95条和《澳门特别行政区基本法》第93条是我们开展涉港澳案件刑事司法协助的基本法律依据。

全面贯彻“一国两制”方针，实现国家利益和地区利益的辩证统一。“一国两制”首先体现的是“一国”，需要各方来共同维护国家的利益，其次才是“两制”，不管哪个法域都必须在确保国家利益的前提下依法施政，来实现国家利益和地区利益的辩证统一。正确理解并全面贯彻“一国两制”方针，积极构建科学的区际司法互助关系，既可以保证国家法制的良性运行，又为各法域的社会稳定和经济发展创造了安全的法治环境，使两个利益都可以达到最大值。

（二）用开放和包容的态度，实现法治理念的磨合、法律制度的衔接和司法合作的常态化

显而易见，不仅三地的现行法律制度存在冲突，不同生活方式所形成的法治理念也差异较大。在一般情况下，法律上的差异可以通过直接磋商来解决，而要消除价值观上存在的分歧却并非易事。因此，为了实现中华民族复兴这一最大的利益，各方都应当持一种包容的胸怀和开放的态度，用相互尊重的方式来积极化解认识分歧，为不同法律制度的衔接创造软环境，逐步实现区际司法互助活动的常态化。因此，内地应更多地考虑三地的法律制度的差异，在尊重差异的基础上，以国际间的司法合作模式为参照，建立起科学的争端解决机制，将纠纷又快又好地解决，才能真正体现出政府的责任，以整体优势参与国际事务和全球竞争。港澳应更多地考虑国家整体的利益，认识到刑事司法协助是一个“双赢”的活动，对于各方社会治安的稳定和社会的健康有序发展都将带来长远的积极的影响。

（三）正确、全面地把握区际司法协助的内容和方式

目前，在确保法律地位平等的基础上，中央政府与港澳特别行政区达成了协查以下案件的共识：贪污犯罪，贿赂犯罪，偷税、漏税、骗税等涉税犯罪，挪用公款犯罪，非法向境外转移资产犯罪，假冒商标犯罪，侵占共识（企业）资产犯罪，私拆邮件窃取财务犯罪，徇私舞弊罪，玩忽职守犯罪，与贪污贿赂有牵连的走私犯罪和诈骗犯罪，以及双方特别请求协助调查的其他有关罪案。同时，除粤港澳之间直接开展合作之外，港澳廉政公署还可以通过广东省院的安排，派出调查人员到内地其他省市，在当地检察院的协助下调查取证。

另外，内地司法机关与港澳廉政公署之间也对具体案件的协助内容和方式形成了以下共识：协助会见和询问知情人和证人；向有关部门了解、查询、调

取物证、书证；对某些物证、书证进行鉴别、鉴定；对单项证据资料进行核对、认证；提供犯罪嫌疑人的出境入境资料及动态情况报告；安排本法域居民到境外出庭作证；建立举报信息的资源共享制度；通过法律程序追缴与犯罪有关的赃款赃物等。因此，总的来说，内地检察机关请求港澳廉政公署协查的案件逐年增加。

（四）求同存异，注重程序，在相互信任基础上倡导主动合作精神

就现行法律制度和运行规则来看，香港的普通法制度与内地法的差异比较大。因此，需要在求同存异的基础上建立一种信任机制，用相互尊重的方式来解决技术上的冲突。在实体问题比较复杂的情况下，可以避开并不影响大局的争议，注重程序方面的合作，倡导积极主动的合作，以互利互惠的实际效果来不断增进相互之间的理解和信任。

一方面，三地从实际需要出发，已经摸索出一套简便易行的个案司法协助操作规程：一是建立直接对口的协助制度。即三方一致同意恢复协助活动的司法本质，在警方、廉政公署、检察、审判等机关之间进行。合作的主体是内地检察机关通过最高人民检察院个案协查办公室与香港廉政公署、澳门廉政公署、澳门检察院相互提出协助请求。二是协助运作在业务层面上开展。协助前的联系协商和具体协助活动的开展，都是由最高人民检察院个案协查办公室主任和香港廉政公署执行处处长、澳门反贪公署个案协查首长负责协调，并由各自指定的一名代表办理具体事宜。三是按照被请求方的法律和惯例实施。四是调查活动以官方渠道公开进行。五是依法向知情人作出承诺。即知情人只要向调查当局讲清案件的真实情况，就应受到法律的保护，不得因此事而受到当局的刑事追究。即使是某些知情人在案件中有牵连或有某些罪错，也是法律认可的“污点证人”，只要说实话，就会受到法律的宽容和赦免。

另一方面，实践中，区际司法协助的主要方式包括：一是约请法。即内地检察机关用电话、电报、信函等方式，约请居住在港澳的当事人、证人入境，然后向他们调查取证的一种方法。二是导引法。即通过一定的渠道以一定的名义将港澳当事人、证人导引入境，进行调查取证的方法。三是边控法。即对那些有意回避，或拒绝约请的重大职务犯罪案件的港澳当事人、重要证人，经过一定的审批手续，通过公安、国家安全机关、边防检查站、海关等部门的协助、配合，在其可能入、出境的时间、口岸实行查控，发现其入境后，即选择适当时机、地点、场合，依法向其调查取证。

此外，随着港澳的回归，三地又开展了如下协助：一是开启了委托代查案件的协助方式。尤其是香港回归后，内地有70%以上的涉港澳案件是采用这种方式办结的；二是寻求查询金融资料的简便途径；三是安排证人过境出庭作

证机制；四是强化缉捕逃犯的多边协助；五是确认了运用视听手段获取证据的法律效力、扩大了举报转介的途径、实行了配合调查行动应急措施、探索了追缴赃款赃物等新方式。

虽然内地检察机关与港澳司法机关之间已经开展了广泛的区际司法协助活动，但这种协助并没有相应的法律为支撑，尤其是“引渡”问题合作并不顺畅。因此，为巩固现有的合作成果，应尽早签订互助协定，使之真正走上法制化轨道。

[辅助案例1] 李某等受贿案

1998年，A市人民检察院在调查A市B保税区海关关长李某、副关长王某及货物通道科全体受贿的重大案件中，发现行贿人是香港运输公司的老板，但他在案发后就一直躲避在香港，不敢在A市露面。行贿人的证供是关键，必须要获取。检察院通过个案协查的方式，向香港廉政公署寻求帮助。香港廉政公署大力协助，将行贿人传讯到廉署的办公室，获取了行贿人的证言。最终受贿人受到了法律的追究。

专家点评：

这是一起成功的区际刑事司法协助的案例。案中内地和香港之间仍然采用了传统的个案协查方式进行区际刑事司法协助。在具体的方式上则采用了香港回归后开创的委托代查案件的协助方式。香港回归后，内地有70%以上的涉港澳案件是采用这种方式办结的。但我们要看到，个案协查这一途径不仅周期长、投入大、效率低，还经常受到非法律因素的影响而使合作事项久拖不决。另外，本案的协助项目是获取证人证言。相比较而言，这一问题不是敏感问题，所以双方的分歧不会太大，如果涉及刑事案件的管辖权、逃犯移交等敏感问题时所引发的争论往往非常激烈。而激烈争论的结果则很可能是区际刑事司法协助的失败。

[辅助案例2] 杨某受贿案

杨某在担任某公司经理期间，利用职务之便，非法收受材料供应商贿赂。2006年5月，A市人民检察院指定B县检察院对此案立案侦查。

据查，杨某用赃款在澳门购置了100余万元的房产，作为投资移民项目，检察机关立案侦查前，澳门移民管理部门已受理了杨某的移民申请。此外，杨某还有部分受贿赃款和证据藏匿在香港。侦查过程中，C省人民检察院通过最高人民检察院外事局，及时将案件查办情况与香港和澳门廉政公署进行了联系沟通，了解了在港澳地区取证追赃的各种途径、方式和程序，并启动个案协查机制。办案组在随后赴澳门处置杨某房产以及赴香港追缴涉案赃款和取证时，港澳两地的廉政公署都给予了全力配合。

检察官在取得杨某的房产处置权授权后，赴澳委托澳门律师，依照澳门要求专门制作授权委托文书，通过澳门房产中介机构，依法将杨某在澳门的房产进行变卖，使他办理的移民澳门手续被有效中止。

最终，检察机关同港澳两地廉政公署紧密配合，从境外取回书证、物证、证人证言等证据100余份，并追回570余万元涉案赃款。[①]

（钱　蘅）

① 张仁平：《检察境外取证 港澳廉署配合 福建追回境外赃款570万》，载《检察日报》2007年6月21日。

四、审查起诉与公诉

27. 如何处理上下级人民检察院提起公诉时的级别管辖分歧

[案情简介] 张某合同诈骗案

犯罪嫌疑人张某涉嫌合同诈骗一案，由S市公安局C区公安分局移送至S市C区人民检察院审查起诉，S市C区人民检察院于2008年4月2日受理此案。经审查，S市C区人民检察院分别于2008年5月15日和2008年7月28日先后两次将张某涉嫌合同诈骗一案退回S市公安局C区公安分局补充侦查。2008年8月28日，S市C区公安分局补充侦查终结后，再次将该案移送至S市C区人民检察院审查起诉。由于案情复杂，2008年10月9日经S市C区人民检察院检察委员会讨论决定，认为犯罪嫌疑人张某涉嫌合同诈骗一案，涉案金额达600余万元，涉案金额较大，应将该案报送至S市人民检察院第一分院审查起诉。2008年10月10日S市C区人民检察院将本案报送至S市人民检察院第一分院审查起诉。2008年10月19日S市人民检察院第一分院以"S检一分刑诉退〔2008〕18号文书"认为犯罪嫌疑人张某不足以被判处无期徒刑以上刑罚，遂将该案退回S市C区人民检察院。接退回函后，S市C区人民检察院对该案从退回之日起重新计算审查起诉期限，并对犯罪嫌疑人张某改变强制措施为取保候审。

[争议焦点]

我国《刑事诉讼法》对人民法院的级别管辖作出了规定，但是并没有对人民检察院级别管辖作出明确规定。在刑事司法实践中，对于同级公安机关移送审查起诉的案件，改变级别管辖是否由检察机关判断，并由检察机关进行相关案件的移送。刑事司法实践面对的案件复杂多样，现有的法律规定难以穷尽司法实践中的各种情况。司法实践中遇到法律没有明确规定的情况，只能参照相关规定，或者由涉及的司法机关之间相互协调沟通，创设新做法。在本案中，S市人民检察院第一分院将该案退回S市C区人民检察院，其退回案件决定的法律依据是什么？退回后人民检察院关于案件审查起诉期限又如何计算？

[关联法规]

《中华人民共和国刑事诉讼法》第20条、第136条、第138条；最高人民法院《关于执行〈中华人民共和国刑事诉讼法〉若干问题的解释》第4条、第16条；《人民检察院刑事诉讼规则》第13条、第14条、第18条、第248条、第270条、第271条、第272条。

[专家指导]

《刑事诉讼法》第136条规定："凡需要提起公诉的案件，一律由人民检察院审查决定。"这便产生一个问题，即人民检察院审查决定的客体是什么？笔者认为，这里的"审查决定"，既要包括审查是否需要起诉，也要包括审查由哪一级检察院向人民法院起诉的问题。而对于后者，涉及的是人民检察院级别管辖的问题。

我国现有的《刑事诉讼法》对人民法院的级别管辖作出了规定。《刑事诉讼法》用5个条文（第19条至第23条）规定了人民法院一审案件的级别管辖问题，从而对刑事案件的一审管辖作出了较为明确的规定。《刑事诉讼法》第18条第1款和第3款对公安机关和人民法院的案件受理范围以归纳法作了简单、明确的规定，而第2款则以列举法对检察机关立案侦查的案件范围作了具体的规定，划分了公安机关、人民检察院和人民法院在职能管辖上的范围。

但是涉及人民检察院的级别管辖问题上，法律法规仍然存在模糊不清的状况，依据《人民检察院刑事诉讼规则》第13条的规定，四级人民检察院都负责管辖本辖区内重大的犯罪案件，而"重大"的概念是无法明确界定的。因此，这在一定程度上也会造成人民检察院级别管辖的紊乱。

对于人民检察院的级别管辖，不能说绝对没有相关的法律法规规定。《刑事诉讼法》第141条规定，人民检察院应当"按照审判管辖的规定，向人民法院提起公诉"。同时，《人民检察院刑事诉讼规则》第10条、第13条和第14条等都涉及了人民检察院的级别管辖问题。尽管刑事诉讼法没有明确到底由哪一级人民检察院向哪一级人民法院提起公诉，但在刑事司法实践以及相关法律规定中可以得出结论，即人民检察院应当按照审判管辖的规定，向其同级的人民法院提起公诉。即通过确定一审人民法院的级别管辖，从而确定人民检察院的级别管辖。

在人民检察院级别管辖缺失较为明确的法律法规情况下，地方性的一般做法是对本辖区内的级别管辖通过意见的形式予以细化。2004 年 8 月 13 日，S 市高级人民法院刑事审判庭和 S 市人民检察院公诉处共同作出了《S 市高级人民法院刑庭、S 市人民检察院公诉处关于进一步规范部分常见刑事案件级别管辖的意见》。这一意见的第 3 条规定，“S 市人民检察院各分院对各区、县检察院报送审查起诉的案件，经审查不符合本意见第 2 条规定的，应当退回原报送的检察院，由该检察院向对应的区、县法院提起公诉。该意见自下发之日起试行，原《S 市人民检察院各分院受理部分案件的级别管辖标准（试行）》同时废止”。

在本案中，张某涉嫌合同诈骗 600 余万元一案的案件事实，结合该意见的第 2 条规定，“对具备下列情形，同时又不具有其他足以判处十五年有期徒刑以下刑罚的法定从轻、减轻情节的案件，各中级人民法院应当予以受理。”其中该条第 12 项对于合同诈骗罪（《刑法》第 224 条、第 231 条）有如下规定：

（1）个人骗取公私财物 500 万元以上；

（2）个人骗取公私财物虽未达到上述标准，但侦查终结前无法追回的数额在 250 万元以上的；

（3）单位骗取公私财物 2500 万元以上；

（4）单位骗取公私财物虽未达到上述标准，但侦查终结前无法追回的数额在 1250 万元以上。

从中可以看出，张某涉嫌合同诈骗一案数额已超过 500 万元，根据该意见，S 市 C 区人民检察院将该案移送上一级人民检察院是有一定的法律法规规定的。S 市人民检察院第一分院认为对犯罪嫌疑人张某不足以判处无期徒刑以上刑罚，将该案退回 S 市 C 区人民检察院，笔者认为也是有充分的法律规定的。根据我国《刑事诉讼法》第 20 条的规定，中级人民法院管辖的第一审刑事案件包括了“可能判处无期徒刑、死刑的普通刑事案件”。

S 市 C 区人民检察院将该案移送上级人民法院是按照《S 市高级人民法院刑庭、S 市人民检察院公诉处关于进一步规范部分常见刑事案件级别管辖的意见》作出的，而 S 市人民检察院第一分院将案件退回，则是按照我国《刑事诉讼法》第 20 条的规定作出的。《刑事诉讼法》作为基本法律，其效力自然要高于《S 市高级人民法院刑庭、S 市人民检察院公诉处关于进一步规范部分常见刑事案件级别管辖的意见》，因此，笔者赞同 S 市人民检察院第一分院将案件退回给 S 市 C 区人民检察院。当然，这也反映出了法律实施意见与基本法律的积极冲突的问题。

按照《刑事诉讼法》第20条之规定，中级人民法院审判案件包括“可能判处无期徒刑、死刑的普通刑事案件”。“可能”意味着必然要涉及对犯罪行为在实体处分的法律评价问题，那么这个法律评价是由谁来作出的？根据控审分离原则，这一法律评价必然要由作为公诉机关的人民检察院来作出。而从我国目前的刑事司法实践及理论来看，针对这一问题争论颇多，因为这是一个涉及起诉主导权制度的问题。

根据起诉主导权的归属，起诉制度可以分为两种模式：司法控权模式与检察控权模式。对于前者，起诉制度调整的是法官与检察官之间的分权与制衡，其功能主要表现为约束公诉、防止公诉权的滥用。对于后者，所涉及的则是检察官对公诉权的独占与控制，在功能上更多地表现为保障公诉权的高效行使。

司法控权模式主要表现为起诉权（公诉提起与起诉决定）的分权与制衡，目的是防止公诉权滥用。该模式的基本表现形式是：在控审职能分立的前提下，承担控诉职能的检察官所享有的起诉权仅仅是一种起诉请求权，实质意义上的决定是否交付审判的权力则归属于专门的具有司法性质的起诉审查机关。也就是说，在起诉机制内部，起诉权被法律分割为起诉请求权与起诉决定权，并诉诸不同的诉讼主体。其中，检察官享有起诉请求权。对于具体案件，检察官的起诉请求不能直接导致开庭审判，而只能启动一个审查程序。审查程序由具有司法性质的起诉审查机构负责。该机构作出的起诉决定具有开启审判程序、确定审判范围的法律效力。当然，作为司法机构，它只能对检察官的起诉请求作出被动反应。

检察控权模式的着眼点不在于防范公诉权滥用，而在于保障公诉权的有效行使。在具体制度上，该制度模式具有以下明显特征：

第一，检察官独占公诉权，而非分权行使。

第二，在具体案件中，检察官自主决定起诉或不起诉。

第三，检察官的起诉决定具有启动审判程序、确定审判范围的法定效力。

与司法控权模式相比，检察控权模式在功能取向上有以下显著特点：

第一，在检察控权模式中，就启动审判程序而言，公诉权的行使缺乏来自其他机关的制约。少一层制约，多一份效率。因此，该模式的首要特点是强调追诉的效率价值。

第二，起诉决定权主体的变化，实质上意味着公诉权运作方式的实质改变。在司法控权模式下，决定权主体是具有司法被动性的审查机构；而在检察控权模式中，检察官尽管有时也被称为“准司法官”，其权力运作却不以被动性为特点。因此，在检察控权模式中，检察官可以通过更积极主动的方式，推动追诉活动向前发展。更重要的是，在检察控权模式中，检察官虽然也需要对侦查结果进行审查，但其审查却毋庸像司法审查那样被限定在已完成的侦查结果范围内，也不必以开庭的方式进行并即时作出裁断。因此，该模式在很大程度上减小了因审查而终止追诉的可能性。

第三，在司法控权模式中，司法机构的审查更强调对被告人不受任意追诉权的司法保障。而就检察控权模式而言，由于决定权主体是同样肩负追诉职能的检察官，该制度更倾向于对侦查结果的补充与强化。因此，在实际效果上，检察控权模式更有助于对犯罪的追惩。

笔者认为，我国《刑事诉讼法》对于人民检察院的级别管辖问题没有作出明确规定是有其原因的：

第一，这是同我国上下级人民检察院的领导体制有重大关系的。我国人民检察院上下级是领导与被领导的关系。鉴于上下级领导与被领导的关系，在案中S市人民检察院第一分院将该案退回S市C区人民检察院的做法并无不妥。

第二，按照《人民检察院刑事诉讼规则》第248条的规定，“各级人民检察院提起公诉的案件，应当与人民法院审判管辖相适应”。因此，尽管我国刑事诉讼法没有明确规定人民检察院的级别管辖，但是从这条规定来看，人民检察院的级别管辖应当比照人民法院一审级别管辖的相关规定。这与我国在审判机关与检察机关的级别设置的平行关系是相结合的。

刑事公诉案件必须是由公诉机关通过公诉权的行使将案件引渡至审判机关面前的。判断案件的性质并据此确定向哪一级人民法院提起公诉，应当看做人民检察院的公诉裁量权，这是公诉权的一个重要组成部分。根据《刑事诉讼法》第141条的规定，“人民检察院认为犯罪嫌疑人的犯罪事实已经清楚，证据确实、充分，依法应当追究刑事责任的，应当作出起诉决定，按照审判管辖的规定，向人民法院提起公诉”。

根据《刑事诉讼法》第138条以及《人民检察院刑事诉讼规则》第272条的规定，人民检察院审查起诉的案件，改变管辖的，从改变后的人民检察院收到案件之日起计算审查起诉期限。而在本案中，在审查起诉阶段，并没有改变人民检察院的级别管辖，对没有改变级别管辖的审查起诉期限的问题是本案的又一个疑难点。

笔者认为，S市C区人民检察院将本案报送S市人民检察院第一分院审查起诉是有法律依据的，根据《S市高级人民法院刑庭、上海市人民检察院公诉处关于进一步规范部分常见刑事案件级别管辖的意见》第2条第12项的规定，本案犯罪嫌疑人张某合同诈骗案涉案金额已达600余万元，应属中级人民法院管辖范围。其后，S市人民检察院第一分院认为对犯罪嫌疑人张某不足以判处无期徒刑以上刑罚，将该案退回S市C区人民检察院。尽管本案并没有改变人民检察院的级别管辖，但应当按照改变级别管辖的审查起诉期限的规定办理。即审查起诉期限应从S市C区人民检察院接到S市人民检察院第一分院退回函开始计算。

从《刑事诉讼法》第138条以及《人民检察院刑事诉讼规则》第272条的规定来看，改变管辖案件的期限开始之日从改变后的人民检察院收到案件之日起开始计算，这一规定肯定的并非是造成了改变管辖的法律事实，而肯定的是改变管辖的法律理由是否充分，本案中S市C区人民检察院向S市人民检察院第一分院移送案件是有法律依据的。因此，笔者认为，S市C区人民检察院对于本案的审查起诉期限应从S市C区人民检察院收到S市人民检察院第一分院退回函开始算起。

[辅助案例1] 李某故意伤害案

犯罪嫌疑人李某系A县人。2005年6月12日，李某与邻居因琐事争吵后，发生斗殴事件，在打斗过程中李某用拳头打中被害人张某胸膛，张某被打倒后，其后脑撞在地上一块石头上，致其死亡，A县人民检察院经过审查后认为，李某因故意伤害（致人死亡）可能会被判处无期徒刑以上刑罚，遂将案件移送至其上一级人民检察院。B市人民检察院经过审查后认为，犯罪嫌疑人李某在打斗过程中，其犯罪动机和情节尚不构成判处无期徒刑以上刑罚，遂将案件退回给A县人民检察院。其后，A县人民法院以故意伤害（致人死亡）罪判处被告人李某有期徒刑15年。

[辅助案例2] 刘某抢劫案

犯罪嫌疑人刘某系A市B县人，2006年5月14日因涉嫌抢劫罪被B县公安机关逮捕，后移送该县人民检察院审查起诉。2006年6月12日，B县人民检察院认为刘某犯有抢劫罪一案案情重大，可能判处无期徒刑以上刑罚，遂将案件移送至其上一级人民检察院，A市人民检察院后将该案向A市人民法院提起公诉，A市中级人民法院经审理后认为对犯罪嫌疑人刘某不需要判处无期徒刑以上刑罚，继续审理此案，以抢劫罪判处被告人刘某有期徒刑12年。

专家点评：

最高人民法院《关于执行〈中华人民共和国刑事诉讼法〉若干问题的解释》第4条规定：人民检察院认为可能判处无期徒刑、死刑而向中级人民法院提起公诉的普通刑事案件，人民法院经过审理后认为不需要判处无期徒刑以上刑罚的，可以继续审理，不再交基层人民法院审理。在本案中，A市人民法院的处理是得当的。

（谢佑平　杜思危）

28. 犯罪嫌疑人家属不服不起诉决定可否提出申诉

［案情简介］李某受贿案

犯罪嫌疑人李某原为A县某局副局长，2006年1月被举报其在A县某工程招标中受贿。2006年4月13日李某因涉嫌受贿罪被A县人民检察院立案侦查，A县人民检察院对犯罪嫌疑人李某采取了逮捕的强制措施，并将其羁押于A县看守所中。2006年5月11日，A县人民检察院侦查部门在侦查完毕后，将该案移送至A县人民检察院公诉部门审查起诉。A县人民检察院于2006年6月7日将本案起诉至A县人民法院。A县人民检察院发现该案在证据方面需要补充侦查，遂向A县人民法院提出延期审理的建议，A县人民法院准许其建议。经补充侦查后，A县人民检察院侦查部门将本案移送审查起诉。在审查起诉期间，犯罪嫌疑人李某因心肌梗塞死亡。2006年7月15日，A县人民检察院根据《刑事诉讼法》第15条之规定，对李某涉嫌贪污一案作出不起诉决定。A县人民法院认为A县人民检察院在补充侦查的期限内没有提请法院恢复法庭审理，决定按照A县人民检察院撤诉处理。

犯罪嫌疑人李某之妻张某认为其夫李某没有涉嫌受贿罪，是无罪的。2006年7月21日，张某以对A县人民检察院对李某作出的不起诉决定不服为由，向A县人民检察院提出申诉，要求A县人民检察院立案复查。A县人民检察院认为，鉴于在本案中，被不起诉人李某在审查起诉阶段死亡的事实，驳回其妻张某的申诉，维持不起诉决定。张某后于2006年8月2日向A县人民检察院上一级的C市人民检察院申诉，C市人民检察院认为A县人民检察院依据《刑事诉讼法》第15条和第142条第1款之规定作出的不起诉决定正确，遂维持A县人民检察院不起诉决定。

张某因向人民检察院申诉未果，于2006年8月14日，向A县人民法院申诉，要求A县人民法院应当审查其夫李某涉嫌受贿罪一案案件事实，并作出是否构成受贿罪的判决，A县人民法院认为此案不属于人民法院受理范围，不予受理。

[争议焦点]

1. 我国刑事诉讼法及其相关法规仅仅规定了被不起诉人对人民检察院作出的酌定不起诉决定不服的申诉权，而对法定不起诉和存疑不起诉则没有明确规定被不起诉人的申诉权，对于法定不起诉和存疑不起诉的决定不服的申诉，其是否有申诉权，人民检察院应当如何处理？在本案中，由于被不起诉人在审查起诉阶段死亡的特殊状况下，其近亲属是否可以代为行使申诉？

2. 在本案中，犯罪嫌疑人死亡，A县人民检察院遂根据《刑事诉讼法》第15条之规定，对犯罪嫌疑人李某作出不起诉之规定。然而本案中，李某之妻认为其丈夫没有犯受贿罪，是无罪的，A县人民检察院不应当以李某死亡作出不起诉决定，而应当继续查明案件事实，并向人民法院提起诉讼，对其丈夫李某作出无罪判决。对于此类案件，人民检察院应当如何处理？

[关联法规]

《中华人民共和国刑事诉讼法》第15条，第82条第2项、第6项，第142条第1款、第2款，第143条，第146条；最高人民法院《关于执行〈中华人民共和国刑事诉讼法〉若干问题的解释》第157条；《人民检察院刑事诉讼规则》第132条、第287条、第295条、第303条。

[专家指导]

我国人民检察院的刑事不起诉可以分为三类：法定不起诉、酌定不起诉和存疑不起诉。这三类刑事不起诉在学理上又可以划分为两大类，即绝对不起诉与相对不起诉。

依据《刑事诉讼法》第15条的规定，人民检察院对于其中涉及的六种情形之一的案件在审查起诉阶段应当作出不起诉决定。《刑事诉讼法》第142条第1款同时规定："犯罪嫌疑人有本法第十五条规定的情形之一的，人民检察院应当作出不起诉决定。"这是人民检察院法定不起诉的立法规定，法定不起诉也称为绝对不起诉，即是严格限制人民检察院在此类案件中的起诉自由裁量权，人民检察院对于此类案件只能作出不起诉的决定。

相对不起诉包括酌定不起诉和存疑不起诉。《刑事诉讼法》第142条第2

款规定："对于犯罪情节轻微，依照刑法规定不需要判处刑罚或者免除刑罚的，人民检察院可以作出不起诉决定。"这是人民检察院的酌定不起诉。

《刑事诉讼法》第 140 条第 4 款规定："对于补充侦查的案件，人民检察院仍然认为证据不足，不符合起诉条件的，可以作出不起诉的决定。"这是人民检察院存疑不起诉的立法规定，这种案件由于证据不足从而无法查清案件事实。如果将来发现新的证据，能够证明犯罪嫌疑人的犯罪事实，人民检察院可以就此类案件重新提起公诉。

在本案中，犯罪嫌疑人李某在 A 县人民检察院审查起诉阶段因心脏病突发死亡，A 县人民检察院根据《刑事诉讼法》第 15 条和第 142 条第 1 款之规定，对李某作出不起诉决定，这是合乎刑事诉讼法规定的。

被不起诉人李某之妻张某随后对 A 县人民检察院不起诉决定不服并向其提出刑事申诉，这是本案的第一个疑难点。我国刑事诉讼法及其相关法规均未对刑事被不起诉人的近亲属是否可以代为行使对不起诉决定不服的申诉权作出规定。《人民检察院刑事诉讼规则》第 295 条规定，"送达不起诉决定书时，应当告知被害人或者其近亲属及其诉讼代理人，如果对不起诉决定不服，可以自收到不起诉决定书后七日以内向上一级人民检察院申诉。"在这一条中同时规定，人民检察院告知依照《刑事诉讼法》第 142 条第 2 款规定被不起诉的人，如果对不起诉决定不服，可以自收到不起诉决定书后 7 日以内向人民检察院申诉。通过比较可以发现，被害人或者其近亲属及其诉讼代理人对于人民检察院不起诉决定都可以行使申诉权，而对于被不起诉人的近亲属或者代理人并没有明确规定可以行使申诉权。

《人民检察院刑事诉讼规则》第 295 条仅仅规定的是人民检察院根据《刑事诉讼法》第 142 条第 2 款作出的酌定不起诉决定的申诉权的行使问题，而对于法定不起诉的决定，被不起诉人的近亲属或者代理人是否可以行使申诉权则是没有法律法规规定的。

笔者认为，《人民检察院刑事诉讼规则》第 295 条在不起诉申诉上有其适用的特定空间：

第一，从这条通过分号分列说明的形式出现的规定来看，这类案件必须是有特定自然人作为被害人的案件。

第二，这类案件应当仅仅局限于针对适用《刑事诉讼法》第 142 条第 2 款规定的酌定不起诉案件，即"犯罪情节轻微，依照刑法规定不需要判处刑罚或者免除刑罚的"的案件。

A 县人民检察院认为被不起人李某之妻张某不具备代为行使对不起诉决定不服申诉权的资格，有扩大适用《人民检察院刑事诉讼规则》第 295 条的嫌疑。从学理上来看，受贿罪是没有特定的作为自然人状态出现的被害人罪名。

此外，A县人民法院根据《刑事诉讼法》第15条和第142条第1款规定作出的不起诉决定是法定不起诉，尽管刑事诉讼法和相关法律法规并未明确法定不起诉案件被不起诉人的近亲属是否可以代为行使的问题，但显然，A县人民检察院将《人民检察院刑事诉讼规则》第295条的相关规定来处理法定不起诉申诉案件是值得商榷的。

综观我国刑事诉讼法及其相关法规，被不起诉人只能对人民检察院酌定不起诉的决定可以进行申诉，对于由于证据不足作出存疑不起诉和法定不起诉，被不起诉人是否有申诉权则是法律没有规定的。本案中，被不起诉人李某被A县人民检察院作出法定不起诉的决定，从而终结了刑事诉讼程序，但是犯罪嫌疑人李某涉嫌犯罪案件的事实却由于刑事诉讼程序的终结而无法接受审判。

假设在本案中李某没有死亡，从A县人民检察院发现该案在证据方面需要补充侦查，遂向A县人民法院提出延期审理建议这一情况来看，该案件在证明李某犯罪的证据上还是不足的，因此，李某最终可能会被作出存疑不起诉的决定。而证据不足也恰恰表明，犯罪嫌疑人可能是无罪的，对法定不起诉和存疑不起诉的案件没有明确赋予被不起诉人申诉权，于案件的事实查证是不利的。刑事诉讼法规定了对存疑不起诉的案件，一旦有新的证据出现，人民检察院可以向人民法院重新起诉，而从司法实践来看，新的证据的指向性都是证明犯罪嫌疑人有罪的证据。那么一旦发现犯罪嫌疑人无罪的证据，人民检察院是否需要向人民检察院提起公诉，这是我国刑事诉诉讼法没有涉及的。本案中，李某被作出法定不起诉，但是至于李某是否犯了受贿罪，则是法定不起诉的决定无法触及的问题。

笔者认为，其妻张某可以就本案代为申诉。申诉权和代为行使申诉权是截然不同的权利，对于被不起诉人来说，申诉权是自身独有的权利，但是这并不排斥其近亲属或者代理人行使申诉权。从《人民检察院刑事诉讼规则》第295条的规定看，在被害人的申诉权行使问题上，是允许被害人的近亲属或者代理人行使的，表明申诉权作为被害人是特有的权利，但是允许被害人的近亲属或者代理人行使，那么应当认为被不起诉人的近亲属或者代理人也可以行使申诉权。申诉权作为被不起诉人特有的权利，并不意味着其近亲属和代理人就不能代为行使。假设在被害人由于重病等原因无法行使的特定情况下，难道我们能够因为其无法行使申诉权就剥夺了其申诉权吗？答案是否定的，既然肯定其可以行使申诉权，那么为什么要限制其申诉权的行使方式呢？因此在刑事司法实践中，应当认可被不起诉人对不起诉决定不服可以代为行使申诉权。

在本案中，基于犯罪嫌疑人李某在A县人民检察院审查起诉阶段死亡的事实，可能有观点认为，犯罪嫌疑人已经死亡，其申诉权应当不再存在或者存在没有意义。笔者不同意这种观点，尽管A县人民检察院对李某作出法定不起诉决定，是基于李某死亡的事实，而并没有涉及李某是否犯受贿罪的问题。其妻张某向A县人民检察院申诉在很大程度上也是想证明李某并没有犯罪，还李某一个清白，也是对张某正常生活的一个保障和安慰。

笔者认为与其探讨申诉权是否具有特定的存续期间、是否随着申诉权人死亡而消失的问题，不如探讨申诉权设置的立法目的。赋予被不起诉人对不起诉决定不服的申诉权，必然是为了更好地展现案件实体真实，更好地保障被不起诉人的合法权益。

综上所述，笔者认为对于被不起诉人死亡的案件，应当保障被不起诉人的近亲属代为行使申诉权。

根据我国《刑事诉讼法》第12条之规定，未经人民法院依法判决，对任何人都不得确定有罪。该条规定了只有人民法院才具有通过合法审判，认定被告人是否犯罪、犯何种罪以及判处何种刑罚的权力。本案中，A县人民检察院在审查起诉阶段中，基于犯罪嫌疑人死亡的事实作出的法定不起诉决定，仅仅只能从程序意义上引起诉讼终结的法律效果，而无法体现犯罪嫌疑人李某是否犯罪、犯了什么罪的实体认定问题。因此，在该案中涉及的实体处分问题上，是作为公诉机关的人民检察院无法涉及的话语空间。对于犯罪嫌疑人李某是否犯受贿罪的问题上，必须通过审判程序作出有罪或者无罪的判决，而这是我国现行刑事诉讼法对于此类案件无法解决的。

笔者引申出一个问题，即人民检察院对案件审查的价值取向到底是什么。根据《刑事诉讼法》第2条的规定，刑事诉讼法的任务，是保证准确、及时地查明犯罪事实，正确适用法律，惩罚犯罪分子，保障无罪的人不受刑事追究。《人民检察院刑事诉讼规则》第2条也规定："人民检察院在刑事诉讼中的任务，是侦查直接受理的案件、批准或者决定逮捕、提起公诉、对刑事诉讼实行法律监督，保证准确、及时地查明犯罪事实，正确应用法律，惩罚犯罪分子，保障无罪的人不受刑事追究。"

从以上两条法律法规来看，"准确、及时地查明犯罪事实"一定是人民检察院对案件审查的主导倾向，但是这并不能保证"无罪的人不受刑事追究"。从刑事司法实践中来看，有罪与无罪之间并非泾渭分明，这是法律真实与客观真实之间的矛盾决定的。当检察机关把侦查倾向指向证实犯罪的查证时，是无法保证犯罪嫌疑人无罪的证明的。

试问，在本案中，在犯罪嫌疑人李某可能存在无罪的情况下，A县人民检察院对其不起诉决定的作出，如何达到"无罪的人不受刑事追究"？

正如前文指出，对于犯罪嫌疑人在审查起诉阶段期间死亡的事实，其是否犯罪必须由审判机关予以认定，而犯罪嫌疑人死亡，终结了刑事诉讼程序，割裂了起诉程序与审判程序的连接纽带，从而导致这类案件存在进退两难的困境，实践中，也只能作出法定不起诉的决定。

《刑事诉讼法》第143条规定："不起诉的决定，应当公开宣布，并且将不起诉决定书送达被不起诉人和他的所在单位。"对犯罪嫌疑人李某涉嫌受贿罪的立案侦查和审查起诉，必然会对李某和其近亲属产生一定的社会影响，通过公开宣布不起诉，并将不起诉决定书送达他的所在单位，其立法本意不但在于消除其涉嫌案件的心理压力，而且在于使其周围的人们了解其被不起诉的法律根据和理由，从而保证被不起诉人的正常生活。

《人民检察院刑事诉讼规则》第132条规定："对于属于错告的，如果对被控告人、被举报人造成不良影响的，应当向有关部门澄清事实。对于属于诬告陷害的，应当依法追究责任。"从这条规定来看，人民检察院在审查案件时，不能仅仅审查有罪的事实，也要积极审查其无罪的事实，对于能够证明犯罪嫌疑人确定无罪的，应当采取措施，保障其获得无罪判决。在犯罪嫌疑人死亡的特殊情况下，不应简单地作出法定不起诉决定，这是无益于案件事实的调查的。

A县人民检察院对这个案件没有再进行调查，可能也有考虑。因为一旦犯罪嫌疑人李某事实上没有犯罪，A县人民检察院对其已经作了逮捕的强制措施，那么作为一起错案，势必要追究责任并进行国家赔偿。倘若是这样，笔者认为，这是不足取的。这既不利于被不追诉人合法利益的保障，又不利于司法权威的树立。

[辅助案例1] 何某贪污案

何某于1994年6月至2000年4月间担任Y县气象局局长。1999年3月，Y县人民检察院根据举报对何某涉嫌贪污一案立案侦查。同年4月13日，Y县人民检察院将何某刑事拘留，羁押于D市第一看守所。同年4月28日，Y县人民检察院将犯罪嫌疑人何某逮捕。1999年12月26日，Y县人民检察院认定，何某利用职务之便，骗取公款9750元，数额较大，其行为已经触犯了《刑法》第382条、第383条第3款规定。鉴于何某犯罪情节较轻，且能够退赃，依照《刑事诉讼法》第142条第2款之规定，决定对何某酌定不起诉。1999年10月29日，何某被释放，后因病死亡。何某之妻李某于2000年4月7日向Y县人民检察院提出申诉。Y县人民检察院于2000年5月19日作出刑事申诉复查决定书，认定何某有贪污9750元公款行为，驳回申诉，并从已扣押的17000元中返还现金8250元。李某后又向H省H市人民检察院提出申诉。H省H市人民检察院于2001年2月16日作出刑事申诉案件复查决定书，认为何某贪污公款9750元没有相关财务凭证印证，Y县人民检察院不予起诉决定书认定事实和适用法律均有不当，应予纠正。故依据《刑事诉讼法》第140条第4款规定决定，维持不起诉的决定，并决定将扣押的余款9750元返还给李某。2001年5月21日，李某向Y县人民检察院提出国家赔偿请求。

专家点评：

我国刑事诉讼法及其相关法规仅仅规定了被不起诉人对人民检察院作出的酌定不起诉决定不服的申诉权，而对法定不起诉和存疑不起诉则没有明确规定被不起诉人的申诉权。本案中，Y县人民检察院决定对何某酌定不起诉，其具有申诉权，何某后因病死亡，不应当认为其申诉权消灭。我们认为对于被不起诉人死亡的案件，应当保障被不起诉人的近亲属代为行使申诉权。其妻李某后向H省H市中级人民法院赔偿委员会提出申诉，后者认为：H省H市人民检察院已依法确认何某没有犯罪事实。因此，Y县人民检察院对其行使职权时侵犯何某的人身权和财产权，应当承担赔偿责任。

[辅助案例2] 李某贪污案

李某曾任A县某镇镇长，2005年6月，该县人民检察院对李某涉嫌贪污一案立案侦查，其后A县人民检察院将李某刑事拘留，后该县人民检察院认为李某利用职务之便，骗取公款12000元，数额较大，其行为已经触犯了《刑法》第382条、第383条第3款规定，遂向A县人民法院提起公诉，A县人民法院经审理认为，该案件事实不清、证据不足。后经补充侦查后，仍然存在事实不清、证据不足的问题，该县人民检察院遂作出存疑不起诉。后李某不服提出申诉。该县人民检察院认为，李某对存疑不起诉决定没有申诉权，驳回了申诉。

专家点评：

根据我国刑事诉讼法及其他法规，被不起诉人只能对人民检察院酌定不起诉的决定可以进行申诉，对于由于证据不足作出存疑不起诉和法定不起诉的，被不起诉人是否有申诉权，没有明确规定。基于此，在本案中，A县人民检察院认驳回了李某的申诉。我们认为，对存疑不起诉的案件没有明确赋予被不起诉人申诉权，对案件的事实查证是不利的。刑事诉讼法规定了对存疑不起诉的案件，一旦有新的证据出现，人民检察院可以向人民法院重新起诉，而从司法实践来看，新的证据的指向性都是证明犯罪嫌疑人有罪的证据。那么一旦发现犯罪嫌疑人无罪的证据，该如何处理，法律没有相关规定。因此，应当保障李某的申诉权。

（梁凤娣　杜思危）

29. 法院是否有权变更公诉机关的起诉内容

[案件简介] 李某故意伤害案

李某因欠马某人民币5万元，于2004年5月12日伙同陈某经过事先周密的策划，以归还欠款为由将马某骗至自己的住处。为了抢走马某包中的5万元借据，趁马某不备，用水杯猛砸马某数下，其后遭到马某反抗未果。马某逃出房间后随即报警。事后经过法医鉴定，被害人马某已构成轻伤。A县人民检察院认为李某的行为已经触犯《刑法》第234条之规定，构成故意伤害罪，并以故意伤害罪向A县人民法院提起公诉。

李某辩称，其并未打算抢走被害人马某的借据。李某辩护人发表辩护意见时指出，李某构成故意伤害罪，罪名成立。但A县人民检察院控告李某抢劫借据的事实并没有证据证明。

A县人民法院经公开审理认为，李某以非法占有为目的，以暴力手段抢劫他人财物，并致被害人马某轻伤，其行为已经触犯刑法规定的抢劫罪构成要件，构成抢劫罪。公诉机关对被告人李某的指控，事实清楚，但定性不当。借据是债权人主张其权利的主要凭证，故被告人李某的犯罪行为，既侵犯了被害人马某的人身权利，也侵犯了马某的财产权利，符合抢劫罪的特征。被告人李某因其意志以外的原因抢劫借据未果，应当属于犯罪未遂，应当比照既遂犯减轻处罚。

A县人民法院遂根据《刑法》第23条、第55条第1

款、第56条第1款、第263条规定和最高人民法院《关于执行〈中华人民共和国刑事诉讼法〉若干问题的解释》第176条第2项规定，被告人李某因犯抢劫罪，判处有期徒刑7年，剥夺政治权利2年。

被告人李某不服一审判决并提出上诉。二审法院经审理查明：一审法院认定事实清楚，证据确实、充分。二审人民法院依照《刑法》第189条第1款之规定，裁定驳回上诉，维持原判。

[争议焦点]

在本案中，A县人民检察院以故意伤害罪罪名对李某提起了公诉，而A县人民法院在判决中变更了A县人民检察院的故意伤害罪的指控。人民法院在公诉机关指控的犯罪事实没有发生变化的情况下，可否直接改变公诉机关的起诉罪名直接进行定罪判刑？

[关联法规]

最高人民法院《关于执行〈中华人民共和国刑事诉讼法〉若干问题的解释》第176条、第178条、第257条。

[专家指导]

我国现行的《刑事诉讼法》对于法院是否可以变更检察院起诉罪名而定罪量刑没有作出规定。然而在刑事司法实践中，人民法院的这种较为普遍的做法也存在着其司法解释的基础。最高人民法院《关于执行〈中华人民共和国刑事诉讼法〉若干问题的解释》第176条第2项规定："起诉指控的事实清楚，证据确实、充分，指控的罪名与人民法院审理认定的罪名不一致的，应当作出有罪判决。"作为司法解释的这一款项，成为现在法院习惯性地变更公诉机关罪名指控的法律依据，似乎是无可厚非的。但是这一做法却值得我们质疑与商榷。

司法解释立法化是目前刑事司法实践中一个普遍存在的现象，与其说司法解释立法化是对立法有益的补充与填补，不如说其在深层次含义上意味着司法权对立法权的侵蚀和挑战。司法解释作为人民法院司法实践的一种方式，应当限于其对具体案件应当如何适用法律条文的具体解释，不应具有普遍性特征。因此在一定条件下，司法解释的创设也会造成与上位法冲突的可能性。

控审分离是近现代刑事诉讼的重要原则，也已成为世界各国刑事诉讼制度设计的普遍的价值追求。控审分离原则具有程序与结构意义上的区分，在程序意义上的体现就是作为审判程序启动的"不告不理"原则和审判程序上的"诉审同一"原则。

法院能否变更公诉机关指控罪名，其实质则是诉审关系问题。"各国供认或达成共识的诉审同一原则仅指犯罪事实的诉审同一，即审判机关审判的犯罪事实必须与指控机关起诉指控的事实保持同一，审判机关不能脱离起诉指控的犯罪事实而另审事实，这被视为诉审同一原则不可突破的底线及最低限度意义上的诉审同一”。①

控审分离原则设置了控诉权与审判权的生存空间，作为审判机关的法院不能将审判权与公诉权集于一身，否则必然会导致审判中立的无法实现。诚如拉德布鲁赫在《法学导论》中指出那样，“如果法官本身就是控诉者，那么，只有上帝才能充当辩护人了”。② 审判机关认为公诉机关的罪名指控不成立，而径直判处被告人以新的罪名，是和这一原则相背离的。控审分离原则必然要求排斥“自诉自审”和“不诉不审”。

控辩平等是现代刑事诉讼又一基本价值。构建控辩平等首先要保证控辩双方的平等武装，而平等武装的核心就是对刑事被告人的辩护权予以赋予和保障，人民法院诉讼变更必然在极大程度上影响了被告人辩护权的行使。在本案中，形式上刑事审判程序保障了被告人李某的辩护权，但是仔细分析，我们就会发现，李某的辩护权受到了法院实质上的剥夺。我国《刑事诉讼法》第151条规定，“人民法院决定开庭后，应当将人民检察院的起诉书副本至迟在开庭10日以前送达被告人”。被告人一方的辩护活动在很大程度上是建立在公诉书对其的指控基础上，因此，被告人积极进行辩护准备也应当建立在公诉书上。人民法院在审判阶段变更公诉方的罪名指控，判决其他罪名，很可能致使被告人一方在庭前积极的准备工作无法使其充分行使辩护权。刑事诉讼必须给予被告人一方对其犯罪行为予以作积极防御的准备的时间，这种审判机关直接改变公诉方指控罪名的无法保证辩护方的辩护权，也违背了直接言词原则。

刑事诉讼程序的民主化与科学化一定程度上体现在被追诉者应当对自己的犯罪行为产生一定的法律后果的预期，这是程序正义的应有之义。“正义不仅要实现，更要以人们看得见的形式实现。”人民法院直接改变公诉机关罪名指控是控辩双方都无法预期的，这种“突袭式的审判”实际上是无法保障被告人辩护权的积极行使的，是与刑事诉讼民主化、科学化的观念相冲突的。公诉机关与审判机关对犯罪行为性质法律判断的冲突是必然的，这根源于控审分离原则下的刑事诉讼三方构造。

当然，也有观点认为审判机关变更公诉机关罪名指控违背了一事不再理原则。笔者对此观点持否定态度。

---

① 谢佑平：《刑事司法程序的一般理论》，复旦大学出版社2003年版，第356页。

② ［德］拉德布鲁赫：《法学导论》，米健、朱林译，中国大百科全书出版社1997年版，第100页。

一事不再理原则，就是对判决、裁定已经发生法律效力的案件的被告人，不得再次起诉和审理。一事不再理原则起源于罗马法的“诉权消耗”理论。所谓“诉权消耗”，是指所有诉权都会因诉讼系属而消耗，对同一诉权或请求权，不允许二次诉讼系属。诉讼系属是指因为诉的提起，在特定的当事人之间，就有争议的法律关系受有管辖权的法院审判的状态。在诉讼已经发生诉讼系属后，到诉讼终结的时候止，称为在诉讼系属中。古罗马法中的一事不再理原则实际上包含了诉讼系属效力和判决的既判力双重内涵。在古罗马法中，案件的审理分为“法律审理”和“事实审理”两个阶段。

近现代刑事诉讼普遍将一事不再理原则作为被告人的一项重要诉讼权利，但由于理论基础和价值评判不同，大陆法系国家与英美法系国家对该原则在适用上也有所不同。大陆法系的一事不再理原则直接接受了古罗马“既决案件”的理论，发展为既判力理论，强调生效判决的既判力，对已发生法律效力的裁判不再理；而英美法系国家继承了古罗马一事不再理原则的内涵，并将其发展为“禁止双重危险”原则。

根据“禁止双重危险”原则，被告人不得因同一罪行而受到两次起诉、审判和科刑。美国不仅把它作为一项重要的诉讼原则，甚至还把它规定为宪法原则。美国《宪法修正案》第5条规定，“任何人不得因同一罪行而两次遭受生命或身体的危害。”美国联邦最高法院通过判例，对禁止双重危险原则的适用范围作出了规定：第一，如果被告人被法庭判决无罪，检察官无权对被告人提起上诉，即使法庭在审判中犯有某种对检察官不利的法律错误或者起诉状存在某种缺陷。第二，如果被法庭判决有罪的被告人提出了上诉，上级法院可对其进行第二次审判。但是如果被告人的有罪裁判在新的审判中得到维护，法官一般不得对被告人判处更重的刑罚。第三，如果一项起诉因证据不足而被法庭在作出最终裁判之前予以驳回相当于宣告无罪，被告人一般不能受到第二次审判。第四，如果一项针对某一罪行而作出的判决已得到执行，法庭不能对该罪行实施两次刑事处罚。但在该判决执行以前，法官仍可在判刑程序中纠正该判决的错误。

可以看出，“一事不再理”原则和“禁止双重危险原则”还是存在着区别的，大陆法系下，“一事不再理”形成和概括的是既判力理论，其仅仅是对判决、裁定已经发生法律效力的案件的被告人，不得再次起诉和审理。反观英美法系“禁止双重危险”则是把“一事不再理”原则推向极致的产物。

基于严格的罪状制度的存在，“在英美法中，判决对起诉罪名的变更原则上是不允许的。”[①] 当然，作为对被告人权利救济走向极致的产物，英美法系中对禁止诉讼变更也是存在着例外的。

对比最高人民法院《关于执行〈中华人民共和国刑事诉讼法〉若干问题的解释》第 176 条第 2 项与第 178 条规定，造成法院是否变更起诉的在于起诉指控的“事实是否清楚，证据是否确实、充分”。该《解释》第 176 条第 2 项在司法解释层面上规制了一种由公诉机关到审判机关提起公诉的单向性的程序，第 178 条规定规制了一种双向性的程序。相较而言，后者更为合理，能够更好地理顺这一问题上公诉权与审判权所遇到的矛盾。

笔者认为，应当合并最高人民法院《关于执行〈中华人民共和国刑事诉讼法〉若干问题的解释》第 176 条第 2 项与第 178 条规定之合理成分，即人民法院认为公诉机关指控的罪名与人民法院审理认定的罪名不一致的，应当建议人民检察院补充或者变更起诉。人民检察院不同意的，应当作出有罪判决。即人民法院应当放弃习惯性地变更公诉机关罪名指控的做法，但保留其司法建议权。

[辅助案例 1] 王某等故意伤害案

H 省 L 县人民检察院于 2004 年 9 月 18 日向 L 县人民法院提起公诉，以 L 检刑诉字（2004）第 196 号起诉书指控被告人王某等四人构成过失致人死亡罪。起诉书认定被告人王某用拳头击打被害人孙某，致使其右太阳穴处及两只胳膊受伤；共同被告人刘某等也上前拽拉并追赶已经走出火车站的被害人。被害人孙某逃至 L 县第一幼儿园家属院躲避，因身体遭受钝性打击，加之被追逐长距离奔跑，造成情绪激动，诱发冠心病发作死亡。起诉书认为，被告人王某等“应当预见其打击、追逐老年人的行为可能造成其死亡的后果，但因疏忽大意而没有预见”，造成被害人的死亡，其行为已触犯《刑法》第 233 条之规定，构成过失致人死亡罪。

在法庭审理过程中，辩护人认为被害人孙某的死亡不是由于被告人疏忽大意的过失行为引起的，而是由于患有严重心脏病这个不能预见的原因引起的，属意外事件。

L 县人民法院所作的（2004）L 刑初字第 216 号刑事附带民事判决书，对案件事实的认定与起诉书指控的事实没有明显的区别。但对案件的法律适用问题却作出了与起诉书不同的判定。法院认为，被告人王某等四人“主观上有伤害被害人孙某的故意，客观上实施了伤害行为，且造成受害人孙某死亡的危害后果，孙某死亡的危害结果与四被告人故意伤害行为有刑法上的因果关

---

① 陈瑞华：《问题与主义之争——刑事诉讼基本问题研究》，中国人民大学出版社 2003 年版，第 273 页。

系”，被害人死亡结果不是由于被告人的过失行为造成的，而是由于拽拉、击打、追逐等故意伤害行为造成的，因此，检察机关指控被告人犯过失致人死亡罪不能成立。同时，被告人主观上虽无致人死亡的故意，却有伤害的故意，因此辩护人提出的被告人行为属于意外事故的辩解不能成立。法院最后判决四被告人犯有故意伤害罪。

专家点评：

本案中，L县人民检察院指控被告人王某等四人构成过失致人死亡罪，L县人民法院审理认为检察机关指控被告人犯过失致人死亡罪不能成立，并最终判决四被告人犯有故意伤害罪。变更公诉机关罪名指控而直接改判是人民法院针对此类问题的习惯性做法，但有其不合理之处。笔者认为，L县人民法院认为L县人民检察院指控的罪名与其审理认定的罪名不一致的，应当建议该人民检察院变更起诉，人民检察院不同意的，应当作出有罪判决，人民法院应当通过司法建议权处理此类问题。

[辅助案例2] 赵某工程重大安全事故案

C市Q县人民政府决定在某河上建设一座虹桥，由Q县城乡建设管理委员会负责建设。1999年1月4日，该虹桥突然整体坍塌，造成40人死亡，14人受伤的重大事故，直接经济损失达628万余元。事后，经相关部门鉴定，主拱钢管焊接接头质量不合格，是造成虹桥整体坍塌的直接原因。

C市人民检察院第一分院以赵某玩忽职守罪向C市第一中级人民法院提起公诉。C市第一中级人民法院经审理认为：赵某身为该市市政工程质量监督站站长，不认真履行对虹桥工程质量监督管理职责，降低工程质量，已造成重大安全事故，其行为构成工程重大安全事故罪。后果特别严重，依法应予惩处。根据其犯罪情节，可酌情从轻处罚。C市人民检察院第一分院指控赵某的犯罪事实清楚，证据确实、充分，但指控其犯玩忽职守罪名不当。依照《刑法》第12条第1款、第137条规定，以被告人赵某犯工程重大安全事故罪，判处有期徒刑5年，并处罚金2万元。

一审宣判后，赵某不服一审判决，以原审判改变指控罪名，严重违反诉讼程序。混淆了工程质量监督站与工程监理单位的区别，法律定性与适用法律错误，其行为不构成工程重大安全事故罪，向C市高级人民法院提出上诉。

C市高级人民法院二审后认为：一审判决认定上诉人赵某犯工程重大安全事故罪的事实清楚，证据确实、充分。定罪准确，量刑适当，程序审判合法。依照《刑事诉讼法》第189条第1项之规定，于1999年12月12日裁定驳回上诉，维持原判。

（梁凤娣　杜思危）

30. 撤回起诉与不起诉在效力上是否能够等同

[案情简介] 杨某强奸案

犯罪嫌疑人杨某，男，系H省K县某村农民。2007年5月19日，杨某因涉嫌犯强奸罪被H省K县公安机关刑事拘留，并于2007年6月26日被逮捕。K县公安机关侦查终结后，于2007年7月16日将该案移送至K县人民检察院审查起诉。K县人民检察院于2007年8月14日以“事实不清”、“证据不足”为由将该案件退回K县公安局补充侦查。H省K县公安局经过补充侦查后，于2007年9月12日将该案再次移送K县人民检察院审查起诉。K县人民检察院于2007年10月4日以杨某涉嫌强奸罪向K县人民法院提起公诉，杨某的亲属委托H省某律师事务所律师田某作为杨某的辩护人。

在一审审理过程中，K县人民检察院发现该案在证据方面需要补充侦查，遂向K县人民法院提出延期审理的建议。随后，K县人民检察院于2007年10月6日将本案再次退回K县公安机关就相关证据进行补充侦查。2007年10月28日，K县公安机关补充侦查完毕后将本案移送至K县人民检察院审查起诉，2007年11月2日，K县人民检察院提请K县人民法院恢复法庭审理。

在一审审理过程中，被告人杨某辩护律师认为检察机关的指控事实不清，证据不足，应依“疑罪从无”原则作出无罪判决。辩护人认为，在K县人民检察院指控的犯罪行为实施地是否发生过强奸案，这一案件的基本事实没有充分的证据证实。K县公安机关侦查中既没有制作现场勘查笔录，也没有提取到行为人遗留在现场及被害人体内的精斑，仅凭证人葛某（重度精神发育迟缓患者）的陈述，认定在葛某家发生了强奸案，因缺少最重要的物证而证据不足。证人葛某陈述2007年5月14日上午被强奸，并于当日由其嫂报案，公安机关应当而且完全可以立即进行现场勘查并提取相关物证，而在没有进行现场勘查，又没能提取现场及体内遗留物的情况下，被告人杨某涉嫌强奸一案的基本事实就难以确定。

同时，辩护人认为K县人民检察院认定被告人杨某实施强奸行为证据不足。案发后公安机关提取了血斑进行比对，H省公安厅鉴定书鉴定结论为：在杨某身体检测出的DNA不是被害人葛某所留。此结论是对检察机关指控的反证，证明杨某与葛某不曾发生过性关系。

2007年12月1日，K县人民法院在一审审理中以强奸罪判处杨某有期徒刑5年，被告人杨某不服一审判决，上诉至W市中级人民法院。

二审人民法院经审理，以“事实不清”、“证据不足”为由撤销K县一审判决并将该案发回一审法院重新审理，K县人民检察院于2008年4月12日向一审法院撤回起诉。2008年5月12日K县人民检察院经检察委员会讨论决定，认为本案证据不足，作存疑不起诉处理。其间，杨某被羁押于K县看守所。

[争议焦点]

1. 人民检察院撤回起诉的效力是否等同于不起诉的效力？

2. 在检察机关作出存疑不起诉决定后，被告人的权益如何得到保障，是否可以对不起诉人继续采取强制措施？

3. 人民检察院作出存疑不起诉决定后，如果检察机关在发现新的证据，符合起诉条件时重新起诉的，审查期限如何计算？

[关联法规]

《中华人民共和国刑事诉讼法》第140条、第143条；最高人民法院《关于执行〈中华人民共和国刑事诉讼法〉若干问题的解释》第117条第4项、第157条第2款、第177条；《人民检察院刑事诉讼规则》第268条、第287条、第349条、第351条、第353条。

[专家指导]

本案涉及的第一个问题是人民检察院撤回起诉的法律效力。我国1979年《刑事诉讼法》第108条规定，“人民法院对提起公诉的案件进行审查后，对于不需要判刑的，可以要求人民检察院撤回起诉”。现行的《刑事诉讼法》废除了1979年《刑事诉讼法》第108条关于公诉案件撤回起诉的规定。目前我国刑事司法实践中人民检察院公诉案件撤回起诉制度的依据来自最高人民法院与最高人民检察院的司法解释。

最高人民法院《关于执行〈中华人民共和国刑事诉讼法〉若干问题的解释》第157条第2款规定，“法庭宣布延期审理后，人民检察院在补充侦查的期限内没有提请人民法院恢复法庭审理的，人民法院应当决定按检察院撤诉处理。”其第177条规定，“在宣告判决前，人民检察院要求撤回起诉的，人民法院应当审查人民检察院撤回起诉的理由，并作出是否准许的裁定”。

《人民检察院刑事诉讼规则》第351条也规定，“在人民法院宣告判决前，人民检察院发现被告人的真实身份或者犯罪事实与起诉书中叙述的身份或者指控犯罪事实不符的，可以要求变更起诉；发现遗漏的同案犯罪嫌疑人或者罪行可以一并起诉和审理的，可以要求追加；发现不存在犯罪事实或者犯罪事实并非被告人所为或者不应当追究被告人刑事责任的，可以要求撤回起诉”。

以上三条司法解释，是司法机关处理此类案件的法规基础，但是由于缺乏明确的法律依据，因而在司法实践中也无法统一。公诉案件的撤回起诉，由于立法及司法解释规定的不足，必然会导致在司法实践中公、检、法三机关为了追求案件的实体真实，对犯罪嫌疑人和被告人进行反复无限制的追诉，从而无法确保其合法权益。

同时，人民法院作出准予撤回起诉的裁定后，人民检察院撤回起诉的效力是否等同于不起诉的效力，笔者认为是不等同的。在是否准予撤诉的问题上检察机关只有请求权，而法院的准予撤诉的裁定是最终产生撤回起诉法律后果的，撤回起诉一旦作出，刑事诉讼程序即告终结。可以看出，人民检察院撤回起诉仅仅是一种程序上的请求权，不具有实体处分的含义。

根据《刑事诉讼法》第143条的规定，“不起诉的决定，应当公开宣布，并且将不起诉决定书送达被不起诉人和他的所在单位。如果被不起诉人在押，应当立即释放”。可以看出，不起诉决定不仅会产生程序意义上的诉讼终结的效果，在实体意义上也会涉及犯罪嫌疑人和被告人处分权。不起诉决定作出后，犯罪嫌疑人、被告人在押的，应当立即释放。对被告人采取强制措施的应当立即解除。对扣押、冻结的被告人的财物应当解除扣押、冻结等。但是在刑事司法实践中，在检察机关对案件撤回起诉后，仍然有部分案件长期“在案”，一些检察机关甚至将案件退回公安机关补充侦查或者自行侦查，不对被告人作无罪处理，扣押的财物长期不予以退还。这些做法都反映出部分检察机关对撤回起诉在法律效力上的忽视，这也势必严重侵犯了犯罪嫌疑人和被告人的合法权利。

笔者认为，撤回起诉作为人民检察院的一种诉讼行为，必然会产生一定的法律效果：

第一，撤回起诉的同时即意味着对案件审判的终止。撤回起诉是因为发现案件事实、证据有变化，决定原提起公诉的起诉书作废，并要求法院予以注销，从而终止案件审判的诉讼行为。

第二，撤回起诉后检察机关必须对案件作出新的处理意见。经审查发现具有《刑事诉讼法》第15条之规定的情形之一，不需要追究刑事责任的，人民检察院在撤回起诉后应当重新作出不起诉决定。经审查发现系不存在犯罪事实或有证据足以证实犯罪行为非被告人所为的，应当要求侦查机关撤回并撤销案件。经审查发现现有证据不足以证实犯罪行为系被告人所为的，可以作出存疑不起诉决定。

第三，日后发现有新的事实或者新的证据的，人民检察院应当向人民法院再行起诉。

结合本案来看，在本案中，K县人民检察院于2007年8月14日以“事实不清”、“证据不足”为由将该案件退回K县公安局补充侦查，在一审审理过程中，K县人民检察院发现该案在证据方面需要补充侦查后，本案仍然存在“事实不清”、“证据不足”的情况，按照我国《刑事诉讼法》相关规定，对于此类案件，人民检察院可以作存疑不起诉处理。然而在司法实践中，对于某些存疑不起诉的案件，人民检察院认为对于一些犯罪事实存在，但需要对于证据作进一步审查的案件，如果对此类案件作存疑不起诉处理，也会造成犯罪嫌疑人串供、逃跑以及其他对于日后查证案件造成困难的情形出现。从《刑事诉讼法》第143条规定来看，杨某继续被羁押于看守所内是不正确的，应当变更强制措施。

人民检察院作出存疑不起诉的决定后，同时应该解除对不起诉人所采取的强制措施。存疑不起诉作为一种程序性权力，其兼具有一定的实体处分权力，从程序上来说，存疑不起诉的作出，应当产生终止刑事诉讼的法律效力。既然存疑不起诉具有终止刑事诉讼程序，刑事诉讼程序即告终止，被不起诉人已经不是刑事诉讼法意义上的犯罪嫌疑人和被告人，对其继续采取强制措施也便失去了合理性，必要性与合法性。

刑事诉讼的强制措施是公安机关、人民检察院、人民法院为了保证刑事诉讼活动的顺利进行，依法对犯罪嫌疑人、被告人所采取的暂时限制或者剥夺其一定人身自由的各种强制性的措施。刑事诉讼强制措施具有临时性、阶段性的特征，与刑事诉讼活动期间规定必须是相互适应的。因此，从法理上讲，强制措施必须随着案件的终结而终结，任何无期限对犯罪嫌疑人和被告人采取强制措施的做法，都是不符合法律规定和法律原理的。在适用强制措施的条件不复存在时，应当及时依法宣布解除或者取消强制措施。宣布解除或取消强制措施的程序与宣布采取强制措施的程序同等重要。[①]

本案中，K 县人民检察院经检察委员会讨论决定，认为本案证据不足，作存疑不起诉处理，是合乎刑事诉讼法及其相关法规规定的。存疑不起诉是人民检察院对于经过补充侦查的案件，认为证据不足，不符合起诉条件的，决定不将犯罪嫌疑人起诉至人民法院审判的一种决定。刑事诉讼法规定，人民检察院决定提起公诉的案件，必须是犯罪事实清楚，证据确实、充分的案件，而对于经过补充侦查证据仍然不足的，根据无罪推定原则作有利于犯罪嫌疑人的认定，不向人民法院提起公诉。存疑不起诉必须同时具备两个条件：其一，必须是证据不足，不符合起诉条件。所谓证据不足是指可以证明案件事实的证据，没有达到充分的量度要求。其二，必须退回补充侦查。退回补充侦查是人民检察院适用存疑不起诉的又一条件，也是必经程序。人民检察院不得不经过退回补充侦查，或者自行补充侦查后径直作存疑不起诉决定。我国刑事诉讼法规定，退回公安机关补充侦查以二次为限，对于作为存疑不起诉的案件是否件件都必须退回到公安机关补充侦查二次，笔者认为不一定，其理由是：

第一，我国刑事诉讼法对退回补充侦查以二次为限的这一规定从其立法本意来讲，是为了解决以往司法实践中出现的多次退回补充侦查，防止案件久拖不决，保障刑事诉讼法的顺利进行。

第二，有些案件经过一次退回补充侦查已经可以认定此案证据不足，没有再次退回的必要。

第三，仍然认为证据不足不符合起诉条件，包含两层意思：一层是指经过一次退回补充侦查，认为证明该案的犯罪证据不足不符合起诉条件，且没有必要再退回补充侦查的，可以作出存疑不起诉决定；另一层是指经过二次退回补充侦查后证据仍然不足，可以作出存疑不起诉决定。

我国刑事诉讼法对存疑不起诉案件在符合重新起诉条件时再起诉的具体程序与期限上没有作出规定，这是合乎存疑不起诉案件的性质的。但是恰恰由于没有相关规定，在刑事司法实践中，往往存在着大量按存疑不起诉处理案件仍然“在案”的状况。根据《人民检察院刑事诉讼规则》第 287 条的规定，“人民检察院根据刑事诉讼法第 140 条第 4 款规定决定不起诉的，在发现新的证据，符合起诉条件时，可以提起公诉”。而“发现新的证据，符合起诉条件时”到底是什么时间，是刑事诉讼法及其相关法规以及刑事司法实践所无法

① 谢佑平：《刑事司法程序的一般理论》，复旦大学出版社 2003 年版，第 141 页。

预期的。作出存疑不起诉后重新侦查的期限有多长，以及在这个期限内对犯罪嫌疑人作何种处置则是立法及司法解释在程序规范上的缺失。因此应当对存疑不起诉案件后续程序予以充分关注。

笔者认为，首先应当从法律规定层面上解决程序缺失的问题。即要突出存疑不起诉案件重新起诉程序在刑事诉讼法层面的规制，“设置相应的程序，使得该类司法活动能够严格依法进行，防止认识不一致，而出现执法偏差。”①

［辅助案例1］胥某盗窃、抢劫案

被告人胥某，H省L县人。因涉嫌盗窃、抢劫于1992年4月1日被L县公安局刑事拘留，1992年4月13日被L县人民检察院批准逮捕。

L县公安局于1992年8月16日将该案移送至L县人民检察院审查起诉，L县人民检察院认为该案“事实不清”、“证据不足”，于1992年8月22日、1993年6月28日、1993年8月10日、1993年9月1日、1993年10月4日5次退回L县公安局补充侦查，L县公安局于1993年6月22日、8月26日、12月2日重报L县人民检察院。L县人民检察院于1993年12月30日将案件报送其上一级即Z市人民检察院审查起诉，后者于1994年1月26日将案件退回L县公安局补充侦查。L县公安局于1996年8月15日重新移送起诉，Z市人民检察院于1996年12月6日将该案退回L县人民检察院审查起诉。L县人民检察院于1996年12月13日将该案起诉至L县人民法院，指控胥某涉嫌盗窃罪与抢劫罪。

L县人民法院于1997年3月7日一审判决认定：被告人胥某构成抢劫罪，判处有期徒刑15年；构成盗窃罪，判处有期徒刑1年，决定合并执行16年。胥某在一审庭审过程中，对指控的主要犯罪事实均提出质疑，但一审判决宣判后并未上诉，其后，胥某至H省第一监狱服刑。

1999年H省人民检察院检察委员会决定：指定Z市人民检察院向Z市中级人民法院就此案提出无罪抗诉。

Z市人民检察院于2001年5月27日向Z市中级人民法院提出抗诉。Z市中级人民法院审理后，于2007年11月7日再审决定，认为原判事实不清、证据不足，指令L县人民法院进行再审。L县人民法院于2002年4月18日作出一审裁定，“原判决定性准确，量刑适当，适用法律正确，维持原判”。

被告人胥某于2002年5月8日上诉，Z市中级人民法院审理后于2003年3月25日裁定认为，“原判认定事实清楚，证据确实充分，定性准确，量刑适

① 樊崇义等主编：《刑事起诉与不起诉制度研究》，中国人民公安大学出版社2007年版，第293页。

当，驳回上诉，维持原判”。

2003年6月3日，H省人民检察院向省高级人民法院提出无罪抗诉。H省高级人民法院于2004年6月16日开庭审理。2005年1月10日，H省高级人民法院裁定认为，“原判认定被告人胥某犯抢劫罪、盗窃罪事实不清，撤销一、二审法院对被告人胥某三次有罪的判决和裁定，发回L县人民法院重新审理。”

2005年，H省高级人民检察院指令L县人民检察院撤回起诉，对胥某作存疑不起诉处理。

专家点评：

人民检察院对于经过补充侦查的案件，认为证据不足，不符合起诉条件的，可以存疑不起诉。本案中，L县人民检察院连续5次将胥某一案退回L县公安局补充侦查，仍然存在“事实不清”、“证据不足”的情况。按照我国《刑事诉讼法》相关规定，对于这类案件，人民检察院可以作存疑不起诉处理。最后H省高级人民检察院指令L县人民检察院撤回起诉，对胥某作存疑不起诉处理，是合乎刑事诉讼法及其相关法规规定的。

[辅助案例2] 马某盗窃案

犯罪嫌疑人马某系B县人，由于涉嫌盗窃罪由B县公安机关移送B县人民检察院审查起诉。后者于2003年3月24日将本案退回公安机关补充侦查。经补充侦查后，于2003年4月22日将本案再次移送B县人民检察院审查起诉。2003年5月20日，B县人民检察院以盗窃罪向该县人民法院提起公诉。法院审理后，认为该案件事实不清，证据不足，建议检察机关补充侦查。2003年6月13日和7月12日，经过两次补充侦查后该县人民检察院认为该案仍然存在事实不清、证据不足的情况，遂将本案撤回起诉，后对马某作存疑不起诉处理。

专家点评：

本案中，B县人民检察院最后对马某作存疑不起诉处理。存疑不起诉必须同时具备两个条件：第一，必须是证据不足，不符合起诉条件。第二，必须退回补充侦查。退回补充侦查是人民检察院适用存疑不起诉的必经程序。我国刑事诉讼法规定，退回补充侦查以二次为限，但不是每起存疑不起诉的案件都必须退回到公安机关补充侦查二次。

（杜思危）

五、审判与执行监督

31. 法庭审理中撤回起诉有无次数和期限的限制

［案情简介］蔡某合同诈骗案

被告人蔡某合同诈骗一案，由浙江省A市公安分局于2007年3月30日移送A市人民检察院审查起诉。检察院于2007年5月14日第一次将本案退回补充侦查。浙江省公安局A市公安分局经补充侦查后于2007年6月12日将本案再次移送A市人民检察院审查起诉。2007年7月20日，检察院以合同诈骗罪向A市人民法院提起公诉。法院审理后，经两次延期审理，期间，A市人民法院经审判委员会讨论决定，书面请示上级法院。2008年4月2日，上级法院书面批复，认为认定被告人蔡某合同诈骗罪证据不足，建议检察机关撤回起诉。A市人民检察院亦将本案向上级检察院汇报，该院口头指示先予以撤回，并补强证据。2008年4月9日A市人民检察院将本案撤回起诉，并于同年5月9日退回公安补充侦查，期间收集了相关证据，同年6月8日公安补充侦查终结，再次将案件移送A市人民检察院审查起诉。2008年6月20日院检察委员会讨论决定，拟再行起诉，鉴于检、法两家对本案定性争议较大，为慎重起见，就本案书面请示上级检察院。6月25日，A市人民检察院以书面形式向上级检察院请示。上级检察院于2008年7月18日以“×检复（2008）12号”书面回复认为“该案撤回起诉后，没有新的事实，补充侦查的证据难以证明被告人蔡某的非法占有目的，不宜重新起诉”。本案撤回起诉后，A市人民检察院按照审查起诉程序，将该案退回公安机关补充侦查，并在1个月内再进行审查。其间，蔡某继续被羁押于看守所内。上级检察院于2008年7月18日给予书面回复后，蔡某被取保候审。A市人民检察院在2008年10月15日经检察委员会讨论决定，对其作存疑不诉处理。

[争议焦点]

在人民法院审判阶段，检察机关撤回起诉有没有次数和期限的限制，在撤回起诉期间，被告人的权益如何得到保障。

[关联法规]

《中华人民共和国刑事诉讼法》第165条；最高人民法院《关于执行〈中华人民共和国刑事诉讼法〉若干问题的解释》第117条；《人民检察院刑事诉讼规则》第349条、第353条。

[专家指导]

一、关于撤回起诉制度的合法性基础

撤回起诉制度是在刑事诉讼法律之外由检、法两家在实践中创设的制度。它是指检察机关在提起公诉之后到法院宣判之前，发现存在不宜或者不能将被告人定罪或不能交付审判的情形，检察机关决定撤回或收回公诉请求的诉讼活动。该制度的创设者认为，撤回起诉制度是一种刑事诉讼过滤机制和诉讼程序补救机制，与公诉机制共同彰显诉讼的程序价值和人权保障功能。[①] 因此，它的合法性基础如同其他诉讼程序一样，在于程序正义和保护人权。

二、撤回起诉后的审查起诉期限的计算

关于补充侦查的期限，按正常程序，在审查起诉阶段，人民检察院对于需要补充侦查的案件，可以退回公安机关补充侦查，也可以自行侦查；对于补充侦查的案件，应当在一个月以内补充侦查完毕，补充侦查以二次为限。在法庭审判过程中补充侦查的案件，人民检察院应当在一个月以内补充侦查完毕。关于审查起诉，人民检察院对于公安机关移送起诉的案件，应当在一个月以内作出决定，重大、复杂的案件，可以延长半个月。

检察院在撤回起诉后，通常会进行补充侦查，若能够收集到足够证据，会向法院再一次提起诉讼。这其中涉及补充侦查和审查起诉的期限问题，但由于撤回起诉制度是突破刑事诉讼法的规定而创设的制度，法律不可能对撤回起诉

---

① 暴洁、钱芳：《刑事公诉案件撤回起诉的司法实践与司考》，载《中国检察官》2008年第1期，第50页。

后的补充侦查和审查期限作出规定，同时创设该制度的“两高”的法律解释也没有提及相关期限，因此，撤回起诉后的补充侦查和审查起诉期限无法可依，那么该期限能否参照正常程序？

现代刑事的其中一个重要价值是“被告人有权获得公正、迅速的判决”。对于刑事案件，迅速地获得判决结果是被告人的重要权利。如果参照上述期限的规定，在检察院撤回起诉之后，检察院可以将案件发回公安机关补充侦查，补充侦查以二次为限，每次必须在一个月以内进行，然后交由检察院审查起诉，审查起诉最长可长达一个半月，于是，犯罪嫌疑人在检察院撤回起诉之后，可能要惴惴不安地等待长达三个半月的侦查、审查起诉，才能再一次进入法庭审判阶段。在进入法庭审判阶段之后，检察院还有机会可以使程序重新回到补充侦查阶段，审查起诉阶段的补充侦查最长可达一个月。公诉案件的审判期限，通常不得超过一个月，但是特殊情况最长可延长一个半月。犯罪嫌疑人可能要再次经历将近半年的时间才能获得判决结果，这无论如何不能称为“迅速的判决”。

因此，参照正常程序确定撤回起诉后的补充侦查和审查起诉期限，是将犯罪嫌疑人长期置于不稳定状态的做法，对于实现司法公正和效率是南辕北辙，不应采纳。

关于撤回起诉的审查期限应当充分考虑到诉讼程序的效率，在程序中要求公、检、法三机关严格按照法律规定执行撤回起诉补充侦查的时间限制，对于“重大、复杂”，可以延长补充侦查时间的案件应当严格加以界定，不可随意扩大重大、复杂案件的范围，这样才能使得大多数案件的犯罪嫌疑人免予经历撤回起诉期间的漫长而痛苦的等待。

三、撤回起诉期间被告人权益的保障

在检察院撤回起诉后，该案件该何去何从，大体有两种可能性。其一，发现不存在犯罪事实、犯罪事实并非被告人所为或者不应当追究被告人刑事责任的，检察院在撤回起诉后，对犯罪嫌疑人或者被告人作出不起诉决定的，应当立即释放。其二，检察院撤回起诉是因为发现证据不足，不足以让犯罪嫌疑人定罪，撤回起诉之后仍然会继续进行进一步地补充侦查，以期发现新的证据重新起诉犯罪嫌疑人。此时，被告人或者犯罪嫌疑人的权益，尤其是人身自由权应当如何保障？

首先，在撤回起诉之后，纵使被告人尚有重大犯罪嫌疑，公安机关和检察院准备补充侦查，决定找到新的证据以前，事实上没有足够证据证明被告人有罪，原有逮捕期限也已经用尽，继续对被告人或者犯罪嫌疑人采取拘留或者逮捕的强制措施是违法的。在本案中，犯罪嫌疑人蔡某在撤回起诉之后，至检委会作出存疑不诉的决定之前，一直处于羁押状态。因此，对撤回起诉后的被告人仍然采取严重限制人身自由的羁押措施不合法，亦不合理，相应机关应当变更或者终止强制措施。

其次，鉴于在部分案件中，检察机关或者公安机关仍然在进行侦查工作，为了防止犯罪嫌疑人逃避处罚，为侦查工作设置障碍，还应当对这部分的犯罪嫌疑人进行一定的强制措施。笔者认为，强制措施的强度应以取保候审为宜。根据《关于执行〈中华人民共和国刑事诉讼法〉若干问题的解释》第 80 条，对已经逮捕的被告人，案件不能在法律规定的期限内审结的，人民法院可以变更强制措施。根据《人民检察院刑事诉讼规则》第 37 条，被羁押的犯罪嫌疑人不能在法定侦查羁押、审查起诉期限内结案，需要继续侦查或者审查起诉的人民检察院可以对其取保候审。但在本案中，取保候审的决定机关应当是法院还是检察机关，法律及司法解释都没有明确规定。实践中，一般是检察院决定变更强制措施的。

再次，对撤回起诉但继续侦查的犯罪嫌疑人，应当明确负责机关。实践中，对于此类犯罪嫌疑人，公安机关和检察院的职权往往不甚明晰，容易导致管理混乱，必须加强这方面的立法，明确各机关的职能，并完善检察院在撤回起诉后对刑事案件的法律监督。

为了保障犯罪嫌疑人的权利，在撤回起诉期间，如果逮捕期限届满，应当改变强制措施，改为取保候审或者监视居住，不应当再采取逮捕这样高强度的限制人身自由的强制措施，也不应当使犯罪嫌疑人长期处于撤回起诉但仍然采取强制措施的状态，若通过补充侦查找不到充分的证据证明犯罪嫌疑人有罪，就应当宣布终止诉讼程序。

四、再审中的撤回起诉

在再审案件中，面对公诉机关的撤回起诉申请，法院可否予以准许，有两种意见：一种意见认为，刑事审判源于公诉机关的起诉，公诉机关有权撤回起诉，该案是按第一审程序审理的再审案件，参照第一审程序，公诉机关撤回起诉的申请应予准许。另一种意见认为，再审是对案件的纠错程序，不应准许公诉机关撤回起诉。

笔者同意后一种观点，现结合公诉机关撤回起诉的条件、再审的启动方式及审理对象等问题，围绕这一争论作简要分析。

1. 从撤回起诉的条件看，撤回起诉并不必然适用于刑事再审案件。

我国《刑事诉讼法》对公诉机关能否撤回起诉未作明确规定。最高人民法院《关于执行〈中华人民共和国刑事诉讼法〉若干问题的解释》第177条规定："在宣告判决前，人民检察院要求撤回起诉的，人民法院应当审查人民检察院撤回起诉的理由，并作出是否准许的裁定。"也就是说，公诉机关可以向法院提出撤回起诉的申请，但时间被限定在公诉案件第一审程序的宣判前，且最终能否撤回，需要经法院审查并获得准许。该《解释》对审查标准没有详细说明，法院可以视案情自由裁量。实践中，撤回起诉的原因主要有以下几种：（1）案件提起公诉以后，判决宣告以前，发现了被告人新的犯罪事实和证据，直接影响对被告人的定罪量刑，需撤回后一并起诉的；（2）同案人归案，需并案起诉的，但这种情况仅限于开庭审判之前，如开庭审判之后，可对同案人另案起诉；（3）起诉指控的事实清楚，但被告人的行为不构成犯罪的；（4）起诉指控的犯罪事实不清、证据不足的。后两种情况，如果公诉机关明显具有避免承担责任、逃避国家赔偿的目的，应不予准许。

《刑事诉讼法》第206条规定：刑事再审案件如果原来是第一审案件，应当依照第一审程序进行审判。持第一种意见的人（包括公诉机关）正是将这一规定视为上方宝剑，认为准许公诉机关撤回起诉具有直接的法律依据。笔者认为，对这一规定不宜作机械理解。比较第一审程序与按第一审程序审理的再审程序，两者虽然有许多共同点，但区别也很明显，主要在于第一审程序直至审理结束时才会产生法院裁判，而再审的前提就是生效的法院裁判已经存在。因此，二者不是完全等同的关系，适用于第一审程序的规定不必然适用于刑事再审程序。实际上，《刑事诉讼法》本身就针对再审程序在合议庭的组成、审理期限等方面另行作了规定，而不是照搬第一审程序的规定。

2. 从刑事再审程序的启动方式看，公诉机关撤回起诉不具有权利基础。

我国的刑事再审程序的启动方式有两种，一是由法院主动提起，二是由检察机关以抗诉方式提起。而当事人如果不服某一生效判决或者裁定，尽管可以向法院或者检察机关提出申诉，但这种以申请再审为目的的申诉，只是法院、检察机关发现错误裁判的材料来源之一，至于法院能否据此决定再审，检察机关能否据此向法院提出抗诉，则要取决于法院和检察机关审查的结果而定。因此，当事人的申诉不能直接引起再审程序。

对刑事再审程序的启动方式进行分析，我们可以看到，在法院主动提起再审程序的情况下，对应的权利是法院的主动提起再审权，启动主体和目标指向是：法院→生效裁判；在公诉机关抗诉的情况下，对应的权利是公诉机关的抗诉权，启动主体和目标指向是：公诉机关→生效裁判。这两种启动方式都没有涉及存在于第一审程序中的公诉机关的起诉权。从理论上讲，权利的行使可以自由选择（假设不是权利义务合一的情况），权利人可以行使，也可以不行使，甚至在行使过程中放弃行使。但在刑事再审程序中，公诉机关没有起诉权，也就必然没有撤回起诉权，因此，公诉机关在再审程序中撤回起诉是没有权利基础的。

3. 从刑事再审案件的审理对象看，公诉机关撤回起诉规避了对审理对象的处理。

与审理对象相关的概念是诉讼客体。诉讼客体是指国家司法机关和当事人的全部诉讼活动共同指向的目标。审理对象则是指需要通过诉讼程序予以解决的具体问题和事项，是诉讼客体的载体。就整个刑事诉讼过程而言，刑事诉讼法律关系中的各项权利和义务都同查清被告人的刑事责任密切相关。因此，刑事诉讼的客体就是被告人的刑事责任，该客体贯穿于刑事诉讼活动始终，无论是立案、侦查、起诉，还是一审、二审、再审，其诉讼客体均相同。而审理对象在不同的审理阶段各异。例如，在一审中是指被告人犯罪的主客观事实，再审中是指已经发生法律效力的司法机关认为确有错误的判决和裁定，具体包括判决和裁定所认定的事实和适用的法律。

法院的审判活动围绕着审理对象展开，决定了审理结果必须是对审理对象的处理结论。在刑事再审程序中，面对着可能存在错误的生效裁判，在再审程序终结时应当给出一个明确的结论，或者认定原有裁判是正确的，或者认定原有裁判不正确并进行改判，或者公诉机关请求撤回抗诉（而非撤回起诉），法院审查后予以准许（再审案件公诉机关能否撤回抗诉，法律无规定，笔者认为由公诉机关抗诉而启动的再审程序，其可以撤回，法院主动启动的再审程序，其无权撤回）。本案中，如果允许公诉机关撤回起诉，这种审理结果显然偏离了再审的审理对象，对原有生效裁判没有任何的交代。

4. 从刑事诉讼的价值取向看，准许公诉机关在再审程序中撤回起诉不利于维护被告人的合法权益。

刑事诉讼既要打击犯罪，同时也要保障被告人的合法权益，确保无罪的人不受刑法追究。刑事诉讼的价值取向，决定了刑事诉讼必然要遵循“有利于被告人和充分保障被告人权利”的原则。《关于执行〈中华人民共和国刑事诉讼法〉若干问题的解释》第307条规定：“再审期间不停止原判决、裁定的执行。”由此可见，在再审程序中原有裁判文书不是效力待定，而是仍然具有既判力。再审时，被告人很有可能被宣告无罪，一旦如此，司法机关就要承担相应的国家赔偿责任。这种情况下，公诉机关要求撤回起诉，目的只为避免因宣告无罪而承担相应的责任。

若法院已经明知要宣告被告人无罪，如果让公诉机关撤回起诉，就是以牺牲被告人的合法权益为代价掩饰司法机关的错误，背离了刑事诉讼的价值，背离了司法机关“互相配合和互相制约”的原则。

综上所述，笔者认为，进入再审程序的刑事案件，公诉机关不应申请撤回起诉。本案在实际操作中公诉机关提出了撤回起诉的申请，法院应不予准许，并继续进行审理，依法作出撤销原判、宣告被告人无罪的再审判决。

[辅助案例1] 余某盗窃案

余某（女），1988年5月6日出生。2003年余某为达到外出打工的目的，由其父亲通过非正当途径从当地户籍机关为其申领了身份证，身份证上其出生时间被提前为1986年5月6日。余某在进城打工过程中，于2003年年底因盗窃他人财物被逮捕，后被法院以盗窃罪判处有期刑1年6个月。判决生效后，法院得知余某身份证上的年龄不真实，其实施盗窃行为时未满16周岁，经审判委员会讨论决定，启动审判监督程序对该案进行再审。再审案件开庭前，公诉机关向法院提出书面申请，要求撤回起诉。最终法院否定了检察院的撤回起诉的要求。

专家点评：

如上文所述，笔者认为，进入再审程序的刑事案件，公诉机关不应申请撤回起诉。本案在实际操作中公诉机关提出了撤回起诉的申请，法院应不予准许，并继续进行审理，依法作出撤销原判、宣告被告人无罪的再审判决。

[辅助案例2] 陆某受贿案

陆某被检察院起诉收受贿赂50万元，在审判阶段因为证据不足，检察院向人民法院申请撤回起诉，人民法院作出准许B市人民检察院撤回起诉的刑事裁定。对于这样一份刑事裁定，被告人陆某是否有上述权呢？

专家点评：

法院在审理一刑事案件过程中，在宣告判决前，存在公诉机关要求撤回案件另行起诉的情况。一审法院审查后，可依照《最高人民法院关于执行〈中华人民共和国刑事诉讼法〉若干问题的解释》（以下简称《解释》）第177条及1999年4月6日最高人民法院审判委员会第1051次会议通过的《法院刑事诉讼文书样式》（样本）中新增的准许撤诉用刑事裁定书样式即样式10（以下简称样式10）及其说明，裁定准许公诉机关撤诉。被告人不服该裁定，在法定期限内提出上诉。对于准许人民检察院撤回起诉的裁定，被告人是否享有上诉权的问题实践中产生了分歧。笔者认为，人民法院的裁定，被告人应当享有上诉权。其理由如下：

第一，最高人民法院制定的裁定书样式10中，载明了上诉权。在该样式尾部，告知：“如不服本裁定，可在接到裁定书的第二日起五日内，通过本院或者直接向B市人民法院提出上诉。书面上诉的，应当提交上诉状正本一份，副本X份。”虽然该裁定书样式是按准许自诉人撤诉的情形设计的，但在该样式说明中已表明，该样式亦适用于在判决宣告前人民检察院要求撤回起诉、经审查准许撤诉的案件。同时，该说明第4条亦明确指出：“对于人民检察院在宣告判决前要求撤回起诉，经审查准许撤诉的，应当对本样式首部的当事人项、案件的由来和要求撤回起诉的事由以及准许撤诉的理由作相应改动。”而对于裁定书尾部的上诉权项，没有说明可以改动。也就是说，准许人民检察院撤诉的案件，应当严格按照样式10及其说明制作裁定书，对样式说明中没有明确可以作相应变动的部分，不得随意删改。

第二，从我国刑事诉讼的基本原则出发，人民法院应当依法保障诉讼参与人诉讼权利的行使。上诉权是法律赋予当事人（被害人除外）及其法定代理人不服一审刑事裁判，依法提起上诉的诉讼权利，是当事人诉讼权利的重要部分。对于被告人来说，上诉权也是辩护权的重要方面。国家保障当事人自由、充分、合法地行使上诉权。在刑事诉讼中，自诉人和被告人都处于当事人的诉讼地位，人民法院的判决、裁定对其具有切身利害关系。因此，法律赋予其独立的上诉权。只要他们在法定期限内提出上诉，案件就进入二审程序。

对于被告人的上诉权，法律还特别规定了保障措施。《刑事诉讼法》第180条第3款规定：“对被告人的上诉权，不得以任何借口加以剥夺。”被告人处于被追究刑事责任的特殊地位，切实保护被告人的上诉权，是保障被告人辩护权的一个重要方面。剥夺被告人的上诉权，应属于严重违反诉讼程序的行为。

第三，法律没有限制被告人行使上诉权的规定。《刑事诉讼法》第180条第1款规定：“被告人、自诉人和他们的法定代理人，不服地方各级人民法院第一审的判决、裁定，有权用书状或者口头向上一级人民法院上诉。被告人的辩护人和近亲属，经被告人同意，可以提出上诉。”《解释》第230条第1款也规定：“地方各级人民法院在宣告第一审判决、裁定时，应当明确告知被告人、自诉人、附带民事诉讼的当事人和他们的法定代理人，如果不服判决或者裁定，有权在法定期限内以书状或者口头形式向上一级人民法院提出上诉；被告人的辩护人和近亲属，在法定期限内经过被告人同意，也可以提出上诉；附带民事诉讼的当事人和他们的法定代理人，可以对判决或者裁定中的附带民事部分提出上诉。”

关于上诉的理由，法律亦没有具体规定。按照《刑事诉讼法》及《解释》，自诉人、被告人和他们的法定代理人，被告人的辩护人和近亲属只要不服第一审裁判，在法定期限内依法提出上诉，上诉即可成立。因此，可以说“不服一审裁判，要求上级法院重新审理”就是上诉的理由。如果被告人认为一审法院准许公诉机关撤回起诉，侵犯了其合法权益，或者准许撤诉将会对其产生不利的后果（比如，因此而丧失可能被宣告无罪的时机）等，都有理由不服裁定而提出上诉。

由此可见，被告人对一审人民法院作出的决定，在法定期限内有权提出上诉，要求上一级人民法院重新审理，二审法院则应当按照法定程序进行审理。

（谢佑平　叶琼宇）

32. 被告人在庭审中推翻的以前的口供是否可用

[案情简介] 唐某、朱某抢劫案

2006年7月5日，唐某与朱某在晚饭后预谋抢劫，朱某从自己家中取来两把尖刀。二人每人各携带一把，乘坐出租车来到市区一步行街南端，物色抢劫对象，趁机抢劫。晚8时许，吴某（女）路经此地回家，二人见其身背挎包便尾随至其居住的单元楼楼道内。唐某冲进楼道将吴某抱住并按倒在地，朱某随后冲进楼道见唐某将被害人按倒后就上前去抢挎包，并说"把包给我，不然我就用刀扎你"，被害人极力呼救，唐某边翻被害人的衣兜边说："你不喊不行啊！"吴某用手拽包并呼喊，于是唐某用刀扎了被害人右胸一刀，与此同时朱某用刀扎被害人吴某右腿一刀，被害人仍然不放手，朱某又继续用刀扎吴某左手，遂将吴某的挎包抢下，逃出楼道。唐某见状也欲逃离现场，被吴某抱住右腿，唐某便向吴某的右腿扎了一刀，挣脱后逃离现场。吴某在追出楼道后倒地死亡，经公安机关刑侦技术部门鉴定被害人吴某系被他人用单面刃锐器刺破右肺造成失血性休克而死亡。

此案在公安机关侦查阶段，唐某在第一次讯问时供述没有用刀扎被害人，而在第二次讯问时供述了用刀扎了被害人的右胸。朱某一直否认用刀扎了胸部，供述只扎了腿和手。在案件第一次开庭时，唐某翻供，辩解没有扎被害人右胸部的致命一刀，并称第二次供述是由刑讯逼供造成的。对唐某第二次供述是否作为非法证据排除直接影响最终的定罪量刑。为此，公诉人通过休庭，对侦查人员进行了核实，并向法庭提交了公安机关出具的没有刑讯逼供的证明文书。

［争议焦点］

本案是以刑讯逼供为由的庭审翻供案例，在此情况下，公诉人向法庭出具的公安机关证明没有刑讯逼供的文书，是否能够否定被告人的翻供。在被告人翻供时，公诉人的正确解决办法应当是什么。

［关联法规］

《中华人民共和国刑事诉讼法》第43条；最高人民法院《关于执行〈中华人民共和国刑事诉讼法〉若干问题的解释》第61条。

［专家指导］

目前，对于司法机关尤其是刑事侦查部分存在的刑讯逼供问题成为众矢之的，是社会公众以及理论和实践部门关注的重点，也是刑事诉讼修改呼声最高的焦点之一（现有的刑事诉讼法并没有对刑讯逼供作出规定，更谈不上确定“非法证据排除”规则）。刑讯逼供所带来的恶果就是冤假错案，如杜培武故意杀人案、佘祥林故意杀人案等，造成了恶劣的社会影响，并直接引发了大范围的对司法机关行为的正当性和合法性的质疑。但实践中不乏被告人、犯罪嫌疑人逃避罪责、避重就轻，以刑讯逼供为由推翻原供述的狡辩，因此，作为最终公诉人和负有审查起诉义务的检察机关面对犯罪嫌疑人、被告人以刑讯逼供为由的翻供，特别是逃避罪责的翻供应采取有效的应对策略。

一、庭审前的预防策略

第一，开展是否存在刑讯逼供行为的调查取证工作。

实际上，这项工作涉及了非法证据排除的举证责任由谁承担的问题。现代刑事诉讼模式体现的是控辩平等，主张“谁主张，谁举证”，公诉机关指控被告人有罪，是提出积极主张的一方，不仅要用证据证明其实体主张是成立的，而且要运用证据证明收集证据具有程序合法性。在庭审中或羁押场所，公诉人往往会讯问被告人、犯罪嫌疑人“你被刑讯逼供时有谁能证明？”在犯罪嫌疑人、被告人成为孤立的审查对象时让他说出现场证明人显然是不具说服力的，也颠倒了举证责任。还有一种不当的做法，当被告人提出刑讯逼供的辩解时，让原办案人员出具是否对嫌疑人、被告人刑讯逼供的“说明”或出庭作证，显然这也是苍白无力，不能解决问题的。实践中可采取三种做法：一是公诉机关可以到犯罪嫌疑人、被告人监室对其羁押人员进行走访了解，证实被告人、犯罪嫌疑人出入监室被讯问前后的身体状况。或许有人对此种方法提出质疑，认为羁押人员也是公权力机关，他们与公诉机关容易串通一气，但虽然两机关同为公权力机关，他们的权能、责任和利益是分化的，如果因为侦查人员的刑讯逼供导致被羁押人员的身体受到损伤，羁押人员显然不愿意为此由自己承担责任。另外，即便是非法证据排除的举证责任由控方承担，但辩方也可以就这方面提供有利于自己的线索。二是调取羁押部门有关犯罪嫌疑人、被告人收押时的体检表，查证办案单位是否存在刑讯逼供行为。在唐某抢劫案中，公诉人就调取了这方面证据。《入监体检表》显示唐某在2006年7月7日入监第一时间的身体状况，无外伤和残疾，生命体征平稳，神清语利，四肢活动自如，说明其并没有遭受过刑讯逼供，而其第二次供述笔录也是当天形成的。[①] 三是公诉机关可调取犯罪嫌疑人、被告人接受讯问时的实况录像。此种方法更有说服力，在发达国家运用得更为广泛，在我国经济状况相对优越的地方可以使用。该方法相比于体检表的优点在于，同时也可以调查在审讯过程中是否有“变相”刑讯逼供的存在，变相刑讯逼供主要采取强光、不让睡觉等办法审讯犯罪嫌疑人，使其失去意志力，作出不利于自己的供述，变相刑讯逼供在犯罪嫌疑人身体上不会留下伤痕，比较难以证明，而审讯录像弥补了这一不足。

第二，审查有罪供述内容和翻供辩解的理由是否符合案件客观事实和情理。

对犯罪嫌疑人有罪或者罪重的供述，首先要审查是在什么时候作出的，供述的稳定性和一贯性如何。其次要审查所作供述中关于犯罪的起因、预谋、手段、经过、结果以及悔罪表述是否合情合理。在唐某抢劫案中，其本人供述的每一个犯罪举动比较详细、自然，且因与朱某现场所处位置不同，离开现场先后时间不同所供述内容有所不同，并不是没有目睹现场经过的公安人员通过刑讯逼供，引供诱供所能得出的。而且唐某曾在回答侦查人员“你在第一次的讯问笔录中为什么说假话”的问话时，唐某回答，“我怕担责任，我怕死”，显然是避重就轻心理的反映。最后，对形成笔录进行查验。一要查犯罪嫌疑人、被告人是否逐页核对并签字画押，手押是否为本人所摁；二要查验笔录开始到结束的时间与笔录形成的内容上有无明显反差；三要检验本人的供述与其他同案犯的供述笔录在问答内容上，结构安排上有无显著的雷同；四要检查犯罪嫌疑人、被告人在笔录上是否留下特殊的标记。某公诉部门在办理的被告人史维良故意杀人案中，被告人当庭翻供其在原侦查机关所作的有罪供述是因刑讯逼供形成的并在笔录末端“以上笔录我看到的和我说的一样”后面加了个

---

① 张永会：《以“刑讯逼供”为由翻供的公诉对策》，载《中国检察官》2007年第1期，第12页。

问号。经当庭查验，原笔录确实如此，于是法庭决定休庭。[①]

第三，审查有罪供述与全案其他证据是否相印证。

犯罪嫌疑人对自己犯罪行为实施的过程的供述是否刑讯逼供形成，要审查与同案被告人供述的情节是否一致，能否得到现场目击证人的证实以及其他证据的印证。在唐某抢劫案中同案犯朱某供述在两个人分别逃离现场后，会合时"唐某告诉我他扎了那女人的前胸"，间接地证明唐某的第二次供述的真实。在审查共同犯罪同案犯供述时还应考虑同案犯之间有无推卸责任的可能，本案中唐某和朱某实施抢劫时并没有注意用刀扎被害人的具体部位，只供述了自己的行为，如果存在朱某推卸责任，那么就应该在供述笔录中说"在现场看到唐某扎了被害人右胸"。另外，在审查嫌疑人、被告人的供述与其他证据能否印证时还应当注意细节。

检察机关只有充分运用以上三个策略，在庭前做好准备，就能够在庭审中积极应对犯罪嫌疑人、被告人的翻供。

被告人作为刑事诉讼中被追诉的对象，案件的处理结果与其有直接的利害关系，如被判决有罪，将承担对其不利的刑事判决结果。从人的趋利避害的心理来看，一般情况下被告人庭审翻供是为了逃避法律制裁，否认先前所作的供述，提出无罪、罪轻的辩解，甚至编造谎言进行狡辩，以对抗有罪指控，干扰诉讼的正常进行。如有的被告人虽然庭前供认不讳，出于害怕受到刑事处罚，或由于被告人之间串供、同监犯人教唆等因素的影响，因而开庭审判时出现翻供。

也有的被告人确实没有实施起诉指控的犯罪，在侦查和审查阶段，作出有罪供述，但在接受审判时，纠正先前的虚假供述，否认犯有被指控的犯罪。这种情况一般包括两种可能：一是被告人没有实施犯罪，但为他人开脱罪责，顶替冒充犯罪人向司法机关供述有罪，在面对审判时出现反悔，进而否认原先的虚假供述，反映事实真相。如交通肇事犯罪行为人为逃避处罚，贿买他人顶替自己接受刑事追究，使他人成为被告人，由于事先允诺的条件未能兑现，导致被告人在受到审判时出现反悔，承认自己是冒充犯罪人；二是被告人确实没有实施起诉指控的犯罪，由于受侦查人员刑讯逼供等手段的影响，作出与客观事实不符的供述，非出于自愿供认自己有罪，在庭审过程中，推翻原先所作的有罪供述，为自己提出无罪的辩解。

还有的被告人犯了重罪，并向侦查和检察人员作了相应的供述，但在庭审

① 张永会：《以"刑讯逼供"为由翻供的公诉对策》，载《中国检察官》2007年第1期，第12页。

过程中，为了减轻罪责，否认原先的供述而进行罪轻的辩解，如否认自己的主观故意，将故意伤害辩解为过失伤害等。

本案就属于最后一种情形。致命一刀是否为被告人所扎决定着被告人是否有可能被判处死刑。为了减轻罪责，被告人会在庭审中推翻自己之前的供述。

二、庭审中应对被告人庭审翻供的解决路径

尽管在审查起诉阶段对被告人供述在内的全部证据进行过审查，但由于受办案机制、审查人员业务水准等因素的影响，并不能排除采信不真实的口供定案，加之被告人庭审过程中翻供的原因具有多重性，因此，公诉人必须理性对待被告人翻供，不能武断地认为翻供就是为了逃避处罚，应切实做好被告人庭审翻供的防范和应对工作。

（一）事前分析、完善预案

庭审翻供可能发生在每一个被告人身上，只是因案件和被告人的不同，翻供的可能性大小不同。为此，公诉人员必须未雨绸缪，完善出庭预案，防范可能存在的翻供情况，以避免庭上被动。首先，公诉人员应严格审查判断被告人庭前供述，以避免采信不真实的被告人供述作为定案的依据。其次，要熟悉案情和证据材料，为综合运用其他证据反驳被告人翻供打好基础，并根据庭前所掌握的被告人认罪态度、心理动态等情况，分析被告人翻供的可能性，以便制定切实可行的讯问提纲。再次，在翻供可能性较大的情况下，制定好翻供预案对策。如准备好犯罪嫌疑人在侦查、审查阶段时作有罪供述的录音、录像资料，以备在被告人庭审翻供时示证；通知可能被指为刑讯逼供的案件侦查人员出庭作证等。

（二）抓住要害、集中反驳

所谓抓住要害，是指抓住被告人陈述翻供理由时暴露出的破绽和矛盾。当被告人作无罪或罪轻辩解时，公诉人首先要让被告人完整地陈述辩解意见和翻供理由，并讯问有关细节，从而判断其翻供的理由是否成立。如果被告人基于虚假的理由进行翻供，往往会暴露出这样和那样的矛盾。公诉人应当尽可能地问清有关细节，促使破绽和矛盾充分地暴露出来。当这些破绽和矛盾表明被告人翻供无理时，公诉人应紧紧抓住，通过展示破绽和矛盾揭露被告人供述和辩解的虚假，并辅之以法律和政策教育促使被告人认罪服法，消除其侥幸和对抗心理。同时，公诉人应在梳理所发现的矛盾和破绽基础上，结合宣读被告人先前有罪供述和出示视听资料等相关证据，形成证据组合，对被告人集中予以反驳，使其感到翻供达不到目的。即使被告人仍不愿意如实供述，也可以使庭审

法官产生被告人无理狡辩的内心确信。

（三）申请延期审理

由于被告人庭审翻供，使公诉人讯问被告人由举证转化为核实被告人庭前供述的证据效力和证明力。因此，公诉人在对被告人翻供的理由进行审查判断后，发现没有明显疑点和矛盾，比较合乎情理，具有较强的可信性，或者反映刑讯逼供情况比较明显，有调查核实必要时，应当要求法庭延期审理，对被告人翻供的理由进行调查核实。由于《刑事诉讼法》和《人民检察院刑事诉讼规则》（以下简称《规则》）未将对指控证据需要进一步调查核实列为应当要求延期审理的情形之一，但实践中可以依据《规则》第384条第1项之规定，以事实不清、证据不足，需要补充侦查为由，要求法庭延期审理。如以侦查人员刑讯逼供为由翻供的案件，如果被告人身上确有伤痕，所陈述的刑讯过程前后没有矛盾，刑讯手段与伤痕情况相符，而且在庭前未反映、未核实过的，公诉人员应当高度重视，及时要求法庭延期审理，并在休庭后核实有关情况。如果经调查核实，侦查人员确实采取了非法手段获取口供，被告人翻供理由成立，应当将庭前被告人供述以非法证据从控诉证据中予以排除。

（四）撤回起诉

人民检察院在对被告人翻供的理由进行调查核实以后，一般有以下四种查证结论：(1) 被告人翻供理由不能成立；(2) 起诉指控的罪名不当，被告人实施了较轻的犯罪；(3) 发现犯罪事实并非被告人所为；(4) 不应追究刑事责任。针对第一种情形，人民检察院应当提请人民法院恢复法庭审理，并根据调查核实的情况对被告人的翻供进行驳斥。其余三种情形，人民检察院可以撤回起诉，并分别不同情况作出相应处理。

人民检察院发现起诉指控的罪名不当，被告人实施了比起诉指控的罪名要轻的犯罪，应当改变起诉罪名。但是，刑事诉讼法对起诉的变更没有规定，《规则》只规定发现犯罪事实与起诉书中指控的犯罪事实不符的可以变更起诉，没有明确规定指控的罪名可以改变。笔者认为，鉴于人民检察院发现起诉指控的罪名不当，不属于可以变更起诉的事由之一，根据程序法定的原则，针对这种情况，人民检察可以撤回起诉，改变起诉罪名后重新起诉。

人民检察院因发现犯罪事实并非被告人所为，可以要求撤回起诉，并分别不同情况作出处理。一是被告人没有实施起诉指控的犯罪，因侦查人员刑讯逼供等原因被迫供述自己有罪。对此，人民检察院应作出无罪不起诉的诉讼终结处理。二是被告人没有实施起诉指控的犯罪，因为被贿买等原因，为他人开脱罪责，顶替冒充犯罪人向司法机关供述有罪。这里涉及因原案再生犯罪的刑事责任追究问题，应对案件进行侦查，但究竟由人民检察院自行侦查，还是退回公安机关补充侦查，《刑事诉讼法》和《规则》都没有相应规定。笔者认为，虽然撤回起诉是人民检察院单方的诉讼行为，不能据此引起公安机关侦查活动的恢复，《规则》也未赋予人民检察院将撤回起诉案件退回补充侦查的权力，但是，被告人为他人顶罪已触犯刑律涉嫌伪证罪，根据案件管辖规定，应由公安机关管辖，因而应将原案退回公安机关补充侦查。

人民检察院发现不应追究刑事责任的，同样可以要求撤回起诉。这里的不应追究刑事责任特指侦查人员非法获取被告人口供，被告人翻供理由成立，将被告人庭前供述从控诉证据排除后，其他证据不足以证明被告人有罪，因而主要犯罪事实不清、证据不足，不符合起诉条件。《规则》第353条第4款规定，撤回起诉后，没有新的事实或者新的证据不得再行起诉。笔者认为，根据对这一规定的理解，人民检察院对主要犯罪事实不清，证据不足，不符合起诉条件的案件撤回后，还要通过补充侦查，以发现新的事实或者新的证据，并在补充侦查完毕后，作出再行起诉或存疑不起诉决定。[①]

［辅助案例1］陈某等职务侵占及公司、企业人员受贿[②]案

陈某，原系某航空股份有限公司驻泰国曼谷办事处（以下简称驻曼谷办）经理。被告人郭某，原系驻曼谷办销售经理。被告人方某，男，原系东航驻曼谷办财务经理。

1999年5月和6月，郭某为私人牟利。事后，卜某等人按照事先约定，送与郭某20万美元、92万泰铢和55万元人民币，郭某拿出上述钱款中的一部分分给陈某及方某。

1999年12月至2001年7月间，陈某等三人经事先共谋，利用职务便利，在货运淡旺季交替之时，秘密截取货运款人民币133.4万余元。

案发后，三人均退赔了相应的赃款，并在本案侦查期间，对上述事实进行了如实供述。在一审审理期间，陈某、郭某对其所犯公司、企业人员受贿罪的事实均予以否认。

S市人民检察院第一分院指控陈某等三人均构成职务侵占罪及公司、企业人员受贿罪，且数额巨大，但三人均具有自首情节。

陈某等三人对其所犯职务侵占罪均不持异议。就公诉机关指控其所犯公

① 丁能宝：《被告人庭审翻供的基本情形与解决路径》，载《检察日报》2008年7月2日。

② 2007年11月6日施行的最高人民法院、最高人民检察院《关于执行刑法确定罪名的补充规定（三）》将该罪修改为“非国家工作人员受贿罪”。

司、企业人员受贿罪，陈某以其没有利用职务便利为水产商谋取利益，且所得的钱款亦属朋友间的赠与为由，否认自己的行为构成公司、企业人员受贿罪；郭某则辩称，其以对水产商的40万元债权作为出资参与水产贸易，且实际投入了劳务，故所得的钱款系利润分成，继而否认所犯该罪；方某以其事前没有参与共谋，事后也没有实施受贿的客观行为为由，否认其行为构成公司、企业人员受贿罪。

S市第一中级人民法院经审理认为，被告人陈某、郭某、方某利用各自职务便利，共同侵吞本单位财产，数额巨大，其行为均已构成职务侵占罪；陈某、郭某还利用职务便利，为他人谋取利益，收受他人钱款，数额巨大，其行为还均构成公司、企业人员受贿罪。鉴于被告人陈某、郭某、方某对其所犯职务侵占罪有自首、退赃等情节，决定对其所犯职务侵占罪均予减轻处罚；鉴于陈某在公司、企业人员受贿共同犯罪中有从犯及退赃的情节，决定对其所犯该罪从轻处罚；郭某亦能积极退赃，故对其所犯该罪也酌情予以从轻处罚。陈某、郭某在本案侦查阶段，能如实供述主要犯罪事实。但在一审庭审过程中，对其所犯公司、企业人员受贿的犯罪事实均进行翻供，不能认定其就该犯罪事实具有自首情节。

一审判决后，陈某及郭某均提出上诉。陈某重述一审期间提出的辩解，否认原判认定的公司、企业人员受贿罪。郭某在二审期间又如实供述了自己所犯公司、企业人员受贿罪的事实，还辩称其在一审庭审期间并没有翻供，原判认定其所犯公司、企业人员受贿罪不具有自首情节不当。

S市高级人民法院经审理认为：本案证据充分，足以认定陈某在主观上具有与郭某共同实施公司、企业人员受贿行为的故意，客观上又实施了利用职务便利保证水产商的货运舱位数，并从中谋取非法利益的共同受贿行为，其行为完全符合公司、企业人员受贿罪的犯罪构成要件。其上诉理由与本案的事实不符，不能予以采信。郭某在本案侦查阶段，包括二审审理期间，能够如实供述自己所犯公司、企业人员受贿罪的主要犯罪事实，但在一审庭审期间翻供。正是由于其在一审庭审期间的翻供，依照法律及司法解释的规定，不能认定其如实供述了所犯公司、企业人员受贿罪的主要事实，依法不能认定有自首情节。郭某所提其在一审期间没有翻供并有自首情节的上诉理由，与业已查明的事实及法律规定不符，不能予以采信。原判认定的事实清楚，证据确实、充分，定罪准确、量刑适当，审判程序合法。裁定驳回上诉，维持原判。

专家点评：

本案件裁判要旨在于：

1. 如实供述自己的罪行后，又对构成犯罪的关键事实予以否认的，属于翻供。

根据最高人民法院《关于处理自首和立功具体应用法律若干问题的解释》第1条，“犯罪嫌疑人自动并如实供述自己的罪行后又翻供，不能认定为自首”，影响自首认定的翻供，是相对于“如实供述”这一构成自首的基本条件而言的。如实供述，要求被告人实事求是地、客观地将自己实施的犯罪行为予以供述。在一审庭审的行为属于翻供。

2. 在一审审理期间翻供后，二审又如实供述的，也不应认定为自首。

根据最高人民法院《关于处理自首和立功具体应用法律若干问题的解释》第1条，“自动投案并如实供述自己的罪行后又翻供的，不能认定为自首，但在一审判决前又能如实供述的，应当认定为自首”的规定，影响自首认定的翻供在时间上是有限制的，即使行为人在侦查、起诉阶段翻供，只要其在一审判决前仍能如实供述的，并不影响对其自首的认定。故如实供述成立自首在法律上的时间要求，应当在一审判决前，在一审判决前翻供的，则不能认定自首。因此，被告人只要在一审审理期间翻供，直至一审判决前仍未如实供述的，即使其二审又能够如实供述的，也不能成立自首。

本案中，被告人郭某在一审审理期间，否认自己在此前供认并已被其他证据证实的犯罪事实，属于翻供行为。虽然其在二审审理期间又承认了全部犯罪事实，但其行为不符合刑法及司法解释关于自首的规定，因此一、二审法院对其行为不认定为自首是正确的。

［辅助案例2］赵某故意伤害案

2006年10月，合阳县人民检察院公诉科收到一起公安机关移送审查起诉的故意伤害案。侦查卷宗显示，在公安机关的多次讯问中，犯罪嫌疑人赵某均作了有罪供述，提审时，赵某也一直供认不讳，卷内其他证据和伤情鉴定结论等均可相互印证。但庭审时，赵某突然当庭翻供，辩称是被害人诬陷他。检察官正准备用证据揭穿赵某谎言时，却发现侦查卷内赵某的三份笔录中“讯问人”一栏只有一人签名，而刑事诉讼法明确规定“讯问的时候，侦查人员不得少于二人”。

公诉人当庭确实无法解释程序上的失误，只好以案件需要补充新的证据为由，建议法庭延期审理。获准后，公诉人调取了公安机关的同步录音录像并补充了相关证据，在事实和证据面前，赵某才认罪服法，受到了应有的惩处。

专家点评：

对于庭审翻供的案件，公诉人应注意以下几点：

1. 查明翻供的原因。通过讯问被告人，了解翻供的真实原因。因为被告人翻供的理由有真有假。要查明翻供的具体理由，对以刑讯逼供为由翻供的，要讯问是何部门、何人、何时、何地、实施何种违法审讯行为等细节；对以记忆不清为由翻供的，要讯问影响记忆的原因；对以误解政策为由翻供的，要讯问为什么误解及误解的深层次原因。翻供必须有理由，对理由要作出详细、合理的解释。

2. 查明翻供的内容。通过审查翻供的前后说法，查明翻供与前供不一致的差别之处，看被告人是全部推翻前供，还是部分推翻前供；是在事实方面翻供，还是在某些量刑情节上翻供。确定翻供的真正内容后，再看翻供的内容是否详细、具体，进一步判断翻供的真伪。

3. 变换角度反复讯问，审查翻供的内容与其他证据是否印证一致。主要方法是抓住原供涉及的隐蔽情节，理清证据收集的时间先后顺序，进行理性分析，发现破绽步步紧逼。如被告人供述在先，且对隐蔽情节描述具体详细，通过侦查取得的证据与被告人原供一致，对被告人翻供则可认为是无理翻供。

4. 抓住细节适时传唤同案人到庭质证。为防止被告人当庭串供，一定要选准时机和注意质证方法。质证主要还是应抓住案件细节，发现矛盾。因为翻供不可能在每一个细节都考虑得十分完善，在一些细节上可能有漏洞，不合乎生活的常识、常理、常情。如有的受贿案，被告人翻供时将受贿辩称是借款，有的仅是一面之交，借款几万没有借条，没有还款时间，借了几年从不催问，这就不符合常理、常情。质证出现的矛盾，可以打消被告人翻供，使其理屈词穷。

（梁凤娣　叶琼宇）

33. 法定代理人有无延期审理申请权

［案情简介］胡某盗窃案

2008年3月2日17时许，胡某伙同他人窜至上海市A区被害人青某与他人合住处，窃得人民币600元，以及松下笔记本电脑一台、夏普笔记本电脑一台、日元117000元、泰铢3120铢，上述物品及外币合计价值人民币22193元。胡某归案后协助公安机关抓捕了其他案件的犯罪嫌疑人。

2008年3月4日，胡某因涉嫌盗窃罪被上海市公安局A区分局刑事拘留，同年4月8日经A区人民检察院批准逮捕，次日由上海市公安局A区分局执行逮捕。2008年6月23日以盗窃罪对被告人胡某提起公诉，同月30日B区人民法院立案受理，同年7月18日经B区法院决定，对被告人胡某取保候审。由于在被告人是否成年问题上需要证据证明，被告人胡某的父母提出申请，要求采取延期审理。B区法院对被告人胡某进行暂缓判决，因受审理期限的限制，故采取延期审理的方式。2008年9月17日B区法院对被告人胡某以犯盗窃罪判处拘役6个月，缓刑6个月，并处罚金2000元。

［争议焦点］

刑事判决书中表述“期间经指定辩护人及法定代理人建议，两次决定延期审理”。未成年被告人的法定代理人是否享有延期审理申请权是程序性法律适用的疑难点。

第一种观点认为，法律没有明确规定未成年被告人的法定代理人享有延期审理申请权，法院的做法是违法程序规定的。第二种观点认为，法定代理人既然享有提供新的证据、申请重新鉴定或勘查、提出上诉等诉讼权利，已与当事人的权利没有区别，且未成年被告人的法定代理人可以代行未成年被告人的诉讼权利，所以法定代理人应当享有延期审理申请权。

[关联法规]

《中华人民共和国刑事诉讼法》第 82 条、第 165 条；最高人民法院《关于执行〈中华人民共和国刑事诉讼法〉若干问题的解释》第 156 条；《人民检察院办理未成年人刑事案件的规定》第 37 条。

[专家指导]

我们必须界定法定代理人在刑事诉讼中到底扮演了一个怎样的角色。首先，根据刑事诉讼法的规定，法定代理人不是诉讼当事人，在刑事诉讼法中，诉讼当事人仅仅包括被害人、自诉人、犯罪嫌疑人、被告人、附带民事诉讼的原告人和被告人。其次，法定代理人与代理律师一样，属于“诉讼参与人”的范畴。那么，“法定代理人”基于何种理由在刑事诉讼中被界定为非“当事人”，而是“诉讼参与人”。根据学理的解释，当事人是案件的处理结果对其有直接影响的人。而刑事诉讼中的被告人的“法定代理人”的代理权是基于当事人未成年而不具备完全诉讼行为能力，由法律规定而产生的。与此相对，刑事诉讼中被告人的“诉讼代理人”的代理权是基于当事人及其法定代理人的委托而产生。经比较，我们发现，法定代理人基于法律规定，诉讼代理人基于委托产生；并且诉讼代理人的代理权也可以基于法定代理人的委托产生。

最高人民法院《关于执行〈中华人民共和国刑事诉讼法〉若干问题的解释》第 156 条规定，当事人和辩护人在申请通知新的证人到庭，调取新的证据，申请重新鉴定或者勘验的情况下，可以申请法院延期审理。法律没有明确规定法定代理人可以申请延期审理。于是，有人认为，法定代理人不具有延期审理申请权。

笔者认为，法定代理人尤其是未成年人刑事被告的法定代理人在刑事诉讼中的权利实质上是被告人权利的另一种表达方式。刑事诉讼中，由于未成年被告人诉讼行为能力的不完全，需要有一个具备完全诉讼行为能力的人补足这种不足，使得心智、精神尚不成熟的被告人的合法权益得到保障。因此，法定代理人的权利是被告人权利的延伸和映射。刑事诉讼法既以法律的形式规定了当事人有延期审理的申请权，那么作为当事人权利的延伸，法定代理人的权利中也逻辑上必然地包含有延期审理申请权。

再者，法定代理人的身份和诉讼代理人的身份在某个范围内是重合的，假定在刑事诉讼中，未成年人的法定代理人并没有为未成年人聘请律师作为诉讼代理人，而是由自己担任诉讼代理人，那么，法定代理人和诉讼代理人就重合了，此时，法定代理人就具有所有诉讼代理人的应有权利。基于在诉讼中，法定代理人可以履行诉讼代理人的所有指责，法定代理人应当被赋予诉讼代理人的权利，这其中就包括延期审理申请权。

从法定代理人现有的法定权利看，包括申请回避、辩护、提供新的证据、申请重新鉴定或勘查、最后陈述、提出上诉等诉讼权利。诉讼权利与当事人权利几乎没有差异。

因此，从学理上考虑，法定代理人应当享有延期审理申请权。

[辅助案例 1] 丁某绑架案

丁某于 1988 年 2 月 14 日出生于江西省 B 市，因自小家境贫寒，中学时辍学务农。2003 年，丁某随其父前往浙江省 C 市打工，其父月薪 1500 元，丁某因为年幼，只能在街头帮行人擦皮鞋赚些微薄的收入。但 2004 年，其父所在的工厂因为经营不善，歇业停产而失去了职业，他发财还乡的梦想随之破灭。父子俩合谋准备大干一场，秘密策划数个月，买好工具，准备实施犯罪行为。2004 年 7 月 15 号，父子俩将在上幼儿园刚刚年满 3 岁的小鲁绑架，小鲁是当地富商鲁某的独生儿子，父子俩向鲁某索要 50 万元。虽然鲁某准时向丁氏父子支付赎金，但是因为小鲁年幼，在绑架后大哭大闹，父子嫌其麻烦，于是一不做二不休，将小鲁撕票。自此，父子俩开始了逃亡生涯。如果父子二人 2005 年 10 月 5 日归案，2006 年 2 月 3 日开庭审理此案，那么谁是丁某的法定代理人？如果父子二人 2006 年 2 月被抓，2006 年 4 月 9 日开庭审理，谁可以作为丁某的法定代理人参加诉讼？

专家点评：

首先讨论 2005 年 10 月 5 日被抓，2006 年 2 月 3 日开庭审理的情况。丁某于 1988 年 2 月 14 日出生，则在 2006 年 2 月 14 日未满 18 周岁，因此无论是犯罪行为时还是案件审理时，丁某均未到 18 周岁，属于未成年人。丁某虽自 2003 年起随父亲在浙江 C 市谋生，但没有一份固定工作，只是从事简单且擦鞋行业，没有证据能够证明这能作为其主要生活来源。因此，丁某不具有诉讼行为能力，须由法定代理人帮助其参加诉讼。

在本案中，丁某的父母都是丁某的法定代理人。但其父在本案中是同案主犯，因此，只能是其母作为诉讼参加人参加丁某的刑事诉讼程序。

我们再来探讨 2006 年 2 月被抓，2006 年 4 月 9 日开庭审理的情况。2006 年 4 月 9 日，丁某已年满 18 周岁，作为一个成年人，具有完全诉讼行为能力。因此，此时丁某在参与诉讼程序时没有作为诉讼参与人的法定代理人帮助其参加诉讼。这里需要注意的是，是否有法定代理人参与诉讼，其确定标准是在案件审理时当事人是否具有诉讼行为能力，而非当事人在案件发生时。

［辅助案例 2］朱某强奸案

朱某于 1984 年 11 月 20 日出生于浙江省 B 县，其父母是商人，一直在做生意，平时朱某由奶奶照顾。由于奶奶是文盲，而父母在外地，朱某从小缺乏管教，经常惹是生非，在就读高中时，与当地的小混混成天混在一起，流连于 KTV、网吧等场所，在和小混混厮混的时候，一个小混混甲成天炫耀他的泡妞经历。朱某被甲的天花乱坠的炫耀深深迷惑，滋生出崇拜的情绪，决心自己也要“泡妞”一把。他看上了同校的一个女学生林某。2002 年 4 月 28 日，晚自习结束林某独自一人回家经过一条漆黑的小巷，趁着夜色，朱某突然将其击晕带回出租屋实施强暴。2002 年 10 月 10 日该案开庭审理，2002 年 10 月 15 日定期宣判，判处朱某有期徒刑 2 年 6 个月并处罚金，判决当日送达生效。朱母欲提起上诉，但是朱某表示不愿意上诉。

专家点评：

本案的焦点在于案件当事人不愿意上诉，而法定代理人欲向上级法院上诉。在当事人不同意的前提下，法定代理人是否有独立的上诉权？

《刑事诉讼法》第 180 条规定，被告人、自诉人和他们的法定代理人，不服地方各级人民法院第一审的判决、裁定，有权用书状或者口头向上一级人民法院上诉。

根据法律的规定，被告人的法定代理人有独立的上诉权。因此，即使被告人不同意上诉，法定代理人也可以基于独立的上诉权向上一级法院上诉。

如果改变本案中的某些时间点，如果 2002 年 11 月 20 日作出定期判决，并且在当日送达判决书。那么，朱母还有独立的上诉权吗？对此有两种观点：

第一种观点认为，朱母不具有独立的上诉权。根据刑事诉讼法的规定，被告人的辩护人和近亲属，经被告人同意，可以提出上诉。由此可知，被告人的近亲属如果要提出上诉，必须事先取得被告人的同意。本案中，2002 年 11 月 20 日，被告人朱某已满 18 周岁，作为一个成年人具有完全的诉讼行为能力，不再需要在法定代理人的帮助下参与诉讼程序。因此，此时朱母的诉讼身份不再是法定代理人，而仅仅是朱某的近亲属。被告人近亲属的上诉必须事先征得被告人的同意，因此，朱母不具有独立的上诉权。

第二种观点认为，朱母具有独立的上诉权。这种观点认为，整个诉讼过程是一个整体，在一审阶段，朱某尚未满 18 周岁，朱母作为被告人的母亲，是其监护人，因而作为法定代理人参与诉讼，具有一定程度上的独立权限。在一审结束后，虽然朱某已年满 18 周岁，但在这一个诉讼中，朱母的身份并立刻不随之发生改变，一审中她具有的法定代理人的权利应当延续到二审。因此，朱母具有独立的上诉权。

这两种观点的焦点实际上集中在一审结束后，朱母在诉讼中的身份到底是法定代理人还是被告的近亲属。笔者认为，第二种观点的论据缺乏理论支撑。首先，之所以存在法定代理人，是由被告人未满18周岁的法定事实决定的。既然被告人已成年，《民法通则》规定的法定代理人将不复存在。其次，在诉讼中，诉讼参与人的身份可以发生变化。比如，被告一审委托辩护律师乙，但在二审中委托辩护律师丙，这种现象在司法程序中司空见惯。既然辩护人可以发生改变，那么法定代理人为什么不可以发生改变呢？

因此，朱某在年满18周岁后，朱母不再是朱某的法定代理人，朱某有独立的上诉权，未经朱某同意，朱母没有上诉的权利。

［辅助案例3］陈某故意伤害案

陈某出生于1987年3月12日，性格内向，不善表达，因为成绩在班里一直处于下游而经常遭到同学嘲笑。2003年9月18日，陈某数学考试有一次不及格，心情十分沮丧，正在这时，同班同学小王又在一旁冷嘲热讽，内向的陈某终于爆发了，拿起铅笔刀直接向小王捅去，顿时，小王倒在血泊中。2004年1月7日，法院开庭审理了陈某故意伤害小王一案（重伤），陈某的母亲作为法定代理人参与了庭审的各个阶段。由于陈某的母亲马某是妇女主任，十分能说会道，而陈某自小不善言辞，紧张的时候说话更会结结巴巴。在法庭辩论阶段，陈某几乎没有发言，主要是马某参与辩论，显得有理有据有节。到了最后的被告人最后陈述阶段，法官问陈某还有何话要说的。陈某表示，是否可以让其母亲代替。

专家点评：

马某可以代替被告人陈述么？

答案是否定的。根据《刑事诉讼法》第160条的规定，审判长在宣布辩论终结后，被告人有最后陈述的权利。被告人最后陈述的权利只能属于被告人，无论何人都不能代替。作为一项重要的诉讼权利，没有按照法定程序作被告人最后陈述可以成为提出上诉和申请再审的法定正当理由。因此，在本案中，马某这个法定代理人不能代替被告人作最后的陈述。

该案提醒我们在刑事诉讼程序中处理法定代理人和被告人关系时应当注意，虽然法定代理人在很大程度上能够为被告人的利益代理被告人进行某些诉讼程序。但是某些诉讼权利只属于被告人，不能被代替，不能被委托。因此，诉讼中应辨清法定代表人的权利边界。

（叶琼宇）

34. 刑民交错案件能否适用刑事优先原则

[案情简介] 陈某某贷款诈骗案

2002年，陈某某在其个人经营的X公司无实际偿还能力的情况下，以非法占有为目的，采用编造贷款理由、提供虚假财税报表的方法，以该公司名义骗取YY银行某支行贷款500万元，同时S上海分公司与银行签订了提供所借款项85%的保证担保合同，但大部分所借款项的使用与贷款申请理由相悖，对所贷款项明显具有非法占有的故意，涉嫌贷款诈骗犯罪。2003年，陈某某在其个人经营的Z公司无实际偿还能力的情况下，采用上述同样的方法向YY银行某支行贷款500万元，仍由S上海分公司与银行签订了提供所借款项85%的保证担保合同，同样涉嫌贷款诈骗罪。2004年，YY市公安局某分局对此案进行立案侦查，法院于2006年12月22日作出刑事判决，陈某某构成贷款诈骗罪，判处无期徒刑，违法所得财物予以退赔。

然而，在此案的刑事诉讼过程中，2005年，某支行分别以X公司、Z公司为被告向法院提起民事诉讼，请求法院判决被告按照借款合同返还余款。案件在审理过程中，由于法院收到公安机关要求移送案件的公函而裁定中止审理，在法院判决被告人构成贷款诈骗罪后恢复审理，法院认定借款合同有效，支持银行诉请。2005年S公司YY分公司也以Z公司为被告向法院提起民事诉讼，请求法院判决被告按照保证合同支付代偿款及违约金。审理过程中，由于被告法定代表人陈某某涉嫌犯罪已由公安机关立案侦查而中止审理，后又在相关刑事诉讼进入审判程序的情况下，先行作出民事判决，判决保证合同有效，支持担保机构诉请。

2008年，陈某某向YY某区检察院提出申诉，其不服法院同类案件的三份民事判决，认为法院以已经作为其定罪判刑的同一个事实，认定他与YY银行某支行以及S公司上海分公司之间存在合法的借款合同和担保合同关系，违反法律规定。为此，检察院就X公司与银行借款合同纠纷案以及Z公司与银行借款合同纠纷案向法院提出了检察建议，就S公司上海分公司与Z公司保证合同纠纷案向上级法院提请抗诉。

[争议焦点]

1. 刑事是否应当优先于民事

理论界对刑事优先原则存在“肯定说”与“否定说”两种不同的观点。肯定说认为，刑事优先原则有利于正确处理刑事案件，打击和制裁犯罪活动，[①] 有利于保障国家、集体及公民的财产不受侵犯，维护被害人的合法权益，[②] 有利于减少诉累，提高诉讼效率，[③] 维护司法判决的统一性和严肃性，避免裁判上的矛盾和冲突。[④] 另外，在我国适用刑事优先原则是有法律依据的，如相关的司法解释对此作出了规定。肯定论者在认同刑事优先的前提下从不同角度主张对其适用范围加以必要限制。严格说来，肯定刑事优先原则的观点应称为肯定加限制说。否定说则认为现在司法有民主化、人权化、科学化的发展趋势，当事人理念的兴起淡化了国家本位主义观念，而且认为刑事责任与民事责任并无本质冲突，不存在刑主民辅，不应该存在谁主导谁的诉讼，两大诉讼各有价值、没有谁服从谁的诉讼。[⑤] 刑事优先容易出现司法腐败，滥用刑事手段既不利于保护被告人的权利，也不利于保护被害人的利益，为逃避承担民事责任提供借口。刑事优先有悖于程序的正义与实体的正义。[⑥] 当然也有学者在肯定刑事优先所体现的公权优先价值理念的前提下，否定将刑事优先作为一项原则予以强调。认为只有在某项法律制度中具有普遍意义的准则，才能称

---

① 邵世星、刘选：《刑事附带民事诉讼疑难问题研究》，中国检察出版社2002年版。

② 陈光中主编：《刑事诉讼法》，北京大学出版社、高等教育出版社2002年版。

③ 郑禄、姜小川主编：《刑事诉讼法学》，中国政法大学出版社1999年版。

④ 刘金有：《附带民事诉讼的理论和实践》，中国展望出版社1990年版。

⑤ 谌鸿伟、贾伟杰：《我国刑事附带民事诉讼制度的设计缺陷及重构之设想》，载www.chinalawedu.com/news/2005/3/li0159365814113500217024.html。

⑥ 魏胜礼、赖丽华：《试论取消刑事附带民事诉讼制度》，载《法学论坛》2005年第1期。

得上是一项原则，而刑事优先并不具有这样的特点。我国现阶段无论是立法还是司法解释均未明确强调刑事优先，作为实践指导的相关司法解释亦只规定了刑民交叉案件的区别处理，因此远远不足以作为一项原则予以认定。

2. 对于同一案件事实，刑事程序和民事程序在认定事实和诉讼程序之间的关系

这一问题是“刑事优先原则是否成立”在实务中的体现。对此，公、检、法三机关有着不同的见解。陈某某在明知X公司和Z公司实际为空壳公司，对外无履约能力的情况下，仍以公司的名义同YY银行某支行达成借款协议，骗取该行巨额贷款，同时也骗得了S上海分公司的保证担保。某区法院在审理本案时，案件承办人早已接到公案机关要求移送案件材料的公函，对陈某某涉嫌诈骗犯罪已被逮捕的情况也是明知的。故目前法院不宜继续审理，依照《民事诉讼法》第136条第1款第6项，裁定中止诉讼。在法院判决陈某某构成贷款诈骗罪后，法院仍判决两份借款合同有效，与刑事判决明显矛盾。另外，保证合同纠纷中止后，也未等到刑事诉讼终结而在案件进入刑事审判的情况下即对保证合同纠纷做出民事判决，不仅出现实体错误，还违反了法定程序，检察机关对人民法院的做法也提出了异议。人民法院在两起借款纠纷案件恢复诉讼后，并没有因为法院判决被告人构成贷款诈骗罪而使借款合同无效，继续按照普通程序进行审理，并认为借款合同系双方当事人的真实意思表示，具有法律约束力，判决合同有效，并没有因为刑事判决认定的事实拘束民事纠纷中的同一事实，与已生效的刑事判决所认定的事实相悖。另外在保证合同纠纷中并未严格按照刑事优先原则进行适用，未等到刑事诉讼终了就继续审理，对刑事优先原则采取了严格限制的做法。人民法院认为自己在案件是经济纠纷还是经济犯罪以及经济犯罪是否会影响经济纠纷处理上有判断权和决定权。

［关联法规］

1985年8月19日最高人民法院、最高人民检察院、公安部《关于及时查处在经济纠纷案件中发现的经济犯罪的通知》（以下简称85年《通知》）；1987年3月11日最高人民法院、最高人民检察院、公安部《关于在审理经济纠纷案件中发现经济犯罪必须及时移送的通知》（以下简称87年《通知》）；1997年最高人民法院《关于审理存单纠纷案件的若干规定》（以下简称97年《规定》）第3条第2项；1998年最高人民法院《关于在审理经济纠纷案件中涉及经济犯罪嫌疑若干问题的规定》（以下简称98年《规定》）。

［专家指导］

刑事优先原则从广义上说包括三方面含义：刑事诉讼程序启动上的优先、刑事法律事实认定上的优先以及刑事判决效力的优先。而无论是事实认定上的

优先还是判决效力的优先，都离不开刑事诉讼程序的优先启动。因此，我们这里所讨论的刑事优先原则，是指对一个同时包含有刑事法律关系和民事、经济或行政法律关系的法律事实，在有不同的处理程序可以选择的情况下，刑事诉讼程序的启动具有优先性。

刑事优先所针对的是一个包含有多个法律关系的法律事实，因为存在有多个法律关系，则就有多种解决法律纠纷的途径，或者是采用刑事程序追究行为人的刑事责任，或者是采用民事诉讼程序追究行为人的民事赔偿责任。又因为多个法律关系共同存在于一个法律事实中，是由同一个行为人所造就的法律事实。一个行为人不能同时面对两个法律诉讼程序的特性，决定了对一个法律事实不能同时采用两种不同解决纠纷的途径。在有多个解决纠纷途径前提下，必须选择其中一条途径，刑事优先原则正是在这样的选择中产生，可以说，刑事优先是不同解决纠纷途径的选择的结果。从表面看刑事优先是刑事法律先予适用，刑事纠纷先予解决。但法律的适用和纠纷的解决，必须依赖于一定的程序，没有一定程序的启动，实体法的适用也就不可能存在，纠纷也不可能先予解决。因此刑事优先原则的真正意义不在于刑事法律的优先适用和刑事纠纷的优先解决，而是刑事诉讼程序的优先启动。也正是因为有了刑事程序的优先启动，才能使包含有刑事和民事等法律关系的法律事实中的刑事部分得到先行处理。

当然，对于刑事优先原则也不能绝对化，也应根据不同情况区别对待，如果同一法律事实牵连刑事犯罪和民事纠纷两种法律关系，刑事案件的审理和判决结果直接影响到民事责任的承担。对此，必须先行审理刑事案件，民事案件则暂缓审理，正在审理的，应中止审理，等待刑事案件的审理结果；如果同一法律事实牵涉的两种法律关系之间虽然存在交叉或关联，但两者不存在判决结果上的依赖关系或前面所述的“直接影响”的关系，也就是说，如果刑事案件是否定罪，不影响民事案件裁判结果的情况下，民事案件和刑事案件则可以同时审理，不必适用刑事优先原则；如果同一法律事实牵涉到刑民两种法律关系，且刑事案件的审理依赖于民事法律关系的认定的，可以先民后刑；如果同一法律事实，存在刑事犯罪和民事纠纷两种可能的，就如有些学者所说的两种责任的竞合，也可以同时审理。

上文提到的贷款合同纠纷与贷款诈骗罪就是实务中经常碰到的一种刑民交叉案件类型，在发生争议和冲突时，当事人有的可能会直接向公安机关报案，启动刑事程序，有的则可能直接向人民法院提起民事诉讼，启动民事程序。笔者认为在确实存在贷款诈骗犯罪嫌疑的情况下，刑事必须优先，但决定权应归于人民法院。98 年《规定》第 11 条规定，人民法院作为经济纠纷受理的案件，经审理认为不属于经济纠纷案件而有经济犯罪嫌疑的，应当裁定驳回起诉，将有关材料移送公安机关或检察机关。然而对于“不属于经济纠纷案件而有经济犯罪嫌疑”的情况，规定比较模糊，不同地区的司法实践部门在认定中亦宽严有别，造成很多人对刑事优先的曲解。笔者认为要正确处理这类一般合同纠纷中的欺诈与合同诈骗犯罪的刑民交错现象，可以从以下两个方面来把握：

一是坚持以存在“非法占有的目的”作为刑事介入的前提。关于如何正确认定“非法占有的目的”的问题，应以行为人的履约能力为基本出发点，结合行为人的履约行为、对取得财物的处置情况、事后态度等方面进行综合判断。

二是从有利于证据的收集与保全出发，最大限度地保护当事人的合法权益。合同纠纷的关键证据也往往是公司企业的内部账簿或文件，作为平等主体的当事人往往很难凭借自己的力量取得，或取得所需时间较长，给对方转移、隐匿或毁弃证据提供时机和条件。而刑事侦查手段拥有国家强制力作为后盾，可以采取一般公民无权使用的侦查措施，如查封、扣押、冻结等，保护受害方的利益。

结合以上两点以及陈某某案，可以判断本案不属于经济纠纷案件而有经济犯罪嫌疑，所以应适用刑事案件优先审理原则，民事案件暂缓或中止审理，等待刑事案件的判决结果。然而，在《合同法》正式确立了表见代理制度以后，在某些场合是否追究犯罪人的刑事责任并不影响到合同主体民事责任的承担，如98年《规定》的第3—5条根据诚实信用和信赖保护原则规定了在某些情况下即使行为人的行为构成犯罪，单位仍应向受害人承担民事责任。如行为人盗窃、盗用单位的公章、业务介绍信、盖有公章的空白合同书，或者私刻单位的公章签订经济合同，骗取财物归个人占有、使用、处分或者进行其他犯罪活动构成犯罪，单位有明显过错的等。所以在刑事案件的审理结果对受害人根据合同追究相对方的民事责任没有影响的情况下，就不应拘泥于刑事优先原则，而应允许刑、民同时进行。但事实上本案中不存在这种对被告人陈某某的刑事责任追究没有影响单位民事责任承担的情形，因为上文提到的X公司与Z公司实际上都是陈某某个人经营，注册资本都被抽回，其他股东都是名义上的，与公司不具有权利义务关系，所以所谓公司贷款实际上是陈某某的个人借款，不存在单位民事责任的情形，不构成表见代表行为。另外，如果刑事案件已经由公安机关立案受理，利益受损的当事人又诉至法院要求民事赔偿，且刑事案件的处理结果直接影响到对金融纠纷当事人的责任认定情况下。对此，97年《规定》中规定：“存单纠纷案件确须待刑事案件结案后才能审理的，人民法院应当中止审理。”该规定使用了“确须”的字眼，也就是说，一旦刑事审判认定被告人无罪，金融纠纷民事案件中的被告就应承担赔偿责任，反之，如认定犯罪成立，则免除金融纠纷案件被告的民事赔偿责任。此种情况下，从维护判决结果的一致性及避免重复审判造成司法资源的浪费角度来说，刑事优先也是必要的。而陈某某案中陈某某被认定为构成贷款诈骗罪，则借款合同应也认定为无效，这样才能与刑事判决保持一致，由于人民法院对刑事优先原则的片面理解，导致本案出现刑民判决不一致的结果。

［辅助案例1］娄某诈骗案

2003年3月，原审被告人娄某和孙某合作，共同与江苏K工业实业公司（以下简称K实业公司）承包人袁某达成口头协议，由袁某将该公司转包给娄某、孙某。娄某即以该公司的名义，在银行开设账户。2003年7月8日，袁某与娄某、孙某以书面形式解除了上述转包协议，但此后娄某仍到前述营业所购买了数本转账支票。2004年1月下旬，娄某冒用K实业公司的名义，签发金额为人民币130500元的空头支票，取得一公司松下牌1270型空调机15台。上述支票解入银行后，因存款不足被退票。2005年5月29日，该总公司向人民法院提起诉讼，要求娄某、K实业公司偿付前述13万余元的货款。

2005年8月24日，法院作出民事判决，判令被告娄某给付原告货款130500元，K实业公司承担偿还该款的连带责任。判决生效后，娄某未予履行，而由K实业公司向原告偿付了货款。

2004年1月下旬，娄某还冒用K实业公司的名义，骗取Q五金交电公司（以下简称“Q公司”）的电视机100台，并签发金额为人民币51500元的空头支票。上述支票解入银行后，因存款不足被退票。

2004年江苏省K市人民检察院向江西省K市人民法院指控娄某犯有上述两起诈骗罪行。

原审法院认为，被告人娄某以非法占有为目的，签发空头支票骗取公共财物，共计价值人民币18万余元，情节特别严重，其行为已构成诈骗罪。据此，依照《刑法》第12条第1款及1979年《刑法》第152条、第60条之规定，对被告人娄某犯诈骗罪，判处有期徒刑10年，并处没收财产人民币5万元。

上诉人娄某上诉提出，原审判决认定的第一节事实已经M县人民法院作出过民事判决，且该判决已经生效，原判对该节事实再次作出刑事判决，违反了先刑后民和一事不再理的原则。二审裁定维持原判，驳回上诉。

专家点评：

对于本案的争议，主要集中在一个焦点上：即该案已经民事判决生效，能否再要求当事人承担刑事责任？

对于这个问题，我们认为，法院的处理是正确的，即已经民事判决生效的案件，被告仍然应当承担刑事责任。理由如下：

其一，从法理的角度分析，刑事责任属公法调整的范畴，而民事责任属私法调整的范畴，二者不可相互替代。对于某一行为同时违反刑事、民事法律规范的，行为人既应承担刑事责任，亦应承担民事责任。如果以追究民事责任来取代刑事责任，就会导致放纵犯罪，削弱对社会利益的保护；反之，则会影响被害人的合法权益，使犯罪者在经济上得益。因此，对于民事违法行为同时构成犯罪的，应当追究刑事责任。除非该行为有法定的免责事由。我国刑法规定，对经济犯罪在判处刑罚时，应追缴被告人非法所得并责令退赔给被害人（单位）。表明“先刑后民”与“先民后刑”对经济犯罪与经济纠纷交织的案件而言，在追究刑事责任时并不能免除相应的民事责任。

根据最高人民法院历年发布的相关司法解释，对于处理经济纠纷案件时发现涉及犯罪的，不论是否已经处理完毕，均应追究行为人的刑事责任。对于经济纠纷与经济犯罪交叉案件如何处理的问题，最高人民法院曾先后数次联合其他部门或单独发布了通知、司法解释。1985 年 8 月 19 日，最高人民法院与最高人民检察院、公安部发出了《关于及时查处在经济纠纷案件中发现的经济犯罪的通知》，规定各级人民法院在审理经济纠纷案件中，如发现有经济犯罪，应将有关材料分别移送有管辖权的公安机关或检察机关侦查、起诉；1998 年 4 月 21 日，最高人民法院又发布了《关于在审理经济纠纷案件中涉及经济犯罪嫌疑若干问题的规定》，其中第 12 条规定：人民法院作为经济纠纷受理的案件，经审理认为不属经济纠纷案件而有经济犯罪嫌疑的，应当裁定驳回起诉，将有关材料移送公安机关或检察机关。对于上述规定，有人认为应理解为，只有在审理过程中发现涉及经济犯罪的，才可移送给公安或检察机关，如对案件已经作出生效判决甚至已执行完毕，则因不属于审理过程中而不需移送。我们认为，这一理解是片面的，从最高人民法院发布的其他文件来看，上述规定中的“审理”应当是人民法院处理案件的全过程，包括受理、开庭审理、作出裁判以及执行。如最高人民法院于 1985 年 12 月 9 日发布的《关于审理经济纠纷案件发现违法犯罪必须严肃执法的通知》中指出，各地人民法院在审理经济纠纷案件中，经常遇到不少案件在判决后不能执行或者难以执行；还发现不少案件表面上看是经济纠纷，实质上是违法犯罪甚至是严重犯罪活动，对此必须追究刑事责任；最高人民法院、最高人民检察院、公安部于 1987 年 3 月 11 日联合发布的《关于在审理经济纠纷案件中发现经济犯罪必须及时移送的通知》进一步要求，人民法院在审理经济纠纷案件中，发现经济犯罪时，一般应将经济犯罪与经济纠纷全案移送……如果在经济纠纷案经审结后又发现经济犯罪的，可只移送经济犯罪部分。从上述两项通知的精神来看，对于在经济纠纷案件审结后发现有犯罪嫌疑的，仍应予以追究。

其二，一事不再理的原则适用于同一种类或性质的法律责任。即对于同一事实不能作二次民事判决或刑事判决。本案被告人的行为既触犯了刑事法律，又违反了民事法律。因此，被告人的上诉是对“一事不再理”的误解。

[辅助案例 2] 杨某拒不执行判决、裁定案

刘某向浙江省N市人民法院起诉杨某借款纠纷一案，最终N市人民法院判决杨某败诉，应偿还刘某借款及利息108000元。但是杨某在规定的期限内仍然没有偿还刘某的借款和利息。于是，刘某向浙江省N市人民法院申请强制执行。通常这样的执行案件由N市法院的执行庭负责执行。在执行中，杨某抗拒执行，并且使用暴力或者威胁手段，故意隐匿、转移资产，情节比较严重。由于杨某抗拒执行，且使用暴力或者威胁手段，故意隐匿、转移资产，情节严重，显然触犯了刑法上规定的拒不执行人民法院判决、裁定罪。

对此，法院会怎样操作呢？通常，马上会考虑实行“刑事优先”，会先中止正在执行的案件，把涉嫌拒不执行法院判决、裁定的案件移送有管辖权的机关，比如会将案件移交给N市公安分局进行立案侦查，这些案件目前基本上是由公安刑事侦查支队来侦查的。公安分局立案侦查以后，常常会提请检察院对嫌疑人审查批捕，检察院如果认为情节确实比较严重，就会批准逮捕。逮捕以后，公安局就把这一案件移送检察院审查起诉，检察院公诉部门最终就把这起涉嫌犯罪的案件起诉到N市人民法院。

专家点评：

该案存在着两个问题：第一，“刑事优先”原则是否应当在民事案件执行程序中运用？第二，法院能否在同一案件中同时充当报案人和审判机关？

对于第一个问题，应根据不同情况区别，对于同一法律事实牵连刑事犯罪和民事纠纷两种法律关系，应该先行判断，刑事案件的审理和判决结果是否直接影响到民事责任的承担。如果刑事案件的审理和判决结果直接影响到民事责任的承担时，必须先行审理刑事案件，民事案件则予以暂缓，等待刑事案件的审理结果；如果同一法律事实牵涉的两种法律关系之间虽然存在交叉或关联，但两者不存在判决结果上的依赖关系或前面所述的“直接影响”的关系，则不必适用刑事优先原则。

在本案中，民事部分并不涉及任何审判程序，也就是说，不涉及事实问题的定性或者法律问题的争议。杨某拒不执行判决裁定，并不影响人民法院依照法律程序对其进行强制执行。至于在法院执行过程中，杨某的行为可能构成“拒不执行人民法院判决、裁定罪，可以由公安机关侦查，检察机关审查起诉，其最重的刑事判决并不影响业已生效的民事判决。因此，在民事执行程序中，不必适用“刑事优先”原则。

对于第二个问题，法院在这一案件中，既充当报案人，又作为审判机关，显然是有问题的。在该案中，由于杨某用暴力手段抗拒执行，人民法院将此案移送至公安机关，由公安机关组织侦查活动，这里，法院扮演着报案人的角色。而后，该案经过侦查，审查起诉，提起公诉，再由人民法院进行审理判决，法院又扮演了审判机关的角色。报案人亦为裁判官，违背了“审判中立”原则，侵害了司法公正。

目前我国刑事诉讼法对于司法独立的表述是“法院独立”而非“法官独立”，虽然报案的是执行局，审理的是刑庭，但是在同一法院内部，本质上相互之间缺乏独立性。因此，由报案的法院审理处理杨某拒绝执行法院判决、裁定一案，有悖于现代法治精神，法院应当整体回避，并且由上级法院指定管辖。

（叶琼宇）

35. 未成年人犯罪案件需要遵守哪些特殊原则

[案情简介] 陈某抢劫案

陈某，1993年出生，2007年年底和几个青少年在家看电影录像带时，产生了模仿电影情节抢劫的念头，于是商量“弄点钱花花”。第二天陈某就和这几个同伴在就读学校附近的小区拦路持木棍抢劫，主要目标是老年人和学校低年级学生，并威胁说“不给钱就要挨打”，几个小时内抢得金项链1条、现金1000余元、手机两部。

事发后，A市公安机关很快便将陈某抓获，并于2008年1月20日将其拘留。陈某的父母委托律师要求将其取保候审，并保证其随传随到。但是，司法机关没有同意，陈某于1月29日被批准逮捕。2008年3月10日，陈某被A市人民法院判处有期徒刑6个月。

在对陈某是否有必要采取羁押措施问题上，司法机关内部有争议。

[争议焦点]

在强制措施的使用上，是否应当对未成年人犯罪案件被告人采用特殊政策，对未成年被告人适用羁押的可行性和必要性如何评估。

[关联法规]

《中华人民共和国未成年人保护法》第54条；《人民检察院办理未成年人刑事案件的规定》第21条。

[专家指导]

我国《刑事诉讼法》对未成年人犯罪案件的诉讼程序未作专章规定，但规定了未成年人犯罪案件的特殊诉讼程序，如《刑事诉讼法》第14条第2款、第34条第2款、第152条第2款等。我国《未成年人保护法》第五章中对未成年人司法保护的专门规定，以及《最高人民法院关于办理少年刑事案件的若干规定（试行）》和公安部发布的《公安机关办理未成年人违法犯罪案件的规定》，都表明在我国关于未成年人犯罪案件的诉讼程序已经有法可依，其基本框架已经形成。但是，我国对未成年人犯罪的规定零散、不完善，不利于未成年犯罪人的保护，和我国保护未成年人的形势政策相悖。

未成年人主体有其特殊性，他们的生理、心理发育尚未完全成熟，知识、阅历有限，多数未成年人犯罪偶发性比较大，且主观恶性小，他们往往缺乏是非判断力，有的未成年犯罪分子对所犯罪名以及他们的行为会对社会和他人造成多大伤害，会对自己带来怎样的不利后果，没有明确的概念。因此，对于他们的违法犯罪行为，在追究其法律责任或作出是否进行刑事处罚之前，均应适用特殊而有效的司法保护制度，这是针对未成年人这一特殊主体违法犯罪而提出的要求。并且根据我国"宽严相济"的打击犯罪的刑事政策，对于未成年人这一特殊群体，他们在这一时期思想不稳定，行为常常具有突发性和盲目性，对于他们的挽救和教育相对于惩罚具有更重要的意义。《未成年人保护法》第54条规定："对违法犯罪的未成年人，实行教育、感化、挽救的方针，坚持教育为主，惩罚为辅的原则。"他们即将走向社会，对于个人或者社会来说，教育他们改造成为新人都有更大的作用。因此，笔者认为，适用于未成年人的特别程序主要包括以下几个方面：

第一，教育、挽救未成年人的一个重要体现，就是对未成年人严格控制对其采取强制措施。实践中，公安机关对符合刑事诉讼法规定的强制措施条件的未成年人犯罪嫌疑人通常采取强制措施，这种做法显然对未成年人的成长不利，也有违于《联合国少年司法最低限度标准的规则》（《北京规则》）所要求的"审前拘留仅应作为万不得已的手段使用，而且时间应尽可能短。如有可能，应采取其他替代办法，诸如密切监视、加强看管或安置在一个家庭或一个教育机关或环境内"的做法。如果必须采取强制措施的，应当首先考虑适用非拘禁性的强制措施。对剥夺人身自由的逮捕措施，尤其应当慎重，以避免对他们造成心理压力。

因此，建立非羁押性强制措施的风险评估机制，对于减低未成年人的羁押率、防止未成年人交叉感染有着重要的作用。非羁押性强制措施的风险评估，是指在采取非羁押性措施之后，犯罪嫌疑人继续发生社会危害的可能性和风险预测，当风险高的时候，那么适用非羁押性措施的可能性和可行性就低。我国刑事诉讼法规定了逮捕的三个条件，包括有证据证明有犯罪事实；可能判处有期徒刑以上刑罚；有逮捕必要，采取取保候审、监视居住等方法，不足以防止社会危险性的发生的。因此，对于未成年人犯罪嫌疑人的各方面因素的综合调查比较，得出未成年人犯罪嫌疑人继续危害社会或者妨碍诉讼进行的风险，从而决定适用何种强制措施，对于减低不必要的羁押和减少未成年人的心理压力，起着一个过滤作用。

比如实践中上海市某些地区已经试行的风险评估制度，融入我国和本地区的实际情况，创设了非羁押性措施可行性评估特殊程序。它主要从未成年人犯罪情节、个人情况、家庭情况、保障支持四个方面分别进行可行性评估。[①] 当在风险评估的结果中出现高风险的情况中，则一般不适用非羁押性强制措施；而如果风险为轻微或者中等时，可以酌情将未成年人犯罪嫌疑人不予关押，即可捕可不捕的不捕，将可能对未成年人造成的负面影响减到最低。

在适用强制措施时，如果未成年犯罪嫌疑人、被告人以及他们的法定代理人、律师、辩护人提出申请的，办案机关要进行审查，凡是不需要继续进行羁押的，要立即解除。此外，对于拘留、逮捕的未成年犯罪嫌疑人、被告人，必须和成年人分开羁押。因为拘留、逮捕措施不具有惩罚性，所以对于羁押的未成年犯罪嫌疑人、被告人要实行人道主义管理，确保其基本的生活条件，并且尽可能地满足其生活上的一些合理要求。

第二，对于未成年人犯罪实行暂缓起诉制度。《人民检察院办理未成年人刑事案件的规定》第 21 条规定：对于未成年人实施的轻伤害案件、初次犯罪、过失犯罪、犯罪未遂的案件以及被诱骗或者被教唆实施的犯罪案件等，情节轻微，犯罪嫌疑人确有悔罪表现，当事人双方自愿就民事赔偿达成协议并切实履行，符合《刑法》第 37 条规定的，人民检察院可以依照《刑事诉讼法》第 142 条第 2 款的规定作出不起诉的决定，并可以根据案件的不同情况，予以训诫或者责令具结悔过、赔礼道歉。暂缓起诉是附有一定条件的暂时停止起诉的程序，是人民检察院针对某些应当起诉的案件，本着预防、挽救、教育的原则，考虑到公共利益，为体现保护未成年人的刑事政策，根据案件自身的情况，对一些特殊群体在一定考察期限内不作处理，期满后再视具体情况作出起诉或不起诉决定的制度。暂缓起诉有利于案件的提前分流，节省了诉讼资源，并且更有利于被告人的教育和改造。未成年人刚刚走向社会，人生道路才刚刚

---

① 门美子：《未成年人犯罪嫌疑人适用非羁押性强制措施可行性评估机制研究》，载《法制与社会》2007 年第 10 期。

开始，不保留犯罪记录对于他们以后的重返社会和教育改造绝对是一个巨大的鼓舞和激励。本案中的陈某只是出于模仿电影情节，因此主观恶性低，情节轻微，可以在考察期内予以观察，根据其表现再另作起诉或者不起诉的决定。

第三，对于未成年人，在审判时应当考虑其自身情况，情节轻微的，可以不作犯罪处理，对于初犯、偶犯等情节较轻的，可以适用缓刑。我国刑法对于缓刑的适用条件是，被判处拘役、三年以下有期徒刑，根据其犯罪情节和悔罪表现，适用缓刑确实不致再危害社会，可以宣告缓刑。最高人民法院《关于审理盗窃案件具体应用法律若干问题的解释》规定，未成年人盗窃虽达到“数额较大”的起点，但情节轻微的，可不作为犯罪处理。又如，最高人民法院《关于办理未成年人刑事案件适用法律的若干问题的解释》规定，已满14岁不满16岁的人出于以大欺小，以强凌弱，使用语言威胁或者轻微暴力强行索要其他未成年人学习用品或者钱财的，一般不认为是犯罪。“轻微暴力”一般可理解为通常不足以危害人体健康的暴力行为，比如推搡、徒手行为等。“一般不认为是犯罪”可理解为虽然主观上出于故意，但是仅仅是未成年人的寻衅滋事行为，出于好逸恶劳等流氓动机，多次实施此类行为更适合于认定为寻衅滋事罪。总之，应尽量减小对未成年人的打击，在司法实践中应当严格依法区分成年人与未成年人的行为性质，在定罪量刑时予以考虑。本案当中，陈某等几名青少年仅仅是在学校附近，主要针对一些低年级学生“弄点钱花花”，虽然手持木棍抢劫，但是仅仅限于口头威胁，并无实际伤害行为，因此情节达不到严重的程度，从最后量刑来看，满足缓刑适用条件，可以考虑宣告缓刑。

对于检察机关来说，在公诉人出庭支持公诉时，应当充分阐述未成年被告人构成犯罪以及从轻、减轻或免除处罚的法定、酌定情节和法律依据。即对于具有下列情形之一，依法可能判处3年以下有期徒刑、拘役，悔罪态度较好，适用缓刑确实不致再危害社会的未成年被告人，公诉人应当建议法院适用缓刑：(1) 犯罪情节较轻，未造成严重后果的；(2) 主观恶性不深的初犯或者胁从犯、从犯；(3) 被害人要求和解或者被害方有明显过错，并且请求对被告人免予刑事处罚的。

第四，在执行时，应当将未成年犯的刑罚执行场所与成年犯分开，有利于对未成年犯的教育改造，避免受成年犯的“交叉感染”。一方面是由于未成年人处于世界观、人生观、价值观的成长和形成时期，对是非、善恶缺乏辨别能力；另一方面是由于未成年人自控能力较差，易冲动，易受别人的怂恿、教唆导致犯罪；加之未成年人处于青春期阶段，好奇心强，喜欢尝试模仿，易受不良环境影响，年龄越小，自主能力越弱，受不良影响的可能性越大。因此，很多未成年人的主观恶性小，改造的难度小，重新做人的可能性大。所以我国设立未成年犯管教所，作为对未成年犯进行教育改造的专门场所。未成年犯管教所是实行强制教育改造的机关，是挽救未成年犯的特殊学校。另外，也便于根据未成年犯的年龄特点、思想特点、生理特点，采取针对性强的教育改造措施。本案中陈某一直关押于看守所，不利于陈某的改造和再次犯罪的预防，因此应当予以纠正。

本案中的几项行为不利于未成年犯的保护。对于陈某应当避免适用强制措施，尤其是严厉程度较高的刑事拘留；对于陈某的抢劫罪，可以适用缓刑，在考验期内予以考察，如果不致再危害社会，没有实施其他犯罪行为的，应当不执行原判；执行机关应当避免和成年罪犯共同关押，防止交叉感染。因此笔者建议检察机关可以以纠正违法通知书或者检察建议书的形式纠正上述行为。

综合上述，对于未成年人应当把握教育、感化、挽救为主的原则，并且能够结合未成年人的生理、心理状态、生活环境进行全面调查。根据《联合国少年司法最低限度标准规则》(《北京规则》)第16条的规定："所有案件除涉及轻微违法行为的案件，在主管当局作出判决前的最后处理程序之前，应对少年生活的背景和环境或犯罪的条件进行适当的调查，以便主管当局对案件作出明智的判决。"在未成年人刑事案件审理中，国际上大多数国家和地区均规定有社会调查这一必经程序。根据我国法律的规定，开庭审理前，控辩双方可以分别就未成年被告人的性格特点、家庭情况、社会交往、成长经历以及实施被指控的犯罪前后的表现等情况进行调查，并制作书面材料提交合议庭。必要时，人民法院也可以委托有关社会团体、组织就上述情况进行调查或者自行进行调查。

借鉴其他国家和地区的做法，应明确规定社会调查工作集中由我国各地成立的未成年人保护组织、共青团等社会团体承担。因为这些组织或人员的工作性质和任务，本身就是为了保护未成年人的合法权益，也具有关爱和保护未成年人的知识和经验，因此可以根据当地的实际情况，委托这些主体进行社会调查。

第五，法官除了要追求刑法的一般目的，即维持良好的社会秩序外，还要积极实现刑法的特定目的，即矫治未成年人的犯罪行为，消除他们的犯罪意识，保护他们健康成长，这也是《联合国少年司法最低限度标准规则》(《北京规则》)规定的"既保护青少年的成长，又维护社会的安宁秩序"的要求。对于犯罪作出不予刑事处罚决定的未成年人在必要时可以由政府收容教养。例如1991年《未成年人保护法》颁行，第一次使用了"司法保护"概念，1999年《预防未成年人犯罪法》又规定了收容教养的适用条件和决定程序。因此，对待未成年人犯罪必须处理好惩罚和教育的关系，注意疏导，使未成年人分清是非，真正悔罪服法，增强其改造信心，促使其尽快回归社会，重新做人。

［辅助案例1］金某故意伤害案

初中生金某，因课间被无意撞倒而与本班一名同学发生冲突，金某觉得面子上过不去，于是放学后纠集了另外两个伙伴，在校门口截住该同学，并用石块将该同学头砸破，并把该同学随身带的手表等财物故意砸碎。该同学经医院鉴定为轻伤。金某此前在校表现良好，无前科记录。案件发生后表示后悔，承认当时过于冲动。

专家点评：

从本案来看，金某为初次犯罪，尽管造成的轻伤结果可能导致3年以下有期徒刑或者拘役、管制，但是，其之前在学校表现不错，认罪态度良好，从各方面因素看来，风险较低，可以考虑不采取羁押性强制措施。并且我国刑法对于缓刑的适用条件是，被判处拘役、3年以下有期徒刑，根据其犯罪情节和悔罪表现，适用缓刑确实不致再危害社会，可以宣告缓刑。本案中金某为初犯、偶犯，可以适用缓刑，不予羁押。

［辅助案例2］张某故意伤害、强奸案

犯罪嫌疑人张某，16岁，在校期间，常常因放学后在学校门口欺负低年级学生，并且敲诈勒索钱财被校方教育，学校为张某屡教不改的行为作出过通报批评等处理决定。张某还因小偷小摸行为被当地派出所屡次教育。

经查，张某从小父母过世，和年迈的祖父共同居住。祖父是他的唯一亲人，但是已经年老多病，没有能力照看和教育张某，张某也没有其他亲人、朋友，时常和一群无业青年混在一起。

某日，学校老师刘某训斥张某迟到早退后，把张某的书本扔到教室门外，张某不服，于是和几名无业青年晚上10点左右聚在学校门口，约好等刘某晚上下班后共同报复刘某。刘某在刚刚出校门时，遭到张某等人用砖块、木棒的毒打，后经鉴定为重伤。学校宿管科周某下班时目睹张某等人打架，刚想喊叫，被张某等人拉进巷子欲实行猥亵和奸污，不巧动静太大被行人发现，临走时张某等人还威胁周某："敢说出去就杀了你。"第二天，两名被害人向公安机关报案。

专家点评：

对张某是否适用羁押性强制措施，可以从未成年人犯罪情节、个人情况、家庭情况、保障支持四个方面分别进行可行性评估。从本案可以看出，首先张某的前后两个行为分别构成故意伤害罪和强奸罪。其在学校因为寻衅滋事屡教不改，曾经数次被派出所进行教育改造，但是没有效果。张某的唯一亲人并没有能力对其进行教育、管教，行政管理机关对于他的管教也没有产生作用，综合来看，如果对于张某适用非羁押性强制措施，那么张某由于缺乏管教，很可能继续危害社会，风险较高，因此可以适用严厉程度较高的或者羁押性的强制措施。另外，由于张某的行为是严重侵害公民人身权利的罪行，并且不满足缓刑适用条件，需要数罪并罚后实际执行。在对张某执行刑罚时须注意执行场所和成年罪犯的分离，注意满足未成年人罪犯的身心需要，防止在看守所、监狱等和其他罪犯的交叉感染。

（谢佑平　龚莹莹）

36. 检察机关应否介入死刑复核程序

[案情简介] 刘某保险诈骗、故意杀人案

2006年3月，重庆市的刘某无意间听到在一起交通事故中死者家属得到了10多万元的赔偿金，此后当人寿保险公司业务员向她推销保险时，刘某顿生“致富灵感”：嫁给苦追自己5年的许某，为许某购买巨额保险，然后制造交通事故致其死亡骗取巨额保费。于是刘某在6月5日与许某领取结婚证，并花了1万多元为许某购买了16份意外伤害保险，保费高达100万。2006年6月13日，刘某买通车技高超的张某，让张某驾驶一辆无牌奇瑞QQ，在偏僻处撞死许某，造成意外事故的假象。随即刘某向保险公司索赔，保险公司认为有嫌疑向公安局报案。2008年2月17日，重庆市四中院就刘某特大保险诈骗、故意杀人案作出一审判决，刘某保险诈骗罪、故意杀人罪名成立，判处死刑立即执行。被告人提起上诉，2008年3月8日，重庆市高级人民法院二审裁定驳回被告人上诉，维持原判。

然而关于此案的死刑复核经历了较长时间，且公诉机关没能参与，直到2008年10月11日，最高人民法院改判刘某为死刑缓期两年执行。

[争议焦点]

1. 死刑复核程序的法律性质。对于死刑复核程序的法律性质，比较普遍的有两种观点：一种观点认为，死刑复核程序是法院内部一种行政化的审批程序或者救济程序；另一种观点认为，死刑复核程序是特殊的审判程序。

2. 死刑复核程序的期限如何确定。该案 2008 年 3 月 8 日作出二审裁判，但直到 2008 年 10 月 11 日才最终获得死刑复核的裁定。那么，死刑复核程序是否应当有期限限制？如果有期限限制，该期限应当如何确定呢？

3. 检察院在死刑复核程序中的作用。检察机关在整个刑事诉讼中都扮演了重要的角色，发挥了重要的作用，但是在处以极刑的死刑案件上，二审程序之后或者说一审生效判决之后，检察机关难以参与死刑复核程序。尤其是在本案中，最高人民法院最终改判死刑缓期执行，但是公诉人在二审结束后没能参与死刑复核程序。作为法律监督机关，检察院在死刑复核程序中到底应当起一个什么样的作用呢？

[关联法规]

《中华人民共和国刑事诉讼法》第 199 条、第 200 条；最高人民法院、最高人民检察院、公安部、司法部《印发〈关于进一步严格依法办案确保办理死刑案件质量的意见〉的通知》第 39 条、第 40 条、第 41 条、第 42 条。

[专家指导]

一、死刑复核程序是审判程序

关于死刑复核程序的性质，笔者引用刊载于《人民检察》上的《检察机关参加死刑复核程序的几个问题》① 一文的论据，认为死刑复核程序的性质应当是审判程序，并且驳斥了以死刑复核属于救济程序为由否定死刑复核程序的诉讼性。因为救济程序具有事后性，前提是对于已经作出裁判或决定的案件，有关方面认为可能存在错误，因而依法启动救济程序，比如再审程序；而死刑复核程序无须依靠任何主体的提起即可启动，是死刑案件的必经程序，不具有救济程序由一方主体提起的特征。

而死刑复核程序属于审判程序的理由如下：第一，死刑复核活动是法院审查具体案件的定罪量刑是否合法、适当的审判活动。法院是行使审判权的机关，法院对案件的处理活动，本质上都是审判活动，而死刑复核程序在本质上是一种特殊的审判程序。第二，法院的审判权不存在行政级别，与行政审批权有着本质的不同。上下级法院之间在具体案件上不是行政审批关系，而是审判监督关系。审判机关也只能通过审判活动对具体案件的实体性问题作出最终的司法结论，其表现形式就是最终的判决或者裁定，而不能通过行政性质的程序

---

① 陈国庆、石献智：《检察机关参加死刑复核程序的几个问题》，载《人民检察》2006 年 6 月刊。

作出最终的司法结论。死刑复核程序最终作出裁定，因此属于审判活动。第三，上级法院监督、改判下级法院的判决、裁定只能通过审判活动来实现，行政审批不符合司法规律和诉讼基本原理。第四，死刑复核由合议庭进行，合议庭是审判组织，而不是行政审批组织。

综上所述，死刑复核的性质是审判程序。

二、死刑复核程序应当规定期限

本案中，从二审结束到死刑复核，经历了长达7个月零3天的漫长时间，长期使该案处于不稳定状态。对照2008年社会影响极大的杨佳袭警案，杨佳7月7日被批准逮捕，7月17日提起公诉，9月1日一审判决，此后杨佳不服一审判决提出上诉，10月20日作出终审判决，11月25日被告人家属收到死刑复核裁定书，11月26日执行死刑。从案发到最终死刑执行历时4个月25天，其中终审判决到被告人家属收到死刑复核裁定书历时1个月零5天。在杨佳案中，死刑复核的时间共计1个月零5天，虽然几乎占用了所有程序总时间的四分之一，但是基于本案的全国性重大影响和公安部与司法机关的高度重视，有理由推测本案从终审判决起就受到了最高人民法院的关注，那么该案死刑复核所经历的时间应当说是高效的了。那么，对于一般性的死刑案件，死刑复核将会经历多长时间呢？基于数据的保密性，这个时间难以确定。目前，我国现有的法律和司法解释，部门规章，无一对死刑复核的期限作出规定。

死刑复核程序应当规定期限吗？

有人主张，死刑复核程序不应当规定期限。死刑是生命刑，是所有刑罚中最重的刑罚，一旦执行，结果不可逆转，对于无辜者也无法补偿，死刑复核应当慎之又慎，最高人民法院收回死刑复核权的直接动因就是出于“少杀”、“慎杀”的刑事政策和对人权的保障，因此不应当规定死刑复核程序的期限。

在世界范围内，仍然有死刑制度的大国已经所剩无几，主要有美国和中国。美国的死刑制度对我国有着参考和警示的意义。

下面简要介绍美国的死刑制度。美国是西方发达资本主义国家中少数保留了死刑的国家，也是适用死刑最多的国家之一，居于全世界第四。所以，其死刑案件诉讼程序对中国死刑程序改革具有重要的借鉴意义。

首先，起诉程序中对死刑的请求受到严格控制。美国联邦死刑案件的起诉，要经过联邦司法部的批准。规定这一特殊程序的是1995年司法部文件《司法部死刑检控程序》，该文件规定：司法部和联邦地方检察官根据联邦法律适用死刑时适用该法律。地方检察官不经总检察长同意，不能请求法院判处死刑。在每一个可能判处死刑的案件中，无论联邦检察官是否请求死刑，检察官都必须通过联邦检察官办公室向司法部提交详细的死刑评估备忘录。在司法部同意联邦地方检察官起诉以后，对于可能判处死刑的案件，因为都是重罪案件，还要经过大陪审团决定是否起诉。美国《宪法第5条修正案》规定："无论何人除根据大陪审团的报告和公诉书，不得以死罪和其他重罪受审。"根据《美国联邦刑事诉讼规则》第6条的规定，大陪审团的组成人员不得少于16人，也不得多于23人，但一般都是由23人组成大陪审团。大陪审团成员一般由没有固定职业但有代表性的退休人员担任。

其次，审判时用特殊程序对被告人进行死刑裁量。美国《宪法第6条修正案》保证刑事被告人有权得到有陪审团参加的审理。通常情况下，陪审团只对是否有罪进行裁判，没有进行量刑的权力。但对死刑的量刑却是例外。2002年以前，美国各州对死刑案件的判决适用的是所谓的"凌驾陪审团"(Jury Override)制度，即虽然可能判处死刑的案件由陪审团决定是否处死刑，但如果陪审团不同意处死刑，法官可以推翻陪审团的决定而对被告人处以死刑，所以最终对被告处以终身监禁或死刑是由法官决定，陪审团只有建议权。2002年6月，美国联邦最高法院以7比2的多数推翻了亚利桑那州的死刑法律，因为这一法律规定允许法官决定被告人处死刑的事实中包括"加重事实"(aggravating factors)、"非常残忍"等，这是处以死刑的最终依据。最高法院认为凌驾权违背了《宪法第6条修正案》关于保障陪审团审判的权利，一个审判法官不能妨害第六条修正案赋予被告人接受陪审团审理的权利而单独决定关于判处死刑的加重或减轻事实的取舍。在审理死刑案件的过程中，任何犯死刑罪的人应当允许其完全由律师代理进行辩护；审理该案的法院和法官应当根据被告人的要求，迅速指定两名律师，其中至少一名是"熟练处理死刑案件的律师"，他能够自由地与关押在任何地方的被告接触。

再次，死刑案件一审后的救济途径很多。一是通过上诉程序对原来的裁决进行改判。在各州，可能判处死刑的有罪判决作出后，案件自动上诉到州刑事上诉法院。如果被告在州刑事上诉法院上诉失败，他还可以上诉到州最高法院、联邦巡回上诉法院、联邦最高法院。二是通过人身保护令程序进行改判。罪犯用尽向州法院上诉机会后，可向联邦地区法院（审判庭）提出"人身保护令"申请，宣称被关押在州监狱侵犯了他的受联邦保证的法规或宪法保护的权利。三是可能通过赦免和减刑获得不判处或者不执行死刑的机会。各州州长有权对本州犯人的刑期实行赦免或减刑。美国总统对联邦罪犯有类似的权力。

最后，死刑的执行需要漫长的时间。对死刑犯审判程序的高程度保障、将漫长的时间花费在羁押过程中、最后只将被定罪的极少一部分执行死刑，决定了该项制度的成本必然是昂贵的。据估计，在美国每执行一次死刑要支出的成本大约在200万至320万美元之间，这种庞大的支出“与犯罪预防预算的紧缩正好抵触”。诉讼效率确实是现代各国刑事诉讼法的一个重要价值，但在一个视生命为无价的国家，对待死刑问题上，较少去计较成本或者不计成本，是“对待死刑慎而又慎”的一个重要表现。在美国，有的地方是要用10到15年时间来执行死刑，加州的情况比较特殊，是20到25年。①

从上可以发现，美国的死刑程序极其复杂，尤其是死刑执行程序的复杂，使得美国被执行死刑的人数要远远地少于被判处死刑的人数。从美国的经验而言，是否启示着我们死刑复核程序不应当定期限呢？

笔者认为，美国的经验不足以借鉴。其一，美国每执行一次死刑要支出的成本大约在200万至320万美元之间，而我国虽然施行“少杀”、“慎杀”的刑事政策，但每年被执行死刑的人数仍不在少数，无法承担如此昂贵死刑执行费用。其二，死刑制度之所以仍然存在的原因之一，在于保护被害人利益，安抚社会情绪，如果让被害人或者被害人亲属要经历漫长的不知道期限的等待才能等到死刑的执行，那么死刑的社会效益就会大大降低了。假设杨佳在袭警案杀害6名警察之后，经历了10—15年的等待才被执行死刑，那么杨佳案早已被社会遗忘，难以起到社会效果。其三，依靠不规定死刑复核期限实现“少杀”、“慎杀”的刑事政策，体现对人权的保障，在现时刑事诉讼程序的背景下是不现实和收效甚微的，下面将就此深入探讨。

我国目前如何实现“少杀”、“慎杀”？主要是期待依靠公正的审判。只有在判决公正的前提下，才能保证正义得到伸张和无辜的人不会被错杀、错判。我国刑事诉讼主要通过程序正义来保障判决的公正，在审判阶段，主要表现在一审、二审和死刑复核程序上。最高人民法院近年来收回死刑复核权，就是旨在通过最高人民法院的更高专业素质的专门法官保障裁判的专业性，并且可以避免高级法院本身既作出判决又对自己作出的判决进行复核，容易导致复核受到干扰的现象。而我国的死刑执行程序，根据《刑事诉讼法》第211条，下级人民法院接到最高人民法院执行死刑的命令后，应当在7日内交付执行。也就是说，我国的死刑执行非常迅速，在接到最高人民法院的死刑裁定书后7日内罪犯即被结束生命。因此，我国的刑事诉讼法关于死刑执行的规定放弃了通过死刑执行程序的复杂、烦琐和漫长达到“少杀”、“慎杀”的目的。

与此相对，未规定死刑复核程序期限是出于让死刑复核更加谨慎和全面的考虑吗？现行刑事诉讼法于1996年制定、1997年公布实施。但是死刑复核权

① http：//news. mzyfz. com/times/l/20071015/215017. shtml。

下放到各高级人民法院是从1983年开始的，直到2007年1月1日才由最高人民法院收回，统一核准。也就是说在现行刑事诉讼法制定和实施的初期，虽然刑事诉讼法规定，由最高人民法院对死刑判决进行复核，但是实践中死刑复核权一直由各高级人民法院行使。法律制定初期，立法者应当考虑到死刑复核权由高级法院行使的现状不能立即得到改变，还会持续一段时间，与其规定复核期限却根本无法施行，还不如等条件成熟后，通过调研和研究，对死刑复核的期限再行规定。通过对历史的考量，笔者推测立法者没有规定死刑复核期限的原因是条件尚不成熟。

现今为死刑复核确定期限的条件已经成熟，是否要确定主要是看有无确定期限的必要性。没有规定期限的弊端已经逐渐显现出来了：其一，使少数死刑犯或有些无辜公民长时期被关押、侵犯当事人的合法权益，造成不良社会影响。其二，复核时间过长，给少数素质不高的司法人员创造机会，滋生司法腐败。复核的无限期为司法蛀虫提供拖延死刑执行时间的方便，为当事人及其亲友翻供、串供提供时间。这虽然是极个别的现象，但是所带来的社会负面影响巨大。其三，增加了看守所的工作难度和司法成本，影响正常的监管秩序。根据法律法规的规定，被告人判处死刑之后应加戴械具，一个人长年累月地手铐脚镣关在监房里容易烦躁不安，有的还会产生抵触或对立情绪，影响正常的监管秩序，增加司法成本。[①] 其四，判处死刑案件的绝大多数将会以执行死刑终结，但是如果没有规定期限，让已经被判处死刑的犯人在看守所里惶惶不安地等待死刑的来临，无疑是让他的思想和精神都饱受折磨，这不符合被告人有权获得公正迅速的判决的刑事诉讼基本精神，也不符合人道主义。

因此，死刑复核程序的期限应当在法律中加以规定。

那么应当给予死刑复核多长的期限呢？笔者认为，在确定死刑复核期限时，应当考虑以下三个因素：

其一，最高人民法院死刑复核庭的工作量和工作强度。三个死刑复核庭的法官要面对全国所有的死刑案件的复核，每一个案件须由三个法官组成合议庭进行处理，对于相当部分的案件，死刑复核庭的法官还需要当地提审。因此，对他们而言，其中的工作量不可小觑。死刑复核期限应当充分考虑法官的工作量，给予其相对充足的时间进行审理，使得法官处理每一个案件尽可能谨慎。

其二，死刑复核的各个程序所需要的时间。我国的死刑复核是全面的审查，既审查法律，也审查事实。其中可能包含了讯问被告人，询问证人等查清

---

① 缪武权、黄文斌：《刑诉法应明确规定死刑复核期限》，载《检察实践》2002年3月刊，第70页。

事实的环节，这些环节可能会耗用一定的时间，死刑复核的审查期限应当考虑这些程序需要的时间，作出合理的规划。在程序上给予被告人充分的救济，保障“少杀、慎杀”的原则得到贯彻。

其三，在保证公平的前提下，追求效率。

三、检察机关应当在死刑复核程序中发挥作用

在本案中，最高人民法院最终将死刑立即执行改判成死刑缓期两年执行。但是在决定改判的死刑复核程序中，公诉人一方却完全没能参与，也无法提出自己的意见，可以说是先行死刑复核程序的缺陷。

（一）检察机关作为诉讼参与人的作用

在上文中，我们已经确定死刑复核程序的程序性质是审判程序，既然是审判程序，那么就应当有控辩双方的参与，在现行的死刑复核程序中，法官通常会讯问被告人，但是检察机关作为诉讼的另一方，却没能参与到死刑复核的程序，不能不说是程序的不完整。

应当区分案件种类设置多元化的死刑复核程序，并以此为基础配置检察机关参与死刑复核程序的具体方式。①

1. 对于事实和证据有争议的案件，检察机关应当以派员出庭的方式参与；

2. 对于法律适用有争议的案件，检察机关应当以提交书面意见的方式参与；

3. 对于没有争议的案件，检察机关可以根据具体情况选择参与或不参与。

（二）检察机关在死刑复核程序中作为法律监督机关的作用

按照刑事诉讼法的规定，检察机关有权对审判程序进行监督，上文已经论证死刑复核程序是审判程序，那么检察机关就有权对审判程序进行监督。对审判进行监督包括对审判程序的监督和对审判结果的监督。检察机关作为诉讼的一方，不应当“既做运动员，又做裁判员”，对死刑复核的结果进行监督，这损害了人民法院对诉讼的中立性和终局性。因此，检察机关对死刑复核程序的监督只能是审判程序的监督。对程序的监督主要体现在以下几个方面：

第一，对死刑复核程序的整个过程进行监督。最高人民法院处理死刑复核案件首先应当是合议庭审判，检察机关可以就合议庭的组成是否合法进行监督，合议庭组成人数是否合法，是否有需要回避的情形。核准死刑的裁定需要

---

① 种松志、宋文国：《检察机关如何参与死刑复核程序》，载《人民检察》2006 年 6 月刊（上），第 17—18 页。

由最高人民法院院长签署，检察院可审查卷宗材料是否合法。另外，部分死刑复核需要讯问被告人，询问证人，应当审查这些程序是否完全符合法律规定。

第二，对死刑复核程序的期限进行监督。根据上文的论证，死刑复核程序应当设定期限限制，以保证程序公正和及时，检察机关有权利就死刑复核程序的期限进行监督。

第三，对死刑复核程序的后续诉讼活动进行监督。在经历死刑复核程序之后，必然有部分案件以不予核准为复核结果，其中，发回重审或者提审的案件重新回到了一审或者二审的程序。对于一审以及二审程序，刑事诉讼法和相当的配套法律法规对检察院的职能进行了较为详尽和全面的规定。对于历经死刑复核程序重新进入一审或者二审程序的案件，检察机关应当参与到诉讼程序中并且依法进行法律监督活动。

[辅助案例 1] 周某贩卖毒品案

被告人周某，1977 年生，于 2006 年贩卖毒品 500 公斤被警方查获，于 2007 年 2 月 10 日由云南省高级人民法院终审判处死刑立即执行。之后该案即进入死刑复核程序。

作为大毒枭的周某，自然不甘心老老实实地等待死刑的到来，在被羁押于看守所之后审判之前，她心生一计，她利用美色和金钱，对看守所民警杨某百般诱惑，杨某没有抵挡得住金钱和美色的诱惑，与周某多次发生了性关系，周某在 2007 年 3 月终于怀孕。2007 年 4 月 1 日，最高人民法院作出死刑复核裁定，裁定核准死刑。周某遂通过看守所提出她已怀孕，应当停止执行死刑。结果在 2007 年 4 月 3 日孕检回来的途中，周某失足掉下楼梯，导致流产。此时应当停止对周某执行死刑吗？

专家点评：

对于怀孕的妇女不适用死刑，是出于人道主义的考虑。因为即使犯罪的妇女罪该当诛，其腹中胎儿却是无辜的，胎儿不应当为其母亲的行为承担责任，因此妇女怀孕时不应当被执行死刑。怀孕妇女在生完孩子后也不应当被执行死刑，这是因为：一是审判时怀孕的妇女在执行死刑后面临着婴儿无人哺乳的情形，因此为了保障无辜生命的延续此时怀孕的妇女不能被剥夺生命，由于妇女怀孕后会历经一个特殊的生命阶段，有理由相信妇女出于保护胎儿的天性会使她们作出一些重要决定，这样也有利于犯罪的妇女在得知自己怀孕后坦白自己的罪行，减少犯罪对社会造成负面影响，鼓励犯罪嫌疑人积极自首。怀孕妇女在流产后仍然不适用死刑，这又是因何道理呢？这是因为，如果规定怀孕妇女流产后可以被判处死刑，这就在无形中鼓励了这样一种行为，就是对于怀孕妇女，有关部门可能通过某种方式使其流产，这样就能够对这类妇女执行死刑。

这同样对于胎儿的无辜生命和被告怀孕妇女的权利，都是侵犯。为了避免这种可能性的发生，对于怀孕妇女不能适用死刑的规定扩大到怀孕后又流产的妇女。

因此，对于本案中的周某，虽然她通过卑劣手段致使自己怀孕，但是仍然应当停止执行死刑。

根据刑事诉讼法的规定，下级人民法院应当就该情况报请最高人民法院依法改判。

由于检察机关对于刑事裁判的执行也有着监督权，检察机关应当依法对本案的执行进行法律监督。

[辅助案例2] 孙某抢劫案

2005年东北某城系列蒙面抢劫杀人案件接连发生。其中，一名19岁的青年孙某被列为第一被告，在一次抢劫过程中，他和另一名30多岁的银行保卫干部尾随一奔驰车主并杀死了被害人。据法医鉴定报告记载，被害身亡的这名男子身中多处刀伤，致命的一刀是从锁骨刺入的。法庭上，孙某和那位银行保卫干部互相推诿，都说是对方刺中了这致命的一刀。而当时的物证又无法判明这一刀是谁刺入的。一审法院判处孙某死刑。孙某不服，向省高级法院提起了上诉。2007年1月19日，二审法院维持了死刑判决。

死刑复核期间，孙某的辩护律师转交了辩护意见，承办法官还当面听取了他的意见。律师主要从那致命的一刀是谁所刺的证据不足、有些合理怀疑未能排除等角度，提出本案不应当被判处死刑，本案不属于法律规定的适用死刑的立法精神及司法原则。最终，最高人民法院采纳了该律师的意见。

专家点评：

诉讼中一个重要的原则就是控辩平等，控辩平等的一个重要方面就是平等武装，但是在死刑复核程序中辩护律师能够向承办法官当面陈述辩护意见，而作为公诉人的检察机关却完全没有参与死刑复核程序。法官只能听到参与诉讼的一方的主张，显然不利于最终的公平正义的判决的作出。

（谢佑平　叶琼宇）

37. 服刑即将期满前的余罪如何处理

［案情简介］张某抢劫、非法拘禁案

张某，男，1988年4月18日生。因犯敲诈勒索罪，于2005年9月22日被A区人民法院判处有期徒刑6个月。因犯抢劫罪，于2007年7月19日被A区人民法院判处有期徒刑1年（刑期自2007年4月25日起至2008年4月24日止）。张某于2007年10月10日调入B监狱服刑，因涉嫌非法拘禁余罪，于2007年10月18日被C公安分局送至上海市A区看守所侦查，期限为6个月，至2008年4月17日，后又办理延长期至4月24日。2008年4月23日，A区法院因非法拘禁共同犯罪，判处张某有期徒刑8个月，连同原判有期徒刑1年，并处罚金人民币1000元，决定执行有期徒刑1年2个月，并处罚金人民币1000元。刑期自2007年4月25日起至2008年6月24日止。

2008年4月24日，在释放检察中发现，张某在未办理释放手续和采取其他强制措施的情况下，仍羁押在A区看守所。因未办理释放手续，张某的名册仍然在监狱。为此检察机关向监狱提出了立即办理释放手续的检察建议，得到采纳。

［争议焦点］

罪犯一审刑满，二审判决尚未生效，刑满之日至判决生效之日，是否再适用逮捕措施，如不适用采用何种强制措施？如果服刑期尚未期满，而发现被告人余罪，则等待服刑期满对余罪再行判决，是否剥夺了犯罪人享有数罪并罚判决的权利呢？因为数罪并罚的量刑通常少于两罪量刑的叠加，如果服刑期未满时发现被告人余罪，但仍然待已判刑法执行完毕后，再对余罪进行审判，是否侵犯了犯罪人的诉讼权利呢？

［关联法规］

《中华人民共和国刑事诉讼法》第213条；最高人民法院、最高人民检察院、公安部《关于办理罪犯在服刑期间又犯罪案件过程中，遇到被告刑期届满如何处理问题的批复》。

［专家指导］

在不考虑新罪必然是在罪犯在被执行有期徒刑期间被发现的前提下，监狱应当在刑满当日办理释放手续，而法院应当在变更强制措施后对此案以新罪作出判决。

监狱应在刑满当日办理释放手续。理由是：

《刑事诉讼法》第213条规定罪犯被交付执行的时候，应当由交付执行的人民法院将有关法律文书送达监狱或其他执行机关。因为二审判决尚未生效，法院无法送达法律文书。此案罪犯张某虽羁押在A区看守所，而名册仍在B监狱，但因判决未生效，A区人民法院只将未生效判决书发给C公安局刑队，再由C公安局刑队承办人送达B监狱，但监狱未收到执行通知书，罪犯张某关押在A区看守所的强制措施不清楚。4月24日，C区公安局刑队承办人来电告知B监狱：罪犯张某已被A区法院判加刑2个月。因当天罪犯张某按原判刑期届满，监狱应当办理释放手续，考虑到罪犯张某因余罪又被加刑，直接释放不妥，但判决书、执行通知书又未收到，张某仍被关押在A区看守所，监狱将此情况请示市监狱管理局。市监狱管理局答复要求将判决书送到监狱，只要判决书上是数罪并罚，就按判决书执行。监狱当即要求青浦公安局刑队将判决书当天送达B监狱。检察机关得知罪犯张某刑满当日未办理释放手续情况后，向监狱提出了“立即与办案部门联系，在办理释放手续的同时采取其他强制措施”的检察意见。监狱在得到了原判法院的答复后，立即为罪犯张某办理了释放手续。

根据最高人民法院、最高人民检察院、公安部《关于办理罪犯在服刑期间又犯罪案件过程中，遇到被告刑期届满如何处理问题的批复》，办理罪犯在服刑期间又犯罪案件过程中，遇到被告原判刑期届满，如果所犯新罪的主要事实已经查清，可能判处徒刑以上刑罚，有逮捕必要的，仍应依照刑事诉讼法的规定，根据案件所处不同诉讼阶段，分别由公安机关、人民检察院、人民法院依法处理。在本案中，被告在4月24日所处的诉讼阶段是审判阶段，应当由法院批准或者决定对其的强制措施。此案中，被告可能被判处有期徒刑以上刑罚，并且公诉机关有较为充足的证据证明犯罪事实的存在和犯罪事实为被告所为，应当执行逮捕程序，在诉讼过程中，应当由检察院提出，并且由法院批准执行逮捕，暂时羁押在拘留所。

对于服刑即将期满，余罪正在上诉阶段的被告，监狱方面应当如何处理，检察院、法院应该采取何种强制措施，目前为止，法律尚缺少明确的规定。

无论从法理的角度还是刑事诉讼法的基本原则来看，未经法院审判，对任何人都不能确定有罪。上诉阶段，即判决尚未生效阶段，被告尚未被定罪，那么不应被视为罪犯。监狱是对罪犯执行刑罚的场所，显然不应用来关押尚未定罪的被告。显然，被告在服刑期满，但余罪的判决尚未生效时，原关押被告的B监狱应当作出释放的决定，并履行相应程序。

然而，被告不应当作为罪犯被关押在监狱并不意味着对其采取相适应的强制措施。对于有证据证明可能判处有期徒刑以上刑罚的犯罪嫌疑人，可以采取逮捕的强制措施。本案中，已经过了立案、侦查、审查起诉阶段，正处于审判阶段，应当由检察院向法院申请逮捕，经法院批准，将被告羁押在A区看守所。需要指出的是，有期徒刑和强制措施的性质和目的均不相同。有期徒刑是刑罚的一种，它通过剥夺人身自由评价、惩罚罪犯的犯罪行为。而强制措施不是刑罚，它只是一种暂时限制被告人人身自由的措施，其目的是为了防止被告人逃避法律惩罚，防止被告人发生社会危险性。因此，尽管被告尚未定罪，但是为了防止其逃避法律惩罚，应当对其采取一定的强制措施，因此不能将其关押在监狱和可以将其羁押在看守所，两者之间并不矛盾。

如果服刑期尚未期满，而发现被告人余罪，则等待服刑期满对余罪再行判决，这剥夺了犯罪人享有数罪并罚判决的权利。根据现行刑法的规定，对于同是有期徒刑而数罪并罚的情况下，应当合并执行，合并执行的刑期不应当低于数个刑罚中的最高刑，但不应高于数罪并罚中各个刑罚相加的刑期。在实践中，数罪并罚的总刑期通常要少于各个刑罚相加的刑期。

在本案中，余罪是在服刑期间被发现，并进入立案、侦查、审查起诉、提起公诉阶段，基于此，在处理原判刑罚和余罪时，应当将原判刑罚和余罪数罪并罚。

现代刑法的真正应用是在资产阶级革命之后。资产阶级革命用宪法的形式确立了刑事司法的基本原则，其中提出“刑法是犯罪人的权利保障书”。发展至今，无论是刑法还是刑事诉讼法，都越来越关注被告人和犯罪人利益的保障。数罪并罚以法律的形式被规定于刑法中，无论从法律规定还是从实践操作上都是对犯罪人有利的，事实上也保障了犯罪人的权益。

而数罪并罚的决定权在法院，因为法院是审判机关。因此，法院在一审判决中，就应当在宣判中指出，就犯罪嫌疑人受指控的余罪应当执行数年有期徒刑，数罪并罚应当执行数年有期徒刑，并扣除已经执行的刑期。

［辅助案例1］宋某贩卖毒品、故意伤害案

2004年5月7日，宋某因贩卖毒品罪被浙江省A市人民法院判处有期徒刑2年，2004年5月17日，判决生效，因为拘留逮捕期间羁押1天，折抵刑期1日，宋某应于2006年4月20日刑满释放。

在服刑期间，宋某遭同监室楚某欺负，经常要为楚某自己做内务，还要定期向其缴纳自己为数不多的补贴。终于，宋某觉得自己忍无可忍，蓄谋造成了楚某轻伤。随即，监狱对此事进行了侦查，侦查期间，将宋某隔离关押。由于案情简单，监狱方面于2006年4月17日侦查完结，将犯罪材料送交当地检察院。按规定，检察院审查起诉期间为7天，但宋某于2006年4月20日服刑就将期满，监狱和检察院应当如何处理？

专家点评：

在普通的刑事案件中，侦查机关侦查终结将其管辖的案件交由检察机关审查起诉时，通常仍然维持在侦查期间所采取的强制措施，即在侦查期间，犯罪嫌疑人被批准逮捕的，在审查起诉时仍然处于逮捕状态；若在侦查期间，犯罪嫌疑人取保候审的，在审查起诉期间仍然维持取保候审状态。

在本案中，由监狱作为侦查机关对犯罪嫌疑人进行调查，在审查起诉期间应当继续对犯罪嫌疑人进行控制。但问题在于继续关押，其性质到底属于执行刑罚还是属于采取强制措施。按照学理，4月20日原判刑罚已经结束，新的判决尚未作出，也就是说刑罚已经执行完毕，此时继续关押属于强制措施的范畴。

检察院决定起诉宋某后，应当要求监狱办理释放手续，同时决定逮捕宋某，由公安机关执行，由监狱将宋某移交看守所羁押。此后的程序完全按照普通刑事案件的程序进行。

本案同样涉及数罪并罚的问题。这里需要指出的是，在一罪的执行过程中触犯新罪，与在执行过程中发现审判前所犯新罪的处理方式略有不同。在一罪的执行过程中触犯新罪，应当原判刑罚减去已执行刑罚，将剩余刑期和新罪所判刑期进行数罪并罚。在该案中，原判刑罚刑期已执行完毕，因此在实践操作中无须考虑数罪并罚的处理。

［辅助案例2］孙某贩卖毒品案

孙某于2007年11月11日因贩卖毒品被人民法院判处有期徒刑9个月，因被判处刑罚时，已经先行羁押了一段时间，因此孙某应于2008年6月1日刑满释放。2008年5月20日，公安机关在对另一名犯罪嫌疑人进行审讯时，发现孙某在判决前还有数次贩卖毒品的行为，但是距离孙某原罪刑满释放日期已所剩不多，应当如何处理？

专家点评：

由于孙某的原刑期较短，一般在看守所执行，而不是在监狱执行。而审判前的拘留、逮捕，一般也是将犯罪嫌疑人羁押在看守所。因此，在本案中，即使刑期已满，而新判决尚未作出，对孙某也不必变换羁押地点，仍然将其羁押在看守所中等待审判。此外，鉴于余罪尚待审理，有极大的可能性是孙某将继续接受有期徒刑的刑罚，实质上的刑期并没有届满，所以到了2008年6月1日，也不应向其发放刑满释放证明书。

（谢佑平　叶琼宇）

38. 减刑后发现原判决计算剥夺政治权利期限有误可否抗诉

[案情简介] 钱某抢劫案

1986年5月31日，钱某因犯流氓罪被上海市A区人民法院判处有期徒刑14年，剥夺政治权利3年。1996年11月21日，钱某被上海市B中级人民法院裁定假释（假释考验期自1996年11月21日至1999年7月21日止）。2000年10月31日，钱某又因犯抢劫罪被上海市A区人民法院判处有期徒刑7年，并处罚金人民币7000元；连同原判犯流氓罪剥夺政治权利3年的余刑1年11月22天，决定执行有期徒刑7年，并处罚金人民币7000元，剥夺政治权利1年11个月22天。判决后，钱某未提出上诉，该判决发生法律效力并交付执行。服刑期间，钱某先后两次经上海市C中级人民法院裁定减刑（原判剥夺政治权利不变），于2006年3月20日刑满释放，并继续执行剥夺政治权利的刑期。

[争议焦点]

本案涉及减刑后发现原判决计算剥夺政治权利期限有误，检察机关提起审判监督的问题，关于本案的审判监督存在以下两种分歧意见：

一种意见认为，人民法院将前罪判决中剥夺政治权利的期限从假释考验期满之日起计算，导致剥夺政治权利期限计算有误，但并不影响案件的实体判决。由于钱某已经刑满释放，故应当采用检察建议的形式向人民法院提出纠正意见。

另一种意见认为，法院判决适用法律确有错误，且造成已执行完毕的附加刑刑罚仍在继续执行的后果，故应当按照审判监督程序向人民法院提出抗诉。

［关联法规］

《中华人民共和国刑法》第58条；《中华人民共和国刑事诉讼法》第205条。

［专家指导］

《刑法》第58条第1款规定，附加刑剥夺政治权利的刑期，从徒刑、拘役执行完毕之日或者从假释之日起计算；剥夺政治权利的效力当然适用于主刑执行期间。《刑事诉讼法》第205条第3款规定，最高人民检察院对各级人民法院已经发生法律效力的判决和裁定，上级人民检察院对下级人民法院已经发生法律效力的判决和裁定，如果发现确有错误，有权按照审判监督程序向同级人民法院提出抗诉。

最高人民检察院《关于刑事抗诉工作的若干意见》第2条规定，人民法院刑事判决或裁定在适用法律方面确有下列错误的，人民检察院应当提出抗诉和支持抗诉：(1) 定性错误，即对案件进行实体评判时发生错误，导致有罪判无罪，无罪判有罪，或者混淆此罪与彼罪、一罪与数罪的界限，造成适用法律错误，罪刑不相适应的。(2) 量刑错误，即重罪轻判或者轻罪重判，量刑明显不当的。主要包括：未认定有法定量刑情节而超出法定刑幅度量刑；认定法定量刑情节错误，导致未在法定刑幅度内量刑或者量刑明显不当；适用主刑刑种错误；应当判处死刑立即执行而未判处，或者不应当判处死刑立即执行而判处；应当并处附加刑而没有并处，或者不应当并处附加刑而并处；不具备法定的缓刑或免予刑事处分条件，而错误适用缓刑或判处免予刑事处分。

最高人民检察院《关于刑事抗诉工作的若干意见》第3条规定了不宜抗诉的情形：人民法院审判活动违反法定诉讼程序，但是未达到严重程度，不足以影响公正裁判，或者判决书、裁定书存在某些技术性差错，不影响案件实质性结论的，一般不宜提出抗诉。必要时可以以检察建议书等形式，要求人民法院纠正审判活动中的违法情形，或者建议人民法院更正法律文书中的差错。

最高人民法院1994年《关于对无期徒刑犯减刑后原审法院发现原判决确有错误予以改判，原减刑裁定应如何适用法律条款予以撤销问题的答复》规定：被判处无期徒刑的罪犯由服刑地的高级人民法院依法裁定减刑后，原审人民法院发现原判决确有错误并依照审判监督程序改判为有期徒刑的，应当依照最高人民法院法（研）复（1989）2号批复撤销原减刑裁定。鉴于原减刑裁定是在无期徒刑基础上的减刑，既然原判无期徒刑已被认定为错判，那么原减刑裁定在认定事实和适用法律上亦应视为确有错误。由此，由罪犯服刑地的高级人民法院根据刑事诉讼法的规定，按照审判监督程序撤销原减刑裁定是适宜的。

综上，我们同意后一种意见。对于有期徒刑犯减刑后发现原审判决计算剥夺政治权利期限有误的，应根据法律规定的抗诉的基本条件提起审判监督程序，具体理由如下：

根据最高人民检察院《关于刑事抗诉工作的若干意见》，结合本案，上海市 A 区人民法院 2000 年 10 月 31 日的判决误将前罪判决中剥夺政治权利的期限从假释考验期满之日起计算，判决并处剥夺政治权利，应当属于结合被告人之前的刑罚执行情况作出判决、裁定，应当并处附加刑而没有并处，或者不应当并处附加刑而并处的情况。因此，检察院应当依法提起抗诉，启动审判监督程序。

提起刑事抗诉除了应当具备“判决、裁定确有错误”的条件之外，还必须确有抗诉必要，以减少讼累，提高审判监督的效率，避免司法资源的浪费。也就是说，即使判决或者裁定在认定事实或者适用法律上有错误，但是如果这些错误对案件的实质性结论没有影响，那么基于司法效率的考虑，并不是一味提起审判监督程序。

那么司法解释条文中所说的“技术性差错”应当如何定义？一般来说，我们所说的“技术性差错”仅仅是指表述、文字错误等，就本案来说，剥夺政治权利的期限计算错误并不属于“技术性错误”的范畴。

刑法确定了罚金、没收财产、剥夺政治权利三种附加刑。其中，罚金、没收财产是一种经济上的刑事处罚，一旦发生错误可以通过恢复原状等方式予以补救，而剥夺政治权利则是一种对公民权利的处分。相比前两种附加刑而言，政治权利被剥夺后，产生的法律后果是不可弥补的，是不可能通过补偿恢复原状的，由此会对案件的实质性结论产生影响，对被告人的实际权力行使产生不可逆转的影响。从本案的实际后果看，一审人民法院错误地让服刑犯长期处于被剥夺政治权利的状态，政治权利是宪法规定的公民重要权利内容，包含并且衍生了其他的公民权利，因此法院的错误导致了“实质性影响”，本案不属于“不宜提出抗诉”的情形，而是确有必要，检察院有必要采取抗诉的形式纠正法院的错误判决。

根据最高人民法院 1994 年《关于对无期徒刑犯减刑后原审法院发现原判决确有错误予以改判，原减刑裁定应如何适用法律条款予以撤销问题的答复》的规定，本案原审判决计算剥夺政治权利期限有误仍然是错误判决，检察院提起抗诉是符合此司法解释的精神的，应当对被告人错误的被剥夺宪法性权利的状态予以纠正。

对于有期徒刑犯减刑后发现原审法院判决计算剥夺政治权利期限有误的，检察机关应向哪一级人民法院提出进行监督，刑事诉讼法和刑事诉讼规则都没有明确的规定。同样，根据最高人民法院的司法解释，确有错误的原判决无论是涉及主刑或是附加刑，应由作出错误判决的人民法院按照审判监督程序进行改判。因为，原审人民法院的错误判决直接导致了服刑地人民法院在此基础上作出不当的减刑裁定。就本案来说，分别涉及基层人民法院错误的判决和中级人民法院两次不当的减刑裁定，根据上述批复的精神，对上海市 A 区人民法院的错误判决按照审判监督程序进行抗诉是恰当的。

因此，出于维护犯罪嫌疑人权利的考虑，本案中检察院应当向相关的法院提出抗诉。

［辅助案例 1］方某抢劫案

A 省犯罪嫌疑人方某，1958 年出生，因抢劫罪被当地一审法院判处无期徒刑，方某没有上诉，一审判决发生法律效力并且交付执行。方某在服刑期间，认罪态度积极，在监狱表现良好，认真改造，依法获得减刑处理。后检察院发现方某一案在一审裁判中有重大程序违法，遂提起抗诉。原审法院在另行组成合议庭进行重审时，认为原判决确有错误，依法应认定为方某有期徒刑 10 年。方某原无期徒刑获得减刑的决定应当如何处理？

专家点评：

根据最高人民法院 1994 年《关于对无期徒刑犯减刑后原审法院发现原判决确有错误予以改判，原减刑裁定应如何适用法律条款予以撤销问题的答复》的规定，就本案来说，应当撤销减刑为无期徒刑的裁定，执行有期徒刑的判决。

［辅助案例 2］李某盗窃案

上海市 A 区人民检察院于 2008 年 2 月 19 日受理上海市人民检察院第一分院交办的上海市公安局移送审查起诉的犯罪嫌疑人李某涉嫌盗窃罪一案，经审查，发现李某前科累累。李某曾于 1997 年 4 月因犯盗窃罪被上海市 B 区人民法院判处有期徒刑 12 年，剥夺政治权利 3 年，2005 年 2 月 21 日刑满释放；2006 年 4 月因犯盗窃罪被上海市 C 区人民法院判处有期徒刑 1 年 2 个月，2007 年 3 月 22 日刑满释放。2007 年 6 月 13 日因盗窃的犯罪事实被上海市公安局刑事拘留，同年 6 月 27 日被取保候审。

专家点评：

1997 年 4 月 25 日 B 法院判决李某犯盗窃罪成立，判处有期徒刑 12 年，剥夺政治权利 3 年，李某于 2005 年 2 月 21 日刑满释放。2006 年 1 月 23 日，其剥夺政治权利的附加刑尚未执行完毕，又因涉嫌盗窃罪被刑事拘留，C 区人民法院并没有依据我国刑法规定，对前次判决未执行完毕的剥夺政治权利的附加刑进行数罪并罚，属于原判决适用法律确有错误。

而C区人民法院的上一级法院是市二中院，应当由相对应的市二分检按照审判监督程序提出抗诉。而A区人民检察院的上一级检察院是一分检，跨区域的审判监督程序应当如何进行？

由于在实践中跨区域的审判监督抗诉的管辖，曾经有B区人民检察院通过上海市人民检察院第一分院建议第二分院提出审判监督程序抗诉的先例，因此我们建议，A区人民检察院可以通过上海市人民检察院第一分院建议上海市人民检察院第二分院，对上海市C区人民法院刑事判决书按审判监督程序提出抗诉，针对其未进行数罪并罚的处理决定提出纠正意见。

［辅助案例3］刘某盗窃案

被告人刘某，24岁，从事小商品批发，于2006年8月因盗窃罪被河北省A法院判处有期徒刑5年。刘某不服提出上诉，中级人民法院维持原判，驳回上诉。判决生效后，刘某遂交付执行，在服刑期间，二审法院认为其所作的终审判决有误，提起审判监督程序，指令原一审法院再审。一审法院按照审判监督程序又进行了重审，改判刘某有期徒刑10年。刘某不服，又向中级人民法院提起上诉。对于二审法院发现自己作出的终审判决有误的，能否指令原一审法院再审？

专家点评：

笔者认为，二审法院不能指令一审法院再审，因为，二审法院认为自己作出了错误判决，但是又将此责任错误地转给了原一审法院，这本来在情理上就说不通；另外，一审法院作出的判决实际上没有生效，是经过二审法院的终审才生效的。我国法律规定，上级法院发现下级法院的生效判决确有错误的，可以指令下级法院再审，但是二审法院发现本院作出了错误的终审判决，应当只能自行组成合议庭再审，一审法院应当建议二审法院自行再审，否则会造成审级制度上的混乱。

（顾文虎　龚莹莹）

39. 对人户分离和外来人员监外服刑的如何执行监督

[案情简介] 顾某盗窃案

顾某因盗窃罪被B市A区人民法院判处拘役5个月，缓刑5个月，但其自缓刑确定之日起从未前往户籍所在地派出所及社区矫正机构接受监管教育，长期处于脱管状态。并且据其邻居所称，顾某是C省人士，暂住B市2年期间，一直租房居住，其间换过几家单位做临时工，但是都因平时行为懒散、常常迟到早退被辞退。其在A区的出租屋居住之前，也曾经换过几个住处。顾某在3个月后又因盗窃未遂被B市D区公安分局拘留。由于A区人民法院对缓刑等法律文书送达滞后，未及时将生效的法律文书交付执行机关，造成执行机关未执行刑罚。

[争议焦点]

对监外服刑的外来人员的监管。

[关联法规]

《中华人民共和国刑事诉讼法》第217条、第213条。

[专家指导]

一、加强对监外服刑外地人员脱管、漏管的监管力度

监外服刑的外来人员脱管、漏管问题一直以来是一个难点，由于他们户籍长期处于人户分离的状态，可能长期在外务工，户籍所在地公安机关并不能掌握他们的服刑情况，难

以随时把握他们监外执行的情况。但是同时，由于这部分罪犯的流动性很强，暂住地、工作单位变动很快，也不能找到一个合适的监管主体，因此他们的刑罚执行和监督就成为了一个难题。笔者认为，可以从以下几点入手强化监管措施：

第一，及时交付执行。交付执行是执行的基础和前提。《刑事诉讼法》第213条第1款规定："罪犯被交付执行刑罚的时候，应当由交付执行的人民法院将有关的法律文书送达监狱或者其他执行机关。"最高人民法院《关于执行〈中华人民共和国刑事诉讼法〉若干问题的解释》第328条、第332条和第333条也规定，只要是具有刑罚执行内容的法律文书，人民法院应当送达执行机关。作出判决的机关与执行机关的衔接存在时间差并因此而产生了监管漏洞。一经宣告缓刑，在押的被告人必须立即释放，但判决书及执行通知书要在10天上诉期经过后才生效并送达被告人户口原籍地公安机关。而判决生效之后，判决书和执行通知书也并不是及时送达相关部门，因此罪犯在这一时间段缺少约束和监管，这是造成对缓刑罪犯脱管、漏管的原因之一。笔者认为，及时地交付执行，是减少漏管现象的首要措施。

第二，遵照《刑事诉讼法》第217条规定，对于被判处徒刑缓刑的罪犯，由公安机关所在单位或者基层组织予以考察。《司法行政机关社区矫正工作暂行办法》第16条规定，社区服刑人员，由其居住地司法所接收；户籍所在地与居住地不一致的，户籍所在地司法所应当协助、配合居住地司法所开展矫正工作。《刑事诉讼法》第214条规定，对于暂予监外执行的罪犯，基层组织或者罪犯的原所在单位协助进行监督。可见，居住地和户籍地、工作单位所在地不一致时，应当以居住地为监外执行的地点。因此，外来人员监外服刑应当首先依靠居住地的公安机关和基层组织，由户籍所在地的公安机关相配合，而并非双方相互推诿，从而导致罪犯从中钻了空子，造成无人过问的局面。由于地区之间、警种之间信息互相封锁，公安机关的信息交流速度落后于外来人口犯罪之间的信息传递，因此应当加强地区之间的配合和联系，并且加强公、检、法部门间的联系和配合，减少漏管现象的发生。公、检、法各部门之间应当建立定期联系和信息通报制度，交流监外执行人员情况。建立监外执行罪犯动态信息库，使监外执行监管系统从单一的、独立分散互不联系的系统，向统一的、高效的动态系统转变。

第三，针对人户分离人员、外来人员脱管的问题，应当不断强化对监外服刑的外来人员的动态监督。即对监外执行罪犯的交付执行情况进行广泛核查，通过与公安、法院、看守所、监狱等部门核对监外罪犯名单及有关法律文书后，掌握监外执行罪犯的基本情况，建立一个系统的监外罪犯基本信息数据库，检察院根据脱管、漏管状况，应当采取不同的处理方式，对其中相对较轻的，可以采取发放《检察建议书》的方式予以监督；对于个别程度严重的脱管、漏管行为，应当分别采取发放《纠正违法通知书》及《检察建议书》建议收监执行原判决的方式，监督纠正并督促相关单位及时将执行情况作出回复。针对缓刑罪犯在判决生效前往往未被羁押的情形，则可以利用网络资源和信息，加强对缓刑、管制、暂予监外执行罪犯执行的检察监督，发现漏管或错误及时予以纠正，确保法律程序的正确实施。

第四，要充分发挥基层组织作用，要让人民群众发挥作用，对罪犯日常工作、生活中的表现予以监督，督促其认真遵守监外执行期间的各项规定，出现问题及时跟公安派出所联系，便于公安机关准确掌握各区监外执行人数及执行情况。要建立起一支由公安机关负责，基层组织协助的监管队伍，明确每个监管人的监管责任，并根据不同的对象制定、落实执行和管理措施，要将每个监管对象的犯罪原因、监改期限、应遵守的规定等，明确告知每个监管人。各公安机关在工作中，要加强相互之间的协作，发现线索或者问题时应主动联系和反馈，特别是跨地区的监外执行罪犯，应当采取双向管理，定期联系，杜绝监外执行罪犯重新实施犯罪，继续危害社会的机会。

第五，对于不符合缓刑条件的，应当撤销缓刑，执行原判刑罚。由于法律上对缓刑罪犯的约束规定太原则化，《刑法》第 77 条规定，只有在缓刑考验期限内犯新罪和“违反法律、行政法规或者国务院公安部门有关缓刑的监督管理规定，情节严重的”，才撤销缓刑。“情节严重”，法律没有明确的规定，在司法实践中也很难把握。因此，立法上应当进一步明确撤销缓刑的具体标准和操作程序，将未经批准外出逃避监管或违反治安管理行为作为撤销缓刑条件之一，这样在一定程度上能够减少监管机关的管理难度。

针对本案，检察院应当以纠正违法通知书或者检察建议书的形式停止监外执行中的脱管以及漏管。

二、送达难的解决思路

外来人员送达的确切地址常常难以确定，如果寄往户籍所在地，外来人员往往外出务工，如果寄往其暂住地，暂住地的变动相当快，也不能保证及时送达。这种情况客观上使得当事人不能在第一时间了解案情，甚至很多情况下一些程序性权利被虚置，实践中甚至存在案件审结后被害人仍不知道案件进展情况的现象。

法律文书的送达和法律文书的效力直接相关，法律文书一经送达，即产生法律效力。因此，在送达之前，法律关系处于不确定的状态。笔者建议，在刑事诉讼中可以适当采取公告送达的方式。公告送达是民事诉讼的送达方式之一，我国《民事诉讼法》第84条规定，受送达人下落不明，或者用本节规定的其他方式无法送达的，公告送达。自发出公告之日起，经过60日，即视为送达。公告送达，应当在案卷中记明原因和经过。但是在刑事诉讼中没有规定，实践中也很少应用。

公告送达这种方式本身就是十分必要的，为了兼顾司法效率，使不确定的法律关系尽快确定下来，必须有一种方式确定法律关系。因此当其他送达方式无法达到时，可以采用公告送达的方式，经过一定的期间，则视为送达，产生法律效果，发生相应的法律效力。

但是应当明确，不能滥用公告送达的适用条件，尤其是在刑事诉讼中，涉及公民人身、财产权利时，必须慎重使用，明确公告送达的适用情形。在我国台湾地区的民事诉讼程序中，公告送达“必须法院已为相当之探索，仍不知应为送达之住所在何地者，始得为之。不得仅以他造当事人主观的谓其不知而遂行公示送达。至应为送达之处所是否不明，应由申请公示送达之当事人负举证责任，法院亦得依职权调查之”。即由申请公告送达的当事人对受送达人下落不明的事实负证明责任，并由法院作适当调查以核对相关情况。这一做法值得我们在刑事诉讼中借鉴，即当法院依职权通过各种方式无法查明受送达人下落时，可以采用公告送达的方式。判断当事人是否“下落不明”，应当先通过多种渠道了解当事人基本情况，比如工作单位、原户籍地、暂住地等。

明确送达方式之后，应当明确送达的程序。从司法实践看，最高人民法院《关于适用〈中华人民共和国民事诉讼法〉若干问题的规定》中规定，公告送达，可以在法院的公告栏，受送达人原住所张贴公告，也可以在报纸上刊登公告；对公告送达有特殊要求的，应按要求的方式进行公告。在刑事诉讼中可以借鉴这样的送达方式，根据不同受送达人采取不同送达要求，针对外来人员，可以在其户籍所在地、住所地、单位所在地张贴公告。

［辅助案例1］张某抢劫、盗窃案

犯罪嫌疑人张某，于A市涉嫌抢劫罪被提起公诉，但是当A市B区人民法院于2004年9月2日作出其抢劫罪成立的判决时，被发现在已生效刑事判决书上，未将其刑事处罚前科予以认定和评价——张某曾因盗窃罪于2002年11月25日被C区人民法院判处有期徒刑10个月，并处罚金1000元——从而遗漏了累犯的法律事实和应当依法从重处罚的法律适用，存在刑罚适用明显不当的错误。

专家点评：

目前，由于犯罪嫌疑人、被告人刑事处罚信息交流不畅，犯罪嫌疑人、被告人刑事处罚的相关信息缺乏网络查询平台，使各单位在信息资源上不能实现信息共享，办案部门难以完全掌握犯罪嫌疑人或被告人的前科、年龄等信息情况，往往容易导致遗漏累犯认定、被告人虚报年龄等不规范执法行为的发生。

此外，在现代社会，社会生活节奏大大加快，信息传递已越来越多地采用现代科技方式来完成，目前法院传统的信息处理与传递方式已经不适应发展需要。笔者建议，充分应用高科技手段，推行诉讼程序的电子数据化和网络化。法院可采用电子技术标准并运用网络进行案件信息数据处理、传递，当事人可以通过网络查阅法院案卷及诉讼文书和法律文书。

[辅助案例2] 某油漆厂合同诈骗案

A省B市某油漆厂因合同诈骗罪被提起公诉，该案经审理于2006年12月20日定期宣判时，该厂因故没有到庭。当天下午，书记员将判决书交付邮局投递给该厂，12月23日B市邮电所在信上贴上改退批条，批条上注明“该厂拒收”将信退回。法院于12月24日收到退信。该厂拒收的行为应当如何处理？一种意见认为，可参照留置送达处理，该厂拒收的行为应当视为已经送达；另一种意见认为，邮局因故无法将判决书交付给收件人的信应当属于发信人即邮局的过错，因此送达无效，判决书并未到达油漆厂了解的范围。

专家点评：

本案中油漆厂拒收的行为是否符合留置送达的适用条件，首先必须明确留置送达的程序要求，根据《刑事诉讼法》第81条第2款的规定，收件人本人或者代收人拒绝接收或者拒绝签名、盖章的时候，送达人可以邀请他的邻居或者其他见证人到场，说明情况，把文件留在他的住处，在送达证上记明拒绝的事由、送达的日期，由送达人签名，即认为已经送达。因此，从法律规定来看，拒绝接收不等于留置送达，留置送达有特殊的法律规定。

在本案中，对于受送达人拒收法律文书的情形，不能因为其拒收而推定为已经送达，法院可以采取其他送达方式，比如留置送达再将判决书送达油漆厂。

[辅助案例3] 蒋某贪污、票据诈骗案

被告人蒋某，55岁，上海市人，男，1990年因贪污罪被判无期徒刑，剥夺政治权利终身，1993年被减刑为有期徒刑18年，剥夺政治权利7年，1993年因病保外就医。1995年蒋某承包了某公司，和多个公司洽谈业务，并且由于缺乏资金，生意不好做，所以屡次在洽谈生意中以空头支票诈骗，在几个月中，前后4次以空头支票骗取对方公司货物、货款几十万元，后经受害公司报案，被公安机关抓获。1998年4月，A区法院以票据诈骗判处蒋某有期徒刑10年，连同未执行完毕的刑罚，决定执行有期徒刑20年，剥夺政治权利7年。

专家点评：

根据我国法律的规定，保外就医的适用条件是“有严重疾病需要保外就医的”，实践中多为烈性病、传染病、老年罪犯患病生活不能自理等情形，在本案中，蒋某在监狱以外不仅从事经营活动，而且进行诈骗活动，不符合保外就医的立法目的。

保外就医本着人道主义原则，为了方便有严重疾病的罪犯的治疗和隔离，但是蒋某滥用保外就医，从事经商和其他犯罪活动，长期处于脱管的状态。根据我国法律的规定，发现保外就医的罪犯不符合保外就医条件的，或者严重违反有关保外就医规定的，应当及时收监。并且，对于暂予监外执行的罪犯，应当由居住地的公安机关严格管理监督，基层组织或者罪犯的原所在单位协助进行监督。由于执行机关并没有严格遵守执行的规定，导致蒋某漏管，因此，在蒋某暂予监外执行的情形消失后，罪犯刑期未满的，应当及时收监，其从事经营活动，可以推测已经不存在严重疾病，应当及时收监执行剩余的刑期。

（梁凤娣　龚莹莹）

40. 存疑案件应否给予国家赔偿

［案情简介］杜某故意杀人案

杜某，因误闯入犯罪杀人现场，留下指纹、脚印后被公安机关发现，以涉嫌故意杀人罪被当地检察院提起公诉，但因证据不足宣判无罪。半年后，真正的杀人凶手落网。杜某就此前的羁押提起国家赔偿。

［争议焦点］

《人民检察院刑事赔偿工作规定》和最高人民法院颁布的《关于刑事赔偿和非刑事司法赔偿案件立案工作的暂行规定（试行）》对存疑刑事案件错案认定程序的规定相互冲突。实践中，办理存疑案件的国家赔偿，在程序上应当遵从什么步骤？

［关联法规］

《中华人民共和国刑事诉讼法》第162条；《中华人民共和国国家赔偿法》第15条。

［专家指导］

自1995年《国家赔偿法》实施至1999年，全国检察机关共受理了刑事赔偿案件5159件，立案审查了2983件，决定赔偿965件，支付赔偿金2669万元。2000年受理案件1697件，支付赔偿金1200余万元，相当于前5年总额的一半。从数字上看，随着民主与法制的加强，公民依法保护自己合法权利的意识在提高，执法机关落实国家赔偿法的自觉性也在进一步提高。但与此同时，最终决定赔偿的数字在受理的案件和立案审查的案件中，所占比例之小，又出乎人们的意料。[①]

2000年12月，最高人民检察院下发的《人民检察院刑事赔偿工作规定》，对存疑案件的赔偿设置了审查确认程序，旨在通过确认程序使一部分证据较为充足的不应当给予赔偿的存疑案件，不能进入法院赔偿委员会的审理程序。而2000年1月最高人民法院颁布的《关于刑事赔偿和非刑事司法赔偿案件立案工作的暂行规定（试行）》规定存疑刑事案件应当与其他终结追诉的案件一样，只要具备撤案决定书、不起诉决定书、无罪判决书的，就已经是对错误逮捕的确认。这两个对于存疑刑事案件错案认定程序的规定相互冲突。因此，存疑案件的国家赔偿，需要遵守什么样的程序就成为一个需要解决的现实问题。

就存疑案件是否应当国家赔偿，学术界一直存在争论。我们这里所探讨的存疑案件是指包括因证据不足而导致撤销案件、不起诉或者无罪宣判。以存疑不起诉为例，即是指人民检察院对经过补充侦查的案件，仍然认为证据不足，不符合起诉条件的而作出的不起诉决定，案件已经经过补充侦查和证据不足是存疑不起诉必须同时具备的两个条件，二者缺一不可。检察机关作出存疑不起诉的决定后，就意味着刑事诉讼的终止。根据“不告不理”的现代刑事诉讼基本原则，法院处于被动的裁判者地位，法院对刑事案件进行审理必须以起诉为前提。如果没有公诉人提起公诉或自诉人提出自诉，法院就不能对刑事案件进行审判。一种观点认为，因事实不清、证据不足检察机关决定不起诉或撤销案件，不能认定犯罪嫌疑人的犯罪事实，检察机关批准逮捕应视为对没有犯罪事实的人错误逮捕，依照《国家赔偿法》第15条规定，行使侦查、检察、审判、监狱管理职权的机关及其工作人员在行使职权时有下列侵犯人身权情形之一的，受害人有取得赔偿的权利：（1）对没有犯罪事实或者没有事实证明有犯罪重大嫌疑的人错误拘留的；（2）对没有犯罪事实的人错误逮捕的；（3）依照审判监督程序再审改判无罪，原判刑罚已经执行的；（4）刑讯逼供或者以殴打等暴力行为或者唆使他人以殴打等暴力行为造成公民身体伤害或者死亡的；（5）违法使用武器、警械造成公民身体伤害或者死亡的，检察机关应承担赔偿责任。

相反观点的主要理由在于，“证据不足”的前提是有证据，存疑无罪，只是因为证据未达到法定的要求而推定的结论，作出“批准逮捕”决定时检察机关没有违法，故不应承担赔偿责任。存疑不起诉的案件犯罪嫌疑人在客观上并不一定没有犯罪，只是暂时不起诉。检察机关在收集到足以定案的证据时，

① 张安平：《析刑事赔偿之疑，探完善制度之路——记刑事赔偿问题专家论证会》，载《人民检察》2001年第9期。

还可以重新对其起诉，追究犯罪嫌疑人的刑事责任，故之前的评价不属于错误决定，对存疑案件不予赔偿。也就是说，存疑不起诉和批准逮捕的决定都是对案件的一种阶段性评价。逮捕决定的作出是依据逮捕当时的案件情况作出的，如果案件在逮捕决定作出时符合逮捕的条件，法律规定检察院必须作出批准逮捕的决定。逮捕所依据的“犯罪事实”是需要进一步查证的，经进一步查证后，必然有部分案件存在被否定的可能，这是刑事案件的复杂性决定的，刑事诉讼是一个递进性的过程，随着侦查机关一步步地揭开真相，按照认识事物的规律来说，必然会产生提起公诉或者不诉的可能。如果因为后来证据的变化而认定先前作出的决定是错误的，实际这也是一个难以预见的过程，而因此要作出决定的机关和办案人员承担责任，也是不合理的。

我们认为，存疑案件导致的公民权利受到侵害，应当进行国家赔偿，原因如下：

第一，司法实践当中，这部分案件对公民造成的权利剥夺和限制的现象是大量存在的，比如审前羁押是对作为未决犯的犯罪嫌疑人、被告人人身自由的限制和剥夺。审前羁押主要是为刑事诉讼的顺利进行和防止发生新的社会危害而设立的程序性保障措施，仅是预防性的而不是实体性的惩罚措施，而自由刑是经过实体上的裁判，对于人身自由的限制和剥夺，是实体上的结论，是刑罚的一种，尽管审前羁押和自由刑是下了不同的结论，但从对人身自由的限制程度来看，两者却无实质上的区别。法治社会里，为防止任何人的自由不受任意剥夺和侵害，审前羁押当然要受到法律限制。尽管我国刑事诉讼法对强制措施的使用，尤其是严厉性较强的拘留和逮捕的使用，都有实体和程序方面的法律规定，但是强制措施的滥用和不受约束，仍然是审前羁押、限制人身自由的重要原因之一。

第二，“存疑无罪”本身就是无罪，这是无罪推定原则的内在含义，也是该原则在我国刑事诉讼法中的具体体现。《刑事诉讼法》第162条规定：人民法院对于“证据不足，不能认定被告人有罪的，应当作出证据不足、指控的犯罪不能成立的无罪判决”。联合国《公民权利和政治权利公约》第14条第6款规定：“在按照最后决定对某人判定有罪，而其后根据新发现的事实确实表明发生误审，对他的定罪被推翻或被赦免的时候，因这种定罪而受刑罚的人应依法得到赔偿，除非经证明当时不知道的事实未被及时揭露完全或部分是由于被定罪人自己的缘故。”就保障人权而言，既然司法机关作出了推定的无罪结论，那么就意味和表明被推定为无罪的当事人在法律地位、享有权利等方面与其他公民平等，其被侵害的权利就有资格得到赔偿，如果承认当事人在法律上已获得与其他公民同等的自由，而对其被侵权所遭受的损害不予赔偿，势必造成国家赔偿法与无罪推定原则的矛盾，对实际遭受侵害的当事人显失公平，同时也是对无罪推定原则的否定。既然犯罪嫌疑人是无罪的，那么就应当将他的一切权利恢复到被逮捕或者拘留之前的状态，而人身自由的限制和剥夺的结果可能不仅仅是物质利益受损，又往往伴随着精神利益受损，国家仅仅能通过国家赔偿对于公民进行适当补偿，使得被侵害主体的权利尽可能地恢复到之前的状态，这一点本身就和民事诉讼中的经济补偿相区别。人的自由具有不可恢复性的特点，出于这点考虑，应当排除有罪推定、先入为主的心态，给予一定的赔偿。

第三，司法行政机关必须为其错误行为承担风险，而不是由犯罪嫌疑人个人承担不利后果。应当说，在刑事诉讼中，人民检察院拥有形式上的“起诉权”与实质上的“胜诉权”两项权能，但拥有“起诉权”并非就有“胜诉权”，对事实不清、证据不足的案件，人民检察院虽可行使起诉权达到启动与推进刑事审判程序的目的，但难以达到提起公诉对被告人定罪的实质目的。所以法律授予检察院在此情形下“可以”不起诉，这是存疑不起诉的权力渊源。[①] 检察机关在起诉中本身就要承担败诉和举证不能的风险，从证明责任的分配原理上讲，刑事诉讼中由控诉机关承担证明责任，在事实处于真伪不明时，主张该事实的人或者机关应该承担不利的诉讼后果。无论是确定的无罪判决或存疑的无罪判决，都表明检察机关没有有效地承担起自己应承担的那一部分证明责任，其所面临的不利后果除了不能完成追究刑事责任的控诉职能外，还意味着对被告人因起诉而遭受的人身自由被剥夺的损失的补偿。而存疑案件这部分的风险如果被不合理地转嫁给犯罪嫌疑人承受，那么可能导致的后果就是检察机关的不受约束的滥诉，并且，犯罪嫌疑人必须承担更多的义务，以配合侦查机关、公诉机关的调查和起诉。这是刑事诉讼“打击犯罪”的价值目标的体现。

正如王作富教授的观点：“赔偿根据什么来赔？当然是有错误才赔。什么是错误？是看过程还是看结果？我觉得，一般来说应当看结果。实践中同一个问题会有不同的判断标准，过程都合法，就是判断标准不一样，算不算错案？从法律上说，法院的判决是最后的裁判，法院是代表国家行使权力的，所以还得看法院判决。”[②] 所谓违法，不是说违反了成文的法律条款，而是没有合法

① 胡锡庆、叶青：《新编中国刑事诉讼法学》，华东理工大学出版社1998年版，第277—278页。

② 张安平：《析刑事赔偿之疑，探完善制度之路——记刑事赔偿问题专家论证会》，载《人民检察》2001年第9期。

依据而使他人遭受损失，引起错案刑事赔偿的根本原因是“错案”，办了错案，就是违法，就应当赔偿。

第四，只有赋予被告人申请国家赔偿权利，才能从经济效益的层面督促检察机关增强工作的责任心，提高办案的质量，查明案件真相。司法机关不仅仅承担了败诉的风险，其在举证不能时，在经济上也要付出一定的代价，使得被错误拘留或者逮捕的公民获得相应的补偿，这就在另一个层面上促进了司法机关提高业务水平，尽最大可能查明真相。

因此，存疑案件导致的权利侵害应当给予国家赔偿。但是，针对司法实践中所暴露的一些问题，应当予以及时改变。

实践中，犯罪嫌疑人被依法逮捕后，又因事实不清、证据不足而被撤销案件，不能认定有罪或宣告无罪，这完全是符合诉讼规律的现象，但人们简单地将其视为错案，不少地方还以此作为错案追究的主要标准，以此追究办案人员的个人责任。因执法中普遍存在的“怕赔”的错误观念，制约了存疑案件刑事赔偿案件的赔偿程序。目前司法实践中普遍把国家赔偿与办案水平相联系，与错案率相联系，认为给予赔偿就说明办了错案，会影响工作业绩，甚至影响办案人员的奖金、晋升等。在这种错误思想的影响下，对于有些可赔可不赔的案件，当然要作出不予赔偿的决定。因此，要转变观念，树立依法赔偿的观念，充分保障受害人合法权益的观念。否则，无疑是牺牲了公民利益来维护所谓的“司法权威”，为了避免个人受到错案责任追究，在考评中受到影响，就忽视了无辜的犯罪嫌疑人的受赔偿权利。

著名的英国法学家丹宁勋爵这样评论：当法官依法行事时，每位法官均应受到保护，以免负赔偿损害的责任。所有法官都应能够完全独立完成自己的工作，而不需担惊受怕。绝不能弄得法官一边用颤抖的手指翻动法书，一边自问：“假如我这样做，我要负赔偿损害的责任吗?”只要法官在工作时真诚地相信他做的事是在他自己的法律权限之内，那么他就没有受诉的责任。① 刑事赔偿与错案追究都是为了维护司法公正，保护当事人的合法权利，有助于提高司法人员的素质等。尽管刑事赔偿和错案追究责任是有关联的，但是错案追究与刑事赔偿有很大区别。刑事赔偿责任应该更严格些，但错案追究责任应该更宽松一些，对于司法人员应当采取鼓励其独立办案和发挥主观能动性的态度。美国司法人员在司法行为中只要主观没有过错，造成民事损害是不承担赔偿责任的，这正是保障司法人员独立办案的措施之一。

由国家赔偿所暴露出来的问题是，目前检法两家所采用的法律依据不同。

---

① ［英］丹宁勋爵：《法律的正当程序》，群众出版社1984年版，第55页。

如前文所说，审判机关依据的是最高人民法院的司法解释，检察机关依据的是最高人民检察院的司法解释；法院赔偿委员会对存疑不诉案件的刑事赔偿请求，一律进入赔偿程序，并给予赔偿。检察机关只对确认的赔偿请求准入赔偿程序，进行赔偿，对未予确认的不准进入赔偿程序。从这一点看来，法院和检察院内部对于存疑案件是否进行赔偿就无定论，在法律适用上没有形成统一的意见，这必然导致国家赔偿案件实践中的混乱。鉴于目前检、法两家司法解释相互矛盾的现状，“两高”应积极采取措施，从根本上改变各执一词的做法，应针对实际办案工作中存在的分歧和不同，加强协调和配合，对办案中出现的情况及时衔接，制定统一的切实可行的解决措施，尽快出台统一的司法解释，减少不必要的摩擦，确保司法活动的高度统一和公正。

[辅助案例1] 居某挪用资金案

2008年4月，居某以A区人民检察院错误批准逮捕为由，要求区院按国家相关规定，给予其相应的赔偿。经审查，居某因涉嫌挪用资金罪，于2006年2月13日被上海市公安局B分局刑事拘留；同年3月14日，经A区人民检察院审查批准，由B分局执行逮捕。同年8月9日，A区人民检察院检察委员会会议对居某挪用资金一案进行了讨论。会议决定，犯罪嫌疑人居某的行为不构成挪用资金罪，将本案退回公安机关处理。同时，建议公安机关关注居某是否存在偷税犯罪的嫌疑。同年8月12日，B分局将居某予以释放。

A区人民检察院经审查后认为，居某的行为不构成犯罪，以挪用资金罪对当事人居某批准逮捕，符合《国家赔偿法》第15条第2项之规定，属错误逮捕，存在侵权情形，应依法予以确认。根据《国家赔偿法》第19条、第26条之规定，区院为赔偿义务机关，应依法对赔偿请求人居某予以刑事赔偿。鉴于居某在本案中被B分局刑事拘留，区院从维护当事人合法权益的角度出发，向B分局发函，告知B分局居某被错误刑事拘留的部分，A区人民检察院决定向居某予以一并赔偿。

专家点评：

本案中的焦点问题有两点：第一，错误逮捕案件是否必然存在错误刑事拘留问题？第二，该案的赔偿机关是哪个？

拘留和逮捕是不同的两种强制措施。首先，拘留是对现行犯或者重大嫌疑分子在法定的紧急情况下使用的一种强制措施，也就是说，只有当紧急情况下，来不及办理逮捕手续，如果不马上限制其人身自由将发生严重后果的，才能适用拘留措施；而相比较而言，逮捕并不具有紧急性。其次，拘留并不是逮捕的必经程序，它是一种临时性的强制措施，其本身的期限较短，拘留的结果可能是转为羁押期限较长的逮捕，也可能是转为取保候审、监视居住等其他强制措施，甚至释放。因此，错误逮捕并不意味着一定存在错误拘留决定，二者并非有必然的因果关系。根据《国家赔偿法》第19条规定，结合本案，赔偿机关应为作出逮捕决定的A区人民检察院。

[辅助案例2] 唐某盗窃案

唐某，13岁，某年5月24日晚到学校闲逛，见到学校办公室亮着灯并且门没锁，临时起意，盗走办公室电脑、抽屉钱款共5000元左右。后被学校发现，5月27日唐某被刑事拘留，并且于5月29日被提请检察机关批准逮捕。检察机关在审查批捕时查明唐某不满14岁，于是作出不批准逮捕的决定。唐某因为不负刑事责任而被羁押，是否可以提起国家赔偿？

专家点评：

《国家赔偿法》规定，依照《刑法》第17、18条规定不负刑事责任的人被羁押的，国家不承担赔偿责任。因此，唐某是由于未满16岁而不负刑事责任，国家不承担赔偿责任。但是，如果唐某在羁押期间被刑讯逼供而人身权利受损，则有权利获得国家赔偿。《国家赔偿法》规定，行使侦查、检察、审判、监狱管理职权的机关及其工作人员在行使职权时，以刑讯逼供或者以殴打等暴力行为，或者唆使他人以殴打等暴力行为造成公民身体伤害或者死亡的，不论公民是否应当承担刑事责任，都应当给予国家赔偿。

（龚莹莹）

后　记

本书由谢佑平教授负责拟订编写提纲和统一修改定稿。由副主编负责收集案例并到有关检察机关进行调研。在资料收集过程中，得到了上海市人民检察院研究室的宝贵支持，上海市人民检察院第一分院、浦东新区人民检察院、静安区人民检察院、宝山区人民检察院、金山区人民检察院、奉贤区人民检察院和闵行区人民检察院等单位也给予了大力帮助，在此表示衷心感谢。同时，真诚希望读者对书中不当之处不吝指正。

编者

二〇〇九年三月

图书在版编目（CIP）数据

检察实务中的刑事程序问题解析/谢佑平主编．—北京：中国检察出版社，2009.4
ISBN 978－7－5102－0071－7

Ⅰ．检…　Ⅱ．谢…　Ⅲ．刑事诉讼－诉讼程序－研究－中国
Ⅳ．D925.218.04

中国版本图书馆 CIP 数据核字（2009）第 046762 号

检察实务中的刑事程序问题解析

主编　谢佑平

出 版 人： 袁其国
出版发行： 中国检察出版社
社　　址： 北京市石景山区鲁谷西路 5 号（100040）
网　　址： 中国检察出版社（www.zgjccbs.com）
电子邮箱： zgjccbs@vip.sina.com
电　　话： (010)68682164(编辑)　68650015(发行)　68636518(门市)
经　　销： 新华书店
印　　刷： 三河市燕山印刷有限公司
开　　本： 720mm×960mm　16 开
印　　张： 19.5 印张　　插页 4
字　　数： 361 千字
版　　次： 2009 年 7 月第一版　　2011 年 11 月第三次印刷
书　　号： ISBN 978－7－5102－0071－7/D·2051
定　　价： 36.00 元